应用型高等教育财经类专业“十三五”规划教材

# 财务管理

## ——中小企业视角

崔淑芬　商　裕　魏岩峻　主　编
陈　丹　副主编

上海财经大学出版社

**图书在版编目(CIP)数据**

财务管理:中小企业视角/崔淑芬,商裕,魏岩峻主编. —上海:上海财经大学出版社,2017.5

(应用型高等教育财经类专业"十三五"规划教材)

ISBN 978-7-5642-2624-4/F・2624

Ⅰ.财… Ⅱ.①崔…②商…③魏… Ⅲ.①中小企业-企业管理-财务管理-高等学校-教材 Ⅳ.①F276.3

中国版本图书馆 CIP 数据核字(2017)第 050685 号

□ 责任编辑 徐 超

□ 封面设计 张克瑶

CAIWU GUANLI

**财务管理**

——中小企业视角

崔淑芬 商 裕 魏岩峻 主 编

陈 丹 副主编

上海财经大学出版社出版发行

(上海市武东路 321 号乙 邮编 200434)

网 址:http://www.sufep.com

电子邮箱:webmaster @ sufep.com

全国新华书店经销

同济大学印刷厂印刷

上海叶大印务发展有限公司装订

2017 年 5 月第 1 版 2017 年 5 月第 1 次印刷

787mm×1092mm 1/16 13.25 印张 339 千字

印数:0 001—3 000 定价:39.00 元

# 前　言

中外经济发展的实践表明，中小企业的大量存在是一个不分地区和发展阶段而普遍存在的现象，是经济发展的内在要求和必然结果，是保证正常合理的价格的形成、维护市场竞争活力、确保经济运行稳定、保障充分就业的前提和条件。目前，工商部门注册的中小企业已达1 023万户，无论是在高度发达的市场经济国家还是处于制度变迁的发展中国家，中小企业已经成为国民经济的支柱，加快中小企业发展，可以为国民经济持续稳定增长奠定坚实的基础。

中小企业是国民经济的重要增长点，是推动国民经济持续发展的一支重要力量。中小企业是增加就业的基本场所、社会稳定的重要基础，是促进农业、农村经济发展和增加地方财政收入的重要财源；中小企业是技术创新方面的生力军，具有贴近市场、经营机制灵活等优势；可以保证市场活力，促进市场竞争，避免少数大公司对市场的垄断；中小企业是产品出口的重要力量；是大企业健康发展的保证；能够更有效、更经常地利用地方性的资源；在制度创新中可发挥重大作用；更好地提供个性化的服务。

我国小型和中型企业的发展面临很多问题，最主要问题在于规模太小，无法支撑所需的管理架构。小型和中型企业高层主管必须拥有比大型或超大型企业的高层主管更全面的能力，而且由于薪资成本问题，也难以建立团队。同时众多中小企业是家族企业，家族成员担任高层职位较多，能力无法满足需要。另外信用管理能力低下，融资成本增加、财务治理结构大部分不完善，财务报表不规范，不能及时给企业提供各种反映企业资金的流动性、盈利性和安全性的具体信息；存在着重复建设、资金使用效率低下和盲目投资现象，资产负债较高，企业资金风险较大；财务管理家族式色彩浓，财务制度不规范，财务人员素质不高，财务管理水平较低。现阶段中小企业财务管理急需转型。

本书从中小企业财务管理存在的问题出发，根据企业财务管理的基本原理，结合我国高校应用型转型和大学生创业创新需要而编写的。

本教程主编崔淑芬教授，高级会计师，深交所上市公司独立董事资格，湖北省法学会财税法学研究会理事，湖北省高校财务管理专家，湖北省首届会计领军人才，九三学社成立70周年全国优秀社员，九三学社全国参政议政先进个人，中国总会计师协会会员。在大型国有企业和中外合资企业担任高层财务管理人员多年，拥有丰富的企业财务管理工作经验和税收实践经验；2016年6篇研究报告被中央采纳，一篇报告获得国务院副总理张高丽肯定性批示。获得2016年湖北省高校智库优秀决策咨询研究成果奖；获得教育部、工信部全国会计信息大赛最佳指导教师、优秀组织奖、优秀团队奖；获得中国总会计师学会和北京大学内控征文一等奖；获得2015年财政部全国管理会计征文优秀三等奖；2015年国家税务总局“营改增”专题征文全国优秀三等奖；多项提案信息被省级及中央决策层采纳，并获得省政协优秀提案奖和优秀信息奖；连续5年获得省级优秀信息先进工作者称号。近年来在普通高校讲授多门会计专业课程，如"基础会计学"、"中级财务会计"、"高级财务会计"、"税法"、"中国税制"、"经济法概论"、"财务管理学"、"报表分析"、"管理会计学"，教学效果显著。在国家一级刊物发表论文多篇，主编出版了普通高等教育会计专业教材五本。主持和参与了多个省级重点项目和国家级项目。并致力于创新创业基础财税教育，为大型央企中国三江航天集团、湖北省担保集团和东风汽车集团等企业集团进行了税收筹划指导，具有丰富的企业财务管理和税收筹划经验。

主编商裕，丽水学院教师，九州大学博士学位（获日本文部省奖学金资助），在香港、纽约等地从事多年证券、外汇、期货交易，具有扎实的国际金融理论知识及丰富的实战经验。

主编魏岩峻，教授，产业经济学博士，某中央研究院高级研究员。拥有多项国家发明专利和软件著作权。主持完成了多个国家科技攻关项目、水利部948重大科研项目。科研成果丰硕，具有扎实的理论水平和丰富的工程管理经验。

副主编陈丹，国家注册高级风险管理师，航天科工集团某基础建设公司副总经理、总会计师。主持审计和财务工作多年，负责了多个大型项目的财务管理，是理财型、业务和财务融合型财务总监。

财务管理专业本科生王静、肖紫璇、李芸慧、昌卓等同学参与了资料搜集整理工作，在此对他们的辛勤劳动表示感谢！

编　者

2017年3月

# 目　录

# 第一章　总　论

**【本章知识目标】**

- 掌握财务管理基础知识。
- 理解企业财务管理的目标。
- 了解财务管理的内容。
- 了解财务管理的原则和方法。

**【本章技能目标】**

- 能根据企业发展需要，确定企业财务管理目标，帮助管理层明确企业责任。
- 能在财务管理过程中正确处理企业各方面关系。

## 第一节　财务管理基础知识

财务，是客观存在的一种资金运动。中小企业财务管理，是中小企业管理的一部分，是关于资金获取和有效使用的一种管理活动。随着市场经济发展，财务管理在中小企业管理中的作用越来越重要，日益成为企业管理的核心。

### 一、中小企业的资金运动

企业的资金管理是企业财务管理的核心内容，是组织生产和经营活动，确保企业生存和发展的重要理财工作。

(一)中小企业资金管理的特点

由于中小企业面临的市场竞争的环境与大型企业不同，资金的管理有自己的特点：

1. 自有资金为主

中小企业的资金主要来源于自有资金，即注册资本，因为资金少、规模小、筹资难、承担风险的能力弱等，所以其运营成败与否取决于资金的管理是否有效。中小企业只有在资金管理效率高的情况下，才能保证企业的经营不致中断。

2. 充分利用信用政策提升竞争力

尤其强调应收账款的管理，由于中小企业其产品及服务所处市场环境竞争非常激烈，而资金有限，利用信用政策扩大生产经营显得尤为重要。应当制定有效的信用政策，充分发挥应收账款的作用。

3. 最大限度降低库存，加快资金周转

在存货的管理上，中小企业市场调查能力或产品竞争力较弱，容易导致库存积压，资金链条骤然紧张，从而增加存储费用，存货占用资金往往超过营业额的2倍以上，造成资金的呆滞、沉淀。

4. 短期融资渠道有限

中小企业难以从银行方面获信用贷款，尤其是长期贷款。只能依靠担保贷款、抵押贷款、应付账款、票据贴现等融资方式，因此资金紧张难以缓解，日常资金管理显得十分重要。

（二）资金周转过程

企业再生产过程中的资金运动，具体包括资金的取得与退出、资金的循环与周转、资金的耗费与收回等方面。财务管理是以企业价值最大化为目标所开展的一系列财务活动，包含筹资、投资、资金的营运、利润分配等财务活动过程。

资金运动渗透到企业经营活动的每个角落，任何经营活动开展都离不开资金，企业资金总处于不断运动中。从货币资金开始，经过采购、储备、生产加工和销售，最后回到货币资金，这个过程称为资金的循环。资金周而复始的循环，称为资金的周转。具体的周转情况，见图1—1。

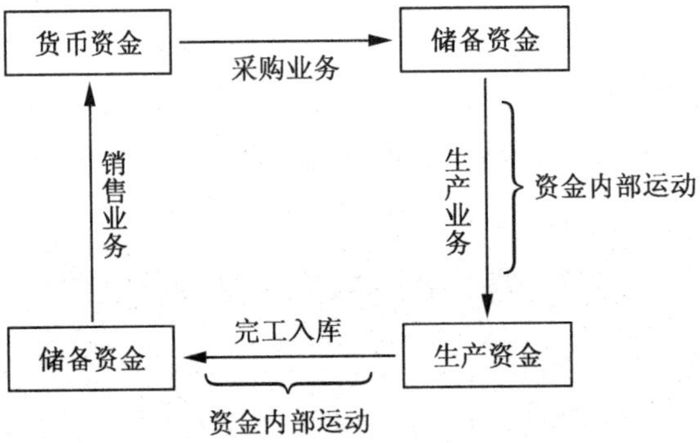


**图1—1 资金周转过程**

财务活动伴随生产经营活动过程反复不断进行，这一财务过程就是财务管理的内容。

## 二、财务会计与财务管理的关系

1. 财务会计与财务管理的概念不同

财务会计是指对已完成的资金活动全面系统的监督与核算，为外部和企业内部有经济利益关系的投资人、债权人和政府部门提供企业的财务状况和经营情况的经济信息为主要目标而进行的经济管理活动，主要形式为财务报表。

财务管理是指在现代经济条件下，以强化企业内部经营管理、实现企业的预定目标为目的，通过对会计信息的深加工和利用，对资产购置、资本融通和经营现金流量，以及利润分配的预测、决策、规划、控制和考核，实现企业价值最大化。财务管理是现代企业管理的一个组成部分，是处理财务关系的一项经济管理工作，贯穿企业经济活动的始末。

2. 财务会计与财务管理运用的条件假设不同

财务会计在核算中必须遵循法规和会计假设。包括会计主体假设、持续经营假设、会计分期假设、货币计量假设。

会计主体假设是在财务核算中假设企业法人是一个独立的核算主体，关注的是企业的整体，主体假设受到相关法律法规的约束。而财务管理的主体假设可以建立在每一个经济和运营上具有独立性的组织之内，例如某一项目组或成本组。它的范围因经营管理的管理战略和经营策略而定，因此更具有灵活性。

持续经营假设是指在企业核算可以预见的未来(一般两年以上)，企业不会面临破产或清算，因而它所拥有的资产将在正常的经营中消耗或出售，它所承担的债务也会按时清偿。在此情况下运用企业会计制度，否则将面临破产或清算程序。而在财务管理中，因主体假设不同，持续经营假设也有所不同。因为一个成本组或项目组的结束并不意味着它的资产被清算，同时它不遵循企业会计制度，因此价值的衡量取决于公司对资产的用途。

分期假设是会计核算中规定会计对象的时间界限，核算企业的财务状况和经营情况。而财务管理的分期受管理主体的特性和管理层的管理要求而定，可以与会计分期一致，也可以不一致。

货币假设是企业在经营活动中，通过货币计量手段反映企业是生产经营活动及其成果，它具有唯一性和不变性。而财务管理中，货币也是计量手段，但认为货币是有时间价值的。它认为公司的资金应该能够为股东和相关利益者带来必要的报酬。因此在财务管理中，每个项目投入的资金都必须带来必要的报酬率，来提高企业价值。

3. 财务会计与财务管理遵循的原则不同

财务会计要遵循历史成本原则、收入实现原则、配比原则、权责发生制原则、划分资本性支出和收益性支出原则。这些原则是在会计准则和行业制度层面上制定的，它关注的是合规性。财务管理需要遵循的原则是有关竞争环境原则、有关价值创造原则、有关财务交易原则。这些原则主要是在市场竞争和价值创造等方面考虑的，它关注的是强化管理和企业价值增值。

4. 财务会计与财务管理的服务对象和意义不同。

财务会计是一个外向型的会计核算，是为外部和企业内部有经济利益关系的投资人、债权人和政府部门提供企业的财务状况和经营情况的经济信息为主要目标而进行的经济管理活动，主要形式为财务报表。强调会计信息的可靠性、相关性、可理解可比较、实质重于形式、谨慎性等。财务管理是一个内向型的管理核算，为企业内部的管理层和经营层服务，通过参与企业管理，各部门亲密合作，共同管理，强化财务理念，事前预测和计划，期中规划和控制，事后考核和总结，完成既定目标，以实现企业价值管理手段。

5. 财务会计与财务管理的联系

一个有效的财务管理是建立在精确核算的财务会计基础上的，没有好的财务核算，就不能得到很好的财务数据，财务管理工作的开展更无从说起。因此，可以理解为财务管理是财务会计的前沿，财务会计是对财务管理的考核。

## 三、财务管理涉及的各种关系

企业组织财务活动过程中与有关各方所发生的经济利益关系，称为财务关系。包括：

(1)企业与投资者之间的财务关系，主要是指企业的投资者向企业投入资金，企业向投资者支付报酬所形成的经济关系;包括股东与经理人的关系,经理人与企业的关系等。投资者与企业属于所有权关系,处理这种财务关系,必须明确产权关系,维护各方的利益。

(2)企业与债权人之间的财务关系,主要是指企业向债权人借入资金,并按借款合同的规定按时支付利息和归还本金所形成的经济关系;包括向银行借款、发行债券、利用商业信用等方式筹集资金,支付筹资费用和用资费用。

(3)企业与受资者之间的财务关系,主要是指企业以购买股权、债券等投资行为,获得投资收益形成的关系。

(4)企业与债务人之间的财务关系,主要是指企业将其资金以购买债券、提供借款或商业信用等形式出借给其他单位所形成的经济关系。

(5)企业与政府之间的财务关系,主要是指政府作为社会管理者,强制和无偿参与企业利润分配所形成的经济关系。

(6)企业内部各单位之间的财务关系,主要是指企业内部各单位之间在生产经营各环节中相互提供产品或劳务所形成的经济关系。

(7)企业与职工之间的财务关系,主要是指企业向职工支付劳动报酬过程中所形成的经济关系。

财务管理要处理好内外各种利益关系,保证企业持续健康发展。

## 四、中小企业财务管理的任务

1. 依法筹集资金,保证企业正常经营活动开展

财务管理工作的起点是筹集资金,资金是保证企业正常经营的基本条件。《中华人民共和国公司法》设立了企业的最低资本金制度。同时企业经营需要充足的流动资金,当企业扩大生产经营规模时,容易出现资金缺口,需要及时筹集资金。筹集资金时,应谨慎考虑筹资方式、筹资成本、资金的时间价值、筹资风险等诸多因素,以尽可能低的成本筹集资金,降低企业筹资风险。

2. 合理配置和使用资金,提高资金使用效率

企业资金要根据需要合理分配到企业的各个部门,形成各项资产。资产结构必须合理配置,挖掘资金的最大使用效率,有计划地调度和组织资金的使用和平衡,加快资金周转速度,最大限度地提高资金的使用效果。

3. 正确组织财务收支,合理分配企业经营成果

企业开展生产经营后,要合理使用人、财、物,不断降低生产耗费和各项成本,并不断拓展市场,增加企业收入和现金流入。以收入抵偿开支后的财务经营成果,应兼顾国家、企业、投资者的利益,首先要足额缴纳企业各项税收;合法合理提取法定盈余公积、任意盈余公积,保证企业长远发展和企业福利保障;根据股东大会决议计提应付股利等。

4. 建立健全企业财务管理制度,有效实施企业财务控制与监督

企业需要承担社会责任。应严格遵守国家的各项财务管理制度。并根据企业经营特点和实际情况,制定内部管理制度和管理办法,使日常财务管理有据可依。应及时发现经营风险或财务管理中的问题进行纠偏。并进行深入细致的财务分析,促进企业降低消耗,扩大生产,取得最大的经济效益。

## 第二节 企业财务管理的目标

公司理财的立场决定了财务管理的目标，企业在不同阶段追求不同的目标。明确财务管理目标，是有效组织财务管理活动的前提，也是合理评价财务管理工作质量的客观依据。由于财务管理是企业管理的一部分，因此企业财务管理的目标取决于中小企业的经营总目标。

### 一、中小企业的经营目标

1. 生存

中小企业是以营利为目的建立的，但首先面临的是生存问题。中小企业首先必须精准定位市场，不断扩大收入，降低生产经营成本，才能实现盈利。特别是开办初期，倒闭的风险非常大，首先目标是获得生存权，能够收支平衡，略有盈利，同时注意企业清偿到期债务的能力，规避破产风险。中小企业开办前期能够持平，就是盈利的起点。

2. 发展

市场竞争激烈，仅具备生产能力，很快会被市场所淘汰，因此中小企业必须快速做大做强。尤其是要快速扩大市场，扩大经营规模，使企业在竞争中立于不败之地。因此需要筹集足额的资金，改善生存经营条件，提高企业服务质量和产品质量，并扩大市场宣传，使企业步入快速成长期。

3. 盈利

企业最终都是以营利为目的。有了盈利，企业才能不断生存、发展。企业要持续盈利，必须加速资金回笼，加强固定资产管理，提高固定资产利用率，加强成本费用管理，降低企业消耗，扩大收益，从而实现最终目标。

### 二、财务管理目标的几种观点

企业财务管理目标是企业组织财务活动、处理财务关系所要达到的根本目的，它决定着企业财务管理的基本方向，是企业财务管理工作的出发点。企业财务管理目标从它的演进过程来看，均直接反映着财务管理环境的变化，反映着企业利益相关者利益关系的均衡，是各种因素相互作用的综合体现。因此，研究企业财务管理目标，必须从影响企业财务管理的各因素入手，以便做出最佳的选择。财务管理目标的作用可以概括为导向作用、激励作用、凝聚作用、考核作用四个方面。

(一)利润最大化

在计划经济条件下，财务管理的一个目标就是追求利润最大化，利润越大企业就越好。以利润最大化作为企业理财的目标有一定的科学道理，其优点是讲求经济核算、加强管理，改进技术，提高劳动生产率，降低产品成本。有利于企业资源的合理配置，提高整体经济效益。

但在实践中，人们逐渐发现这种目标有很多缺陷，存在许多不合理的因素，具体表现在以下几个方面：

(1)没有考虑利润实现的时间先后顺序，也即没有考虑货币的时间价值。

(2)没有考虑利润和投资之间的关系。

(3)没有考虑企业的风险问题。

(4)可能导致企业短期财务决策倾向,影响企业长远发展。

(二)每股盈余最大化

以每股盈余最大化作为财务管理的目标也不太合理,因为每股盈余最大化实际上只是把利润和投资的关系反映出来了,而每股盈余在什么时间实现、每股盈余到底有多少风险没有反映出来。所以每股盈余最大化只是完善了利润最大化当中的利润和投资的比例关系,其他的弊端依然存在。

1. 优点

(1)考虑了风险因素;

(2)在一定程度上能避免企业短期行为;

(3)对上市公司而言,股东财富最大化目标比较容易量化,便于考核和奖惩。

2. 缺点

(1)通常只适用于上市公司,非上市公司难以应用;

(2)股价受众多因素影响,股价不能完全准确反映企业财务管理状况;

(3)强调更多的是股东利益,对其他相关者利益重视不够。

(三)企业的价值最大化

企业是股东的企业,是所有者的企业,企业的价值最大化,也就是股东、所有者财富最大化。

1. 优点

(1)考虑了取得报酬的时间,并用时间价值的原理进行了计量。

(2)考虑了风险与报酬的关系。

(3)将企业长期、稳定的发展和持续的获利能力放在首位,能克服企业在追求利润上的短期行为。

(4)用价值代替价格,克服了过多受外界市场因素的干扰,有效地规避了企业的短期行为。

2. 缺点

(1)企业的价值过于理论化,不易操作。

(2)对于非上市公司,只有对企业进行专门的评估才能确定其价值,而在评估企业的资产时,由于受评估标准和评估方式的影响,很难做到客观和准确。

(四)相关者利益最大化

有利于企业长期稳定发展;体现了合作共赢的价值理念,有利于实现企业经济效益和社会效益的统一。多元化、多层次的目标体系,兼顾各方利益。体现了前瞻性和现实性的统一。

**【例1—1】** 在某上市公司财务目标研讨会上,张经理主张“贯彻合作共赢的价值理念,做大企业的财富蛋糕”;李经理认为“既然企业的绩效按年度考核,财务目标就应当集中体现当年利润指标”;王经理提出“应将企业长期稳定的发展放在首位,以便创造更多的价值”;赵经理提出“力争使公司股票价格提高,让社会对公司评价更高”。上述观点是基于相关者利益最大化目标提出的是(　　)。

A. 张经理　　B. 李经理　　C. 王经理　　D. 赵经理

【答案】 A

【解析】 张经理主张“合作共赢的价值理念”,可以看出支持其观点的理论就是相关者利益最大化;李经理认为“财务目标就应当集中体现当年利润指标”,说明支持其观点的理论就是利润最大化;王经理提出“应将企业长期稳定的发展放在首位,创造更多的价值”,支持其观点的理论就是企业价值最大化;赵经理提出"力争使公司股票价格提高",支持其观点的理论就是股东财富最大化。

四种目标对比总结,如表1—1所示。

表1—1 四种目标对比

| | 利润最大化 | 股东财富最大化 | 企业价值最大化 | 相关者利益最大化 |
|---|---|---|---|---|
| 长短期效应 | 短期行为 | 长期行为 | 长期行为 | 长期行为 |
| 时间价值 | 没有考虑 | 考虑 | 考虑 | 考虑 |
| 风险因素 | 没有考虑 | 考虑 | 考虑 | 考虑 |
| 其他 | — | 单纯考虑股东利益 | — | 综合考虑不同利益相关者的利益 |

## 三、企业社会责任与财务管理目标

社会责任是指企业在其商业运作中对其利害关系人应负的责任。企业社会责任的概念是基于商业运作必须符合可持续发展的想法,企业除了考虑自身的财政和经营状况外,也要加入其对社会和自然环境所造成的影响的考量。

"企业社会责任"概念最早由西方发达国家提出,近些年来这一思想广为流行,联合国也是推动企业发挥社会责任的重要机构。安南上任秘书长后,联合国的工作重点发生了较大的变化,即从国家主权的维护更多地转向了公民权利的维护。鉴于全球化的脆弱性和国家间越拉越大的差距,鉴于国家内部的差距也在拉大以及财富的分配不公和不平等,特别是鉴于某些企业不合理的发展对世界安全和生态环境带来巨大威胁,安南向国际商界领袖提出了挑战,那就是呼吁企业约束自己自私的牟利行为,并担负起更多的社会责任。

中国企业的发展正处在一个急功近利的历史阶段。如何摆正企业与社会的关系,如何发挥企业的社会责任,企业到底应该肩负起哪些社会责任?中国社会有些茫然,企业粗制滥造、食品安全、环境污染等问题日趋严重。解决这些问题不仅需要法律保障,更需要一定的思想道德境界来保障。企业社会责任主要包括:

(1)对员工的责任;

(2)对债权人的责任;

(3)对消费者的责任;

(4)对社会公益的责任;

(5)对环境和资源的责任。

企业财务管理目标和社会责任客观上存在矛盾:企业承担社会责任会造成利润和股东财富的减少。企业财务管理目标和社会责任也有一致性:首先,企业承担社会责任大多是法律所规定的,如消除环境污染、保护消费者权益等,企业财务管理目标的完成,必须以承担社会责任为前提。其次,企业积极承担社会责任,为社会多做贡献,有利于企业树立良好形象,也有利于企业财务管理目标的实现。

国家颁布了一系列保护公众利益的法律,如《公司法》、《消费者权益保护法》、《就业促进法》、《劳动保护法》等。

法律不可能解决所有问题,加上法律的不健全,所以企业还要受到商业道德的约束,要接受政府有关部门的行政监督,以及社会公众的舆论监督,进一步协调企业与社会的矛盾,促进构建和谐社会。

## 第三节 财务管理的内容

对企业资金运动的管理，就是财务管理的内容。主要包括筹资管理、投资管理、资金运营管理和资金分配管理。

### 一、筹资活动的管理

筹资活动的管理指企业根据其生产经营、对外投资和调整资本结构的需要，通过筹资渠道和资本（金）市场，运用筹资方式，经济有效地为企业筹集所需的资本（金）的财务行为。筹资的方式主要有筹措股权资金和筹措债务资金。

筹资活动的管理是指对资产负债表右边内容的管理。计划经济条件下，企业的资金是上级单位下拨的。市场经济条件下，市场为企业提供了许多筹集资金的渠道，可以发行股票，可以发行债券，可以向银行借款，还可以租赁。企业到底通过哪几种渠道来筹集资金，每一种渠道筹集的资金各占多大的比重？筹资管理就是侧重于资金的来源渠道、所需的数额、项目构成及成本的管理。筹集的原则如下：

1. 遵循国家法律法规，合法筹措资金→筹措合法

企业的筹资行为和筹资活动必须遵循国家的相关法律法规，依法履行法律法规和投资合同约定的责任，合法合规筹资，依法信息披露，维护各方的合法权益。

2. 分析生产经营情况，正确预测资金需要量→规模适当

企业筹集资金，首先要合理预测确定资金的需要量。筹资规模与资金需要量应当匹配一致。

3. 合理安排筹资时间，适时取得资金→筹措及时

企业筹集资金，还需要合理预测确定资金需要的时间。要根据资金需求的具体情况，合理安排资金的筹集时间，适时获取所需资金。使筹资与用资在时间上相衔接。

4. 了解各种筹资渠道，选择资金来源→来源经济

企业应当在考虑筹资难易程度的基础上，针对不同来源资金的成本进行分析，尽可能选择经济、可行的筹资渠道与方式，力求降低筹资成本。

5. 研究各种筹资方式，优化资本结构→结构合理

企业筹资要综合考虑股权资金与债务资金的关系、长期资金与短期资金的关系、内部筹资与外部筹资的关系，合理安排资本结构。

### 二、投资活动的管理

投资管理是对证券或项目资产进行投资，从投资者利益出发并实现投资目标的财务管理活动。

投资活动的管理是指对资产负债表左边内容的管理。企业筹集的资金有不同的用途，有很多的投资渠道，如固定资产投资就可以投资很多项目，在证券市场上买股票、基金、债券等。投资活动的管理就是侧重于资金的投向、规模、构成的管理。

## 三、资产管理

企业对内部的投资形成企业的固定资产、流动资产、无形资产、递延资产和其他资产。这些资产构成企业日常财务管理的重要内容。中小企业资产管理的重点是固定资产和流动资产。

中小企业经营到一定阶段，提升市场竞争力和行业竞争水平的途径之一是增加固定资产投入。它以提高资产可利用率、降低企业运行维护成本为目标，以优化企业固定资产投资效率为核心，通过信息化手段，合理安排维修计划及相关资源与活动。通过提高设备可利用率得以增加收益，通过优化安排固定资产投资得以降低成本，从而提高企业的经济效益和企业的市场竞争力。

流动资金是企业经营的血液，在不断从货币资金到货币资金的循环周转中，资金实现了增值。只有严格资金管理，加速流动资金的循环周转，才能提高企业经济效益。

资产管理指对投资项目经营中的占用资金的管理。包括现金管理、存货管理和应收账款管理。

## 四、成本费用管理

加强成本费用管理对企业具有重要意义：

(1)加强成本费用管理是企业扩大生产规模的重要途径。加强成本费用管理，能够节约费用开支，降低产品成本，就意味着用同样多的耗费，生产出更多更好的产品来满足市场的需要。

(2)加强成本费用管理是企业增加营业利润的根本途径。企业要增加营业利润可以通过多种多样的方法来实现，但最根本的途径应当是通过降低产品成本、节约费用来实现。这是因为利润是成本与价格的差额，在一定价格下(价格是不可控的)，加强成本管理(成本是可控的)，节约费用开支，就增加盈利。

(3)加强成本费用管理是企业增强竞争能力的重要条件。要增强企业自身的竞争能力，就必须要提高产品质量和降低产品价格，做到价廉物美。而要降低产品价格，就必须降低成本节约费用。

成本费用是综合性指标，涉及企业的方方面面，因此必须实行全面成本费用管理，也就是实行全过程管理和全员管理。成本费用的全过程管理，就是从产品设计、工艺制定、材料供应、产品生产和销售，一直到产品售后服务等每一过程都要进行成本费用的核算和管理。特别是产品设计合理先进与否，在相当大程度上决定着成本水平的高低，产品设计合理先进，成本可能就低，反之，成本就高。对于生产工艺方案也必须进行效益评价，应当选择高产、优质、低消耗的工艺方案。对企业其他生产经营活动的各项措施，也要注意从经济效益角度进行评价和分析。总之，要求企业做到把成本费用管理同生产技术、生产经营活动结合起来，从整个生产经营过程的各个方面挖掘降低成本费用的潜力。

对成本费用实行全员管理，就是企业的各职能部门以及各级行政、生产组织(如厂部、车间、班组等)，都要参与成本费用管理，从企业领导到管理人员，从技术人员到生产工人，人人都要参与成本费用管理。实行全面成本费用管理，企业应根据生产规模和组织机构设置等情况，建立相应的成本费用管理体制，合理地明确和落实各个职能部门、厂部与车间、班组等各级组织在成本费用管理方面的权限和责任。

### 五、利润及分配活动的管理

利润分配是指企业按照国家规定的政策和比例，对已实现的净利润在企业和投资者之间进行分配。它研究的是：如何在所有者当中进行分配，分什么股利，分多少等。分配的决策同时又是筹资的决策，因为分配多了留的就少，分配少了留的就多，留下来的资金又构成了下一个循环的资金来源，所以从这个意义上说分配的决策也就是筹资的决策，或者说分配的决策同时又是筹资的决策。因此有的学者认为分配应属于筹资管理，分配决策属于筹资决策，并且据此提出财务管理包括三个部分内容。

利润分配的原则：

1. 依法分配原则

为规范企业的利润分配行为，国家制定和颁布了若干法规，这些法规规定了企业利润分配的基本要求、一般程序和重大比例。企业的利润分配必须依法进行，这是正确处理企业各项财务关系的关键。

2. 分配与积累并重原则

企业的利润分配，要正确处理长期利益和短期利益这两者的关系，坚持分配与积累并重。企业除按规定提取法定盈余公积金以外，可适当留存一部分利润作为积累，这部分未分配利润仍归企业所有者所有。这部分积累的净利润不仅可以为企业扩大生产筹措资金，增强企业发展能力和抵抗风险的能力，同时，还可以供未来年度进行分配，起到以丰补歉、平抑利润分配数额波动、稳定投资报酬率的作用。

## 第四节 财务管理的原则和方法

### 一、财务管理的原则

(一)竞争环境的原则

1. 自利行为原则

自利行为原则的依据是理性经济人假设，即人们都会衡量每一项交易的代价和利益，选择对自己最有利的方案来行动。自利行为原则假设企业决策人能合理认识企业目标，并采取对自己最有利的行动达到目标。值得强调的是，自利行为原则是指在其他条件都相同时，财务主体会选择对自己经济利益最大的行动。

2. 双方交易原则

双方交易原则是指每一项交易都至少存在两方，在一方根据自己的经济利益进行决策时，另一方也会按照自己的经济利益决策行动，双方在决策时都要正确预见对方的反应。

3. 信号传递原则

信号传递原则是自利行为原则的延伸。信号传递原则是指行动可以传递信息，并且比企业声明更有说服力，可以根据企业行为判断其未来收益状况。

4. 引导原则

引导原则是信号传递的基础，是指当所有办法都失败时，寻找一个可以信赖的榜样作为自己的引导。

（二）创造价值的原则

1. 有价值的创意原则

有价值的创意原则能做到与众不同，使产品、服务、企业形象等与竞争对手有明显区别，并提供独特价值，获得额外报酬，并为市场提供了更多创新，为顾客提供了更多选择。该项原则还用于经营和销售活动。例如，连锁经营方式的创意，增加了麦当劳的投资人的财富。

2. 比较优势原则

比较优势原则的依据是分工理论。大卫·李嘉图的比较成本贸易理论认为，每个国家都应根据“两利相权取其重，两弊相权取其轻”的原则，集中生产并出口其具有“比较优势”的产品，进口其具有“比较劣势”的产品。企业要想盈利必须有专长，形成比较优势，股东财富才能增长。比较优势原则是指专长能创造价值，典型应用是“人尽其才、物尽其用”。比较优势原则的应用还有优势互补。合资、合并、收购等企业行为，是出于优势互补原则。

3. 期权原则

期权原则是指在估价时要考虑期权价值。期权概念最初产生于金融期权交易，是指所有者（期权购买人）能够要求出票人（期权出售者）履行期权合同上载明的交易，而出票人不能要求所有者去做任何事情。

4. 净增效益原则

净增效益原则是指财务决策建立在净增效益的基础上，一项决策的价值取决于它和替代方案相比所增加的净收益。如果方案的净收益大于替代方案，则该方案好，通常用现金流量计量。净增效益原则的应用之一是差额分析法，在分析投资方案时只分析它们的区别，而省略其相同部分。

（三）财务交易的原则

1. 风险—报酬权衡原则

风险—报酬权衡原则是指风险和报酬之间存在对等关系，高收益的投资机会必然伴随巨大风险，风险小的投资机会必然只有较低的收益。现实市场中只有高风险高报酬和低风险低报酬的投资机会。但在财务交易中，人们倾向于高报酬和低风险。每个市场参与者都在投资方案的风险和报酬之间作权衡。

2. 投资分散原则

投资分散原则的理论依据是投资组合理论，是指要分散投资，不要把全部资产投资于一个企业。投资组合理论认为，若干种股票组成的投资组合，其收益是这些股票收益的加权平均数，但其风险要小于这些股票的加权平均风险。

3. 资本市场有效原则

资本市场有效原则是指在资本市场上金融资产的市价反映了所有可获得的信息，而且面对新信息能迅速做出调整。资本市场有效原则要求财务管理重视市场对企业的估价。

资本市场有效原则要求财务管理时慎重使用金融工具。如果资本市场是有效的，购买或出售金融工具的交易的净现值就为零。

4. 货币时间价值原则

货币时间价值原则是指财务计量时要考虑货币时间价值因素。货币时间价值是指货币经过一定时间的投资和再投资所增加的价值。货币时间价值原则的首要应用是现值概念。把不同时点的货币折算为“现在”时点的过程，称为折现，折现使用的百分率称为折现率，折现后的价值称为现值。财务估价中，广泛使用现值计量资产的价值，或是将不同时点的货币统一转化到未来某一时点。

## 二、财务管理的方法

财务管理方法是财务管理人员针对企业经营目标，借助经济数学和电子计算机等手段，运用运筹论、系统论和信息论等方法，结合财务管理活动的具体情况，对企业资金的筹集、生产资金的投入、产品成本费用的形成等企业经营管理活动进行财务预测、财务决策、财务控制、财务计量、财务分析、财务报告和财务监督的技术，它是财务人员完成既定财务管理任务的主要手段。

1. 财务预测

财务预测是指根据活动的历史资料，考虑现实的条件和今后的要求，对企业未来时期的财务收支活动进行全面的分析，并做出各种不同的预计和推断的过程。它是财务管理的基础。财务预测的主要内容有筹资预测、投资收益预测、成本预测、收入预测和利润预测等。财务预测所采用的具体方法主要有属于定性预测的判断分析法和属于定量预测的时间序列法、因果分析法和税率分析法等。

2. 财务决策

财务决策是指在财务预测的基础上，对不同方案的财务数据进行分析比较，全面权衡利弊，从中选择最优方案的过程。它是财务管理的核心。财务决策的主要内容有筹资决策、投资决策、成本费用决策、收入决策和利润决策等。财务决策所采用的具体方法主要有概率决策法、平均报酬率法、净现值法、现值指数法、内含报酬率法等。

3. 财务预算

财务预算是指以财务决策的结果为依据，对企业生产经营活动的各个方面进行规划的过程。它是组织和控制企业财务活动的依据。财务预算的主要内容有筹资预算、投资预算、成本费用预算、销售收入预算和利润预算等。财务预算所采用的具体方法主要有平衡法、定率法、定额法、比例法、弹性计划法和前期实绩推算法等。

4. 财务控制

财务控制是指以财务预算和财务制度为依据，对财务活动脱离规定目标的偏差实施干预和校正的过程。通过财务控制以确保财务预算的完成。财务控制的内容主要有筹资控制、投资控制、货币资金收支控制、成本费用控制和利润控制。财务控制所采用的具体方法主要有计划控制法、制度控制法、定额控制法等。

5. 财务分析

财务分析是指以会计信息和财务预算为依据，对一定期间的财务活动过程及其结果进行分析和评价的过程。财务分析是财务管理的重要步骤和方法，通过财务分析，可以掌握财务活动的规律，为以后进行财务预测和制定财务预算提供资料。财务分析的内容主要有偿债能力分析、营运能力分析、获利能力分析和综合财务分析等。财务分析所采用的具体方法有比较分析法、比率分析法、平衡分析法、因素分析法等。

## 主要概念

资金周转过程　财务管理对象　财务管理目标　财务管理内容　财务管理方法

# 课后习题

## 一、单项选择题

1. 根据财务管理理论，企业在生产经营活动过程中客观存在的资金运动及其所体现的经济利益关系被称为（　　）。

A. 企业财务管理　　B. 企业财务活动
C. 企业财务关系　　D. 企业财务

2. 下列经济活动中，能够体现企业与投资者之间财务关系的是（　　）。

A. 企业向职工支付工资　　B. 企业向其他企业支付货款
C. 企业向国家税务机关缴纳税款　　D. 国有企业向国有资产投资公司支付股利

3. 相对于每股收益最大化目标而言，企业价值最大化目标的不足之处是（　　）。

A. 没有考虑资金的时间价值　　B. 没有考虑投资的风险价值
C. 不能反映企业潜在的获利能力　　D. 某些情况下确定比较困难

4. 财务管理的核心为（　　）。

A. 财务预测　　B. 财务决策　　C. 财务预算　　D. 财务控制

5. 下列各项经济活动中，属于企业狭义投资的是（　　）。

A. 购买设备　　B. 购买零部件
C. 购买供企业内部使用的专利权　　D. 购买国库券

6. 在下列各项中，从甲公司的角度看，能够形成“本企业与债务人之间财务关系”的业务是（　　）。

A. 甲公司购买乙公司发行的债券　　B. 甲公司归还所欠丙公司的货款
C. 甲公司从丁公司赊购产品　　D. 甲公司向戊公司支付利息

7. 短期金融市场的主要特点不包括（　　）。

A. 交易期限短
B. 所交易的金融工具有较强的货币性
C. 资金借贷量大
D. 交易的目的是满足短期资金周转的需要

8. 在下列各项中，能够反映上市公司价值最大化目标实现程度的最佳指标是（　　）。

A. 总资产报酬率　　B. 净资产收益率
C. 每股市价　　D. 每股利润

9. 企业财务目标是公司价值最大化，其价值是指（　　）。

A. 账面价值　　B. 账面净值　　C. 重置价值　　D. 市场价值

10. 反映公司价值最大化目标实现程度的指标是（　　）。

A. 销售收入　　B. 市盈率　　C. 每股市价　　D. 净资产收益率

## 二、多项选择题

1. 利润最大化目标和每股收益最大化目标，存在的共同缺陷是（　　）。

A. 不能反映资本的获利水平

B. 不能用于不同资本规模的企业间比较

C. 可能会导致企业的短期行为

D. 没有考虑风险因素和时间价值

2. 债权人与所有者的矛盾表现在未经债权人同意，所有者要求经营者（　　）。

A. 投资于比债权人预期风险更高的项目

B. 发行新债券而致使旧债券价值下降

C. 扩大赊销比重

D. 改变资产与负债及所有者权益的比重

3. 公司治理机制是治理结构在经济运行中的具体表现，包括内部治理机制和外部治理机制。内部治理机制具体表现为（　　）等。

A. 公司章程　　B. 董事会议事规则

C. 法律法规　　D. 决策权力分配

4. 下列各项中，属于企业资金营运活动的有（　　）。

A. 采购原材料　　B. 销售商品

C. 购买国库券　　D. 支付利息

5. 下列（　　）属于企业购销商品或接受、提供劳务形成的财务关系。

A. 企业与供货商之间的财务关系　　B. 企业与债务人之间的财务关系

C. 企业与客户之间的财务关系　　D. 企业与受资者之间的财务关系

6. 关于经济周期中的经营理财策略，下列说法正确的是（　　）。

A. 在企业经济复苏期企业应当增加厂房设备

B. 在企业经济繁荣期企业应减少劳动力，以实现更多利润

C. 在经济衰退期企业应减少存货

D. 在经济萧条期企业应裁减雇员

7. 金融工具是指在信用活动中产生的、能够证明债权债务关系或所有权关系并据以进行货币资金交易的合法凭证。金融工具的特征包括（　　）。

A. 期限性　　B. 流动性　　C. 风险性　　D. 稳定性

8. 下列各项中，可用来协调公司债权人与所有者矛盾的方法有（　　）。

A. 规定借款用途　　B. 规定借款的信用条件

C. 要求提供借款担保　　D. 收回借款或不再借款

9. 公司的财务关系有（　　）。

A. 公司与政府之间的财务关系

B. 公司与投资者、受资者之间的财务关系

C. 公司内部各单位之间的财务关系

D. 公司与债权人、债务人之间的财务关系

10. 公司价值最大化作为财务管理目标的优点有（　　）。

A. 有利于克服企业短期行为　　B. 考虑了风险与收益的关系

C. 考虑了货币的时间价值　　D. 有利于社会资源的合理配置

## 三、判断题

1. 在确定企业财务管理目标时，只需要考虑所有者或股东的利益，企业价值最大化实际上意味着所有者或股东利益最大化。 (　　)

2. 民营企业与政府之间的财务关系体现为一种投资与受资关系。 (　　)

3. 从财务管理的角度看，公司治理是有关公司控制权和剩余索取权分配的一套法律、制度以及文化的安排。 (　　)

4. 企业是由股东投资形成的，因此，在确定企业财务管理的目标时，只需考虑股东的利益。 (　　)

5. 在信息的获得和享用上，股东和经营者是一致的。 (　　)

6. 避免经营者背离股东人的目标，其最好的解决办法就是尽量使激励成本和监督成本之和最小。 (　　)

7. 在企业的资金全部自有的情况下，企业只有经营风险而无财务风险；在企业存在借入资金的情况下只有财务风险而无经营风险。 (　　)

8. 到期风险附加率是对投资者承担利率变动风险的一种补偿。 (　　)

# 第二章 中小企业财务管理的环境、制度、组织和核心能力

【本章知识目标】

- 掌握财务管理的环境概念,宏观和微观环境的影响因素。
- 掌握中小企业应遵循和建立的财务管理制度。
- 掌握企业组织形式和财务管理组织形式。
- 掌握企业财务管理能力。

【本章技能目标】

能够确定企业所处的财务管理环境,并对影响企业财务管理环境的因素进行具体分析,达到优化理财环境、实现理财目标的目的。

能够明确企业建立财务制度应遵循的原则,编制企业财务管理制度,处理好企业内外的财务关系。

能选择适当的财务管理组织机构,有效组织本企业的财务管理活动。

能够围绕企业核心能力提升企业财务管理能力。

## 第一节 中小企业财务管理环境

### 一、中小企业财务管理的环境概述

财务管理环境是指影响企业财务活动的外部条件,其是财务决策难以改变的外部约束条件。财务决策需要适应环境的要求和变化。财务管理的环境涉及范围很广,其中最重要的是经济环境、金融环境、法律环境和文化环境。

影响企业财务管理环境的因素:财务管理的宏观环境因素和财务管理的微观环境因素。

## 二、宏观理财环境

财务管理的宏观环境包括的内容十分复杂，如经济因素、法律因素、社会文化因素、自然资源因素等。

(一)经济环境

财务管理的经济环境是影响企业财务管理的各种经济因素，如经济周期、经济发展水平、通货膨胀状况、经济体制等。

1. 经济周期

在市场经济条件下，经济通常不会出现较长时间的持续增长或较长时间的衰退，而是在波动中前进的。经济发展大体上会经历复苏、繁荣、衰退和萧条阶段的循环，这种循环称为经济周期。经济发展的波动，极大地影响了财务管理。经济繁荣对财务管理起刺激作用，经济衰退则会阻碍财务管理的发展。

2. 经济发展水平与通货膨胀

财务管理的发展水平是和经济发展水平密切相关的，经济发展水平越高，财务管理水平也越高，经济发展水平较低，财务管理水平也较低。

通货膨胀将给财务管理带来很大困难。在通货膨胀条件下，企业必须加强收入和成本管理，实现期望报酬率。财务人员可通过提前购买设备和存货，买进现货、卖出期货等套期保值手段减少损失。对于价格看涨的物资，企业通常要提前进货，投放较多资金；而对价格看跌的物资，则应在保证生产需要的情况下推迟采购，节约资金。

3. 经济体制与经济政策

经济体制是指对有限资源进行配置而制定并执行决策的各种机制。现在世界上典型的经济体制有计划经济体制和市场经济体制两种。

计划经济体制的基本特征是：(1)基层企业单位没有决策权，决策权归某一个高层权力机构(如计划委员会)或某几个高层权力机构(如计委、企业主管部门、财政部门等)；(2)决策指令是通过有关计划文件的形式由上往下，最终下达给基层单位的；(3)基层单位必须执行这些决策指令，并努力完成决策中所规定的各种计划指标。

市场经济体制的基本特征是：(1)没有来自(若有也十分有限)高层机构的指令或命令；(2)企业的经营决策由企业根据市场供求关系和价格变动所提供的信息来做出；(3)企业不断对市场信息做出反应，以便不断调整其各种决策。

我国政府调控宏观经济的职能较强，国民经济的发展规划、国家的产业政策、经济体制改革的措施、政府的行政法规等对企业财务活动有重大影响。政府政策的主要内容是国家对某些地区、行业、经济行为的优惠、鼓励和倾斜。企业应按照经济政策的导向进行财务决策。政府政策会因经济状况的变化而调整，因而企业在做财务决策时要留有余地，或预见变化趋势。

4. 市场竞争与利率波动

市场竞争无处不在。企业之间、产品之间、现有产品和新产品之间都存在竞争，涉及设备、技术、人才、营销和管理等方面。财务管理受到市场竞争的影响，主要表现在因价格和销售量波动而影响资金的收回、商业信用的运用、借贷的风险等方面。一般来说，竞争力越强的企业风险越大，要慎重利用债务资金；竞争力一般的企业，产品销售稳定，价格波动也不大，利润稳定，风险较小，资金占用量相对较少，可较多地利用债务资金。

银行贷款利率的波动，会引起股票和债券价格的波动，从而影响企业盈利。企业利用银行贷款利率的波动，获得额外收益。例如，购入长期债券后，由于市场利率下降，按固定利率计息的债券价格上涨，盈利增加。如果出现相反情况，则出现损失。

除以上几项因素外，一些具体的经济因素发生变化，也会对企业财务管理产生重要影响。这些因素主要包括：(1)利息率；(2)外汇汇率；(3)金融市场、金融机构的完善程度；(4)金融政策；(5)财税政策；(6)产业政策；(7)对外经贸政策；(8)其他相关因素。

(二)政治和法律环境

政治环境是指国家在一定时期的各项路线、方针、政策和整个社会的政治观念。在一切社会环境中，政治环境起着基础性的决定作用，它决定着国家在特定时期内的经济、法律、科技、教育等各方面的目标导向和发展水平，因此直接或间接地约束着企业财务管理工作。

财务管理的法律环境是指影响财务管理的各种法律因素。法是体现统治阶级意志，由国家制定或认可，并以国家强制力保证实施的行为规范的总和。广义的法包括各种法律、规定和制度。财务管理作为一种社会行为，必然要受到法律规范的约束。按照法对财务管理内容的影响情况，可以把法分成如下几类。

(1)影响企业筹资的各种法规。企业筹资是在特定的法律约束下进行的。影响企业筹资的法规主要有：公司法、证券法、金融法、证券交易法、经济合同法、企业财务通则、企业财务制度等。这些法规可以从不同方面规范或制约企业的筹资活动。

(2)影响企业投资的各种法规。企业的投资活动也必须在特定的约束下进行，这方面的法规主要有：企业法、证券交易法、公司法、企业财务通则、企业财务制度等。这些法规都从不同方面规范企业的投资活动。

(3)影响企业收益分配的各种法规。企业在进行收益分配时，必须遵守有关法规的规定，这方面的法规包括：税法、公司法、企业法、企业财务通则、企业财务制度等。它们都从不同方面对企业收益分配进行了规范。

(三)金融环境

金融环境主要是指金融市场、金融机构、利率和金融工具。

金融机构是指银行和非银行金融机构；金融工具分为基本金融工具(货币、票据、债券和股票)和衍生金融工具(远期合约、互换、掉期和资产支持证券等)。

金融市场是资金供应者和资金需求者双方通过一定的金融工具进行交易而融通资金的场所。金融市场分类如表2—1所示。

表2—1 金融市场的分类

| 分类标志 | 类型 | 含义 |
|---|---|---|
| 期限 | 货币市场 | 短期金融市场。以期限在1年以内的金融工具为媒介，进行短期资金融通的市场，包括同业拆借市场、票据市场、大额定期存单市场和短期债券市场 |
| | 资本市场 | 长期金融市场。以期限在1年以上的金融工具为媒介，进行长期资金交易的市场，包括股票市场、债券市场和融资租赁市场等 |
| 功能 | 发行市场 | 一级市场。处理金融工具的发行和最初购买者之间的交易 |
| | 流通市场 | 二级市场。处理现有金融工具转让和变现的交易 |
| 融资对象 | 资本市场 | 以货币和资本为交易对象 |
| | 外汇市场 | 以各种外汇金融工具为交易对象 |
| | 黄金市场 | 集中进行黄金买卖和金币兑换的交易市场 |

续表

| 分类标志 | 类　型 | 含　义 |
|---|---|---|
| 所交易金融工具属性 | 基础性金融市场 | 以基础性金融产品为交易对象的金融市场，如商业票据、企业债券、企业股票的交易市场等 |
| | 金融衍生品市场 | 以金融衍生产品为交易对象的金融市场，如远期、期货、掉期(互换)、期权的交易市场等 |
| 地理范围 | 地方性、全国性、国际性金融市场 | |

(四)文化环境

财务管理活动是一种社会实践活动，它必然会受到文化环境的影响，文化环境可以分为社会文化、企业文化、财务管理文化等方面。

社会文化环境包括教育、科学、文学、艺术、新闻出版、广播电视、卫生、世界观、理想、信念、道德、习俗，以及同社会制度相适应的权利义务观念、道德观念、组织纪律观念、价值观念和劳动态度等。

企业文化影响财务管理活动的理念、财务战略的制定与实施和财务管理制度的建设与完善。在较高非确定性规避企业，对于风险较高的投资项目趋于比较保守，有利于稳健经营，但也会失去好的机会。对于有较长期利益倾向的企业，有利于企业避免经营行为短期化倾向，对企业长远发展而言是有利的。

财务管理文化总是与企业特有的经营环境、管理思想和文化氛围相联系的。它是企业文化的一项重要组成部分，是指在一定的社会经济、政治、文化等环境下，由财务部门和全体职工在长期的财务管理活动中，共同创造出来的财务管理成果和财务管理精神成果的表现形式的总和，是一个融合文化、经济的新概念。

## 三、财务管理的微观环境

财务管理的微观环境也包括许多内容，如企业类型、市场状况、生产情况、材料采购情况等。下面概括介绍对财务管理有重要影响的几个方面。

(一)企业类型

企业的类型很多，按不同标准可做不同分类。

1. 三种类型的企业组织形式及其对财务管理的影响

企业组织形式通常有三类：独资企业、合伙企业和公司企业。不同的企业组织形式对企业理财有重要影响。如果是独资企业，理财比较简单，主要利用的是业主自己的资金和供应商提供的商业信用。因为信用有限，其利用借款筹资的能力亦相当有限，银行和其他人都不太愿意借钱给独资企业。独资企业的业主要抽回资金，也比较简单，无任何法律限制。合伙企业的资金来源和信用能力比独资企业有所增加，收益分配也更加复杂，因此，合伙企业的财务管理比独资企业复杂得多。公司引起的财务问题最多，企业不仅要争取获得最大利润，而且要争取使企业价值增加；公司的资金来源多种多样，筹资方式也很多，需要进行认真的分析和选择；盈余分配也不像独资企业和合伙企业那样简单，要考虑企业内部和外部的许多因素。

**[例 2—1]** 与独资企业和合伙企业相比，公司制企业的特点有(　　)。

A. 以出资额为限，承担有限责任　　B. 权益资金的转让比较困难

C. 存在着对公司收益重复纳税的缺点　　D. 更容易筹集资金

【答案】 ACD

【解析】 公司的所有者权益被划分为若干股权份额，每个份额可以单独转让，无须经过其他股东同意，公司制企业容易转让所有权。

2. 按其他标准划分的企业类型

企业还可按行业分类：(1)根据企业所属的部门可分为工业企业、商业企业、农业企业等。(2)根据企业规模的大小可分为大型企业、中型企业和小型企业。(3)根据所有权关系可分为国有企业、集体企业、个体私营企业、外商投资企业、股份制企业等。(4)根据经营方式可分为承包经营企业和租赁经营企业等。

(二)市场环境

在商品经济条件下，每个企业都面临着不同的市场环境，这都会影响和制约企业的理财行为。市场环境，通常有下列四种：

(1)完全垄断市场。是指整个行业只有一个销售者或竞争者，它可以决定商品的供应数量和价格。这类市场实际上不存在竞争。

(2)完全竞争市场。是指竞争不受任何因素的阻碍和干扰，完全由买卖双方自由竞争的市场。在这种市场上，生产者和消费者的数量都很多，但都不能控制市场价格，只能接受现行的市场价格。

(3)不完全竞争市场。市场上有许多商品生产者，产品存在一定的差异(如质量、牌号等)。有些厂家(如名牌产品的生产企业)可以在一定程度上控制和影响市场。

(4)寡头垄断市场。这是指由少数几家生产者控制的市场，销售量占整个市场的70%～80%。

企业所处的市场环境，对财务管理有着重要影响。处于完全垄断市场上的企业，销售一般都不成问题，价格波动也不会很大，企业的利润稳中有升，不会产生太大的波动，因而风险较小，可利用较多的债务来筹集资金。而处于完全竞争市场上的企业，销售价格完全由市场来决定，被市场所左右，价格容易出现上下波动，企业利润也会出现上下波动，因而不宜过多地采用负债方式去筹集资金。处于不完全竞争市场和寡头垄断市场上的企业，关键是要使自己的产品超越其他企业的产品，创出特色，创出品牌，这就需要在研究与开发上投入大量资金，研制出新的优质产品，并做好广告，搞好售后服务，给予优惠的信用条件等。为此，财务人员要筹集足够的资金，用于研究与开发和产品推销。

(三)采购环境

采购环境又称物资来源环境，对企业理财有重要影响。按不同的标准可对采购环境做不同的分类。企业如果处于稳定的采购环境中，可少储存存货，减少存货占用的资金；反之，则必须增加存货的保险储备，以防存货不足影响生产，这就要求财务人员把较多的资金投资于存货的保险储备。

采购环境按价格变动情况，可分为价格上涨的采购环境和价格下降的采购环境。在物价上涨的情况下，企业应尽量提前进货，以防物价进一步上涨而遭受损失，这就要求在存货上投入较多的资金；反之，在物价下降的环境里，应尽量随用随采，以便从价格下降中得到好处，也可在存货上尽量少占用资金。

(四)生产环境

生产环境对财务管理有着重要影响。高技术型企业有比较多的固定资产而只有少数的生产工人。这类企业在固定资产上占用的资金比较多，而工薪费用较少，这就要求企业财务人员必须筹集到足够的长期资金以满足固定资产投资；反之，如果企业生产是劳动密集型的，则可较多地利用短期资金。再如，生产轮船、飞机的企业，生产周期较长，企业要比较多地利用长期资金；反之，生产食品的企业，生产周期很短，可以比较多地利用短期资金。

## 第二节　财务管理制度

中小企业财务管理制度，是对中小企业财务管理工作做出的统一规定和工作准则。我国财政部发布的《企业财务管理通则》，是以行业财务制度为依托，以内部财务管理规定为补充的企业财务管理制度体系。企业财务管理活动必须按《企业财务管理通则》的规范和本行业财务管理制度进行，企业可根据实际情况，制定内部管理办法，如资金管理办法、折旧管理办法、成本费用管理办法、财产物资管理办法等。财务管理制度的制定，要注意协调企业与外部的财务关系，也要处理好企业内部各部门之间的财务关系。

### 一、建立企业资本金制度

设立企业必须有法定的资本金。资本金，是指企业在工商行政管理部门登记的注册资金，是投资者用以进行企业生产经营、承担民事责任而投入的资金。股份有限公司的资本金被称为“股本”。非股份有限公司的资本金被称为“实收资本”。

资本金制度是对企业资本金筹集、管理以及所有者的责权利等方面所做的法律规范。

1. 资本金的最低限额

公司的最低注册资本限额如表 2—2 所示，注册资本金只需要缴纳 20%即可以注册公司。

**表 2—2**　　资本金的最低限额

| 组织形式 | 注册资本的最低限额(人民币万元) | |
|---|---|---|
| 有限责任公司 | 基本要求 | 3 |
| | 一人有限责任公司 | 10 |
| | 会计师事务所或资产评估机构 | 30 |
| 股份有限公司 | 基本标准 | 500 |
| | 上市 | 3 000 |
| | 经纪类证券公司 | 5 000 |
| | 保险公司 | 20 000 |
| | 综合类证券公司 | 50 000 |

2. 资本金的出资方式

(1)投资者可以采取货币资产和非货币资产两种形式出资。

(2)全体投资者的货币出资金额不得低于公司注册资本的 30%。

(3)对于非货币资产出资，只要满足三个条件：“可以用货币估价”、“可以依法转让”、“法律不禁止的”，均可以作为出资方式。

(4)《公司法》规定，股东或者发起人不得以劳务、信用、自然人姓名、商誉、特许经营权或者设定担保的财产等作价出资。

(5)《公司法》对无形资产出资的比例要求没有明确限制，但《外资企业法实施细则》另有规定，外资企业的工业产权、专有技术的作价应与国际上通常的作价原则相一致，且作价金额不得超过注册资本的20%。无形资产可占注册资本的70%。

3. 资本金缴纳的期限

资本金缴纳的期限，通常有三种办法：一是实收资本制，在企业成立时一次筹足资本金总额，实收资本与注册资本数额一致，否则企业不能成立；二是授权资本制，在企业成立时不一定一次筹足资本金总额，只要筹集了第一期资本，企业即可成立，其余部分由董事会在企业成立后进行筹集，企业成立时的实收资本与注册资本可能不相一致；三是折中资本制，在企业成立时不一定一次筹足资本金总额，类似于授权资本制，但规定了首期出资的数额或比例及最后一期缴清资本的期限。

我国《公司法》规定，资本金的缴纳采用折中资本制，资本金可以分期缴纳，但首次出资额不得低于法定的注册资本最低限额。股份有限公司和有限责任公司的股东首次出资额不得低于注册资本的20%，其余部分由股东自公司成立之日起两年内缴足，投资公司可以在五年内缴足。而对于一人有限责任公司，股东应当一次足额缴纳公司章程规定的注册资本额。有关规定见表2—3、表2—4。

**表2—3　资本金的缴纳期限**

| 分　类 | 含　义 | 企业成立时的实收资本是否等于注册资本 |
|---|---|---|
| 实收资本制 | 在企业成立时一次筹足资本金总额 | 相等 |
| 授权资本制 | 在企业成立时不一定一次筹足资本金总额，只要筹集了第一期资本，企业即可成立，其余部分由董事会在企业成立后筹集(授权) | 可能不相一致 |
| 折中资本制 | 类似于授权资本制，但要规定首期出资的数额或比例，以及最后一期缴清资本的期限 | 可能不相一致 |

**表2—4　折中资本制资本缴纳期限**

| | 具体内容 |
|---|---|
| 是否分期 | 可以分期缴纳 |
| 首次出资额 | 1. 不得低于法定的注册资本最低限额<br>2. 股份有限公司和有限责任公司的股东首次出资额不得低于注册资本的20%(不是法定最低注册资本额的20%)<br>3. 一人有限责任公司，股东应当一次足额缴纳公司章程规定的注册资本额(不是法定最低注册资本额10万元) |
| 最后缴足期限 | 1. 自公司成立之日起两年内缴足<br>2. 投资公司可以在五年内缴足 |

4. 资本金的管理原则

资本金的管理原则如表2—5所示。

表 2—5 资本金的管理原则

| 原 则 | 含 义 | 法规规定 |
|---|---|---|
| 资本确定 | 指企业成立时资本金数额的确定。企业设立时，必须明确企业的资本总额以及各投资者认缴的数额 | 1. 企业获准工商登记（即正式成立）后 30 日内，应依验资报告向投资者出具出资证明书等凭证，以此为依据确定投资者的合法权益，界定其应承担的责任。<br>2. 国有企业国有资产产权登记证不能替代出资证明书 |
| 资本充实 | 指资本金的筹集应当及时、足额。企业筹集资本金的数额、方式、期限均要在投资合同或协议中约定，并在企业章程中加以规定，以确保企业能够及时、足额筹得资本金 | 1. 个别投资者单方违约：企业和其他投资者可以按企业章程的规定，要求违约方支付延迟出资的利息、赔偿经济损失<br>2. 投资各方均违约或外资企业不按规定出资：由工商行政管理部门进行处罚 |
| 资本维持 | 指企业在持续经营期间有义务保持资本金的完整性。企业除由股东大会或投资者会议做出增减资本决议并按法定程序办理者外，不得任意增减资本总额 | 股份公司在四种情况下可以回购股份：减少公司注册资本；与持有本公司股份的其他公司合并；将股份奖励给本公司职工（不超过 5%；资金来自税后利润；1 年内转给职工）；股东因对股东大会做出的公司合并、分立决议持有异议而要求公司收购其股份 |

## 二、建立固定资产折旧制度

建立固定资产折旧制度，可以明确固定资产划分标准、计价方式、计提折旧范围、折旧年限、计提折旧方法等。具体规定如下：

1. 固定资产划分标准

根据会计准则和税法的规定，固定资产的划分标准存在差异，企业应根据自身生产经营特点，选择固定资产的划分标准，以利于核算和纳税及经营活动开展为原则。

会计准则规定，固定资产是指为生产商品、提供劳务、出租或经营管理而持有的，使用寿命超过一个会计年度的有形资产。固定资产同时满足下列条件的，才能予以确认：一是与该固定资产有关的经济利益很可能流入企业；二是该固定资产的成本能够可靠地计量。固定资产不包括投资性房地产和生物资产。

《企业所得税法实施条例》第五十七条规定："固定资产，是指企业为生产产品、提供劳务、出租或者经营管理而持有的使用时间超过 12 个月的非货币性资产，包括房屋、建筑物、机器、机械、运输工具以及其他与生产经营活动有关的设备、器具、工具等。"

《增值税暂行条例实施细则》第二十一条第二款规定："前款所称固定资产，是指使用期限超过 12 个月的机器、机械、运输工具以及其他与生产经营有关的设备、工具、器具等"。

《个体工商户个人所得税计税办法（试行）》（国税发〔1997〕43 号）第三十三条规定："个体户在生产经营过程中使用的期限超过一年且单位价值在1 000万元以上的房屋、建筑物、机器、设备、运输工具及其他与生产经营有关的设备、工器具等为固定资产"。

2. 折旧范围

可折旧固定资产应具备的条件是：使用年限有限而且可以合理估计，也就是说固定资产在使用过程中会被逐渐损耗直到没有使用价值。

计提折旧的固定资产：(1)房屋建筑物；(2)在用的机器设备、运输车辆、工具器具；(3)季节性停用及修理停用的设备；(4)以经营租赁方式租出的固定资产和以融资租赁方式租入的固定资产。

不计提折旧的固定资产:(1)已提足折旧仍继续使用的固定资产;(2)以前年度已经估价单独入账的土地;(3)提前报废的固定资产;(4)以经营租赁方式租入的固定资产和以融资租赁方式租出的固定资产。

3. 固定资产折旧方法

固定资产折旧方法包括一般方法和加速折旧法。一般方法包括年限平均法、工作量法,加速折旧法包括年数总和法、双倍余额递减法等。

企业应当自固定资产投入使用月份的次月起计算折旧;停止使用的固定资产,应当自停止使用月份的次月起停止计算折旧。

《企业会计准则第4号——固定资产》第十五条和第十七条规定,企业根据固定资产性质和使用情况,合理确定固定资产使用寿命和预计残值。固定资产使用寿命、预计残值一经确定,不得随意变更。但符合本准则第十九条除外,企业可合理选择平均年限法、工作量法、双倍余额法和年数总和法等。

准则第十九条规定,企业至少每年年度终了,对固定资产使用寿命,预计净残值和折旧方法进行复核,进行相应调整。

2008年1月1日实施的《中华人民共和国企业所得税法实施条例》第五十九、六十条规定,固定资产按直线法计算折旧、准予扣除。企业应根据固定资产性质和使用情况,合理确定固定资产预计残值,预计残值一直确定,不得变更。

4. 固定资产计算折旧的最低年限

除国务院财政、税务主管部门另有规定外,固定资产计算折旧的最低年限如下:

(1)房屋、建筑物,为20年;

(2)飞机、火车、轮船、机器、机械和其他生产设备,为10年;

(3)与生产经营活动有关的器具、工具、家具等,为5年;

(4)飞机、火车、轮船以外的运输工具,为4年;

(5)电子设备,为3年。

5. 有关加速折旧的规定

根据《财政部、国家税务总局关于完善固定资产加速折旧企业所得税政策的通知》(财税〔2014〕75号)2014年1月1日后,对生物药品制造业,专用设备制造业,铁路、船舶、航空航天和其他运输设备制造业,计算机、通信和其他电子设备制造业,仪器仪表制造业,信息传输、软件和信息技术服务业等6个行业的企业新购进的固定资产,可缩短折旧年限或采取加速折旧的方法。

新购进的研发和生产经营共用的仪器、设备,单位价值不超过100万元的,允许一次性计入当期成本费用在计算应纳税所得额时扣除,不再分年度计算折旧;单位价值超过100万元的,可缩短折旧年限或采取加速折旧的方法。

对所有行业企业2014年1月1日后新购进的专门用于研发的仪器、设备,单位价值不超过100万元的,允许一次性计入当期成本费用在计算应纳税所得额时扣除,不再分年度计算折旧;单位价值超过100万元的,可缩短折旧年限或采取加速折旧的方法。

对所有行业企业持有的单位价值不超过5 000元的固定资产,允许一次性计入当期成本费用在计算应纳税所得额时扣除,不再分年度计算折旧。

企业按该通知第一条、第二条规定缩短折旧年限的,最低折旧年限不得低于企业所得税法实施条例第六十条规定折旧年限的60%;采取加速折旧方法的,可采取双倍余额递减法或者年数总和法。该通知第一至三条规定之外的企业固定资产加速折旧所得税处理问题，继续按照企业所得税法及其实施条例和现行税收政策规定执行。

## 三、建立成本开支范围制度

费用是指企业在日常活动中发生的、会导致所有者权益减少的、与向所有者分配利润无关的经济利益的总流出；成本是指为生产产品、提供劳务而发生的可归属于产品成本、劳务成本的各种耗费，包括直接材料、直接人工和其他直接费用等。成本与费用的具体内容：直接材料、直接人工、制造费用、管理费用、销售费用、财务费用等。

（一）加强成本费用管理的意义

加强成本费用的管理是实现财务成果的重要保证，是增加利润的重要途径和手段，是实现企业价值最大化的关键。

无论是企业资产的消耗，还是直接的支出，最终都会转化为成本费用，成本费用管理也是企业的全方位管理。

成本费用管理不善，会造成企业成本增加，效益下降；成本费用管理不善，可能导致成本费用的核算和相关会计信息不合法、不真实、不完整，企业财务报表失真，最终导致企业遭受外部处罚、经济损失和信誉损失。

（二）成本费用管理各环节的主要制度

1. 岗位责任制

（1）明确内部相关部门和岗位的职责、权限，确保办理成本费用业务的不相容岗位相互分离、制约和监督。

（2）同一岗位人员应定期做适当调整和更换，避免同一人员长期负责同一业务。

（3）配备合格人员办理成本费用的核算等业务。办理成本费用的人员应当具备良好的业务知识和职业道德，遵纪守法，客观公正。

2. 授权审批制度

（1）区分常规授权和特别授权，明确各岗位办理业务和事项的权限范围、审批程序和相应责任。

（2）常规授权是指企业在日常经营管理活动中按照既定的职责和程序进行的授权。特别授权是指企业在特殊情况、特定条件下进行的授权。

（3）各级管理人员应当在授权范围内行使职权和承担责任。

（4）对于重大的业务和事项，应当实行集体决策审批或者联签制度，任何个人不得单独进行决策或者擅自改变集体决策。

3. 成本费用预测制度

（1）根据本单位历史成本费用水平、同行业同类企业的有关成本费用资料、人工费价格变动趋势、人力物力的资源状况以及产品销售情况等相关数据，运用本量利分析、投入产出分析、变动成本计算和定量定性分析、价值链成本比较分析等专门方法，对未来成本费用水平及其发展趋势进行科学预测，制定科学合理的成本费用管理目标。

（2）开展成本费用预测应当本着费用最少、效益最大的原则，明确合理期限，充分考虑成本费用预测的不确定因素，确定成本费用定额标准。

（3）成本费用预测应当服从企业整体战略目标，考虑各种成本费用降低方案，从中选择最优成本费用方案。

4. 成本费用决策制度

(1)针对成本费用形成的各环节,综合运用各种手段,寻找降低成本费用的有效措施。

(2)对成本费用预测方案进行决策,应当对产品设计、生产工艺、生产组织、零部件自制或外购等环节、运用价值分析、生产工序、生产批量等方法,寻找降低成本费用的有效措施。

5. 成本费用预算管理制度

(1)根据成本费用预测决策形成的成本目标,建立成本费用预算管理制度。通过编制成本费用预算,将企业的成本费用目标具体化,加强成本费用的控制管理。

(2)根据成本费用预算、定额和支出标准,分解成本费用指标,落实成本费用责任主体,保证成本费用预算的有效实施。

(3)建立成本费用支出审批制度,根据预算和支出标准的性质,按照授权批准制度所规定的权限,对费用支出申请进行审批。

(4)会计机构或人员在办理费用支出申请时,应当根据经批准的责任主体成本费用支出申请,对发票、结算凭证等相关凭据的真实性、完整性、合法性及合规性进行严格审核。

(5)规范成本费用开支项目、标准和支付程序,从严控制费用支出。对未列入预算的成本费用项目,如确需支出,应当按照规定程序申请追加预算。

6. 成本费用核算制度

(1)建立合理的成本核算、费用确认控制制度。

成本费用核算应当符合国家统一的会计准则制度的规定,对生产经营中的材料、人工、间接费用等进行合理的归集和分配,不得随意改变成本的确认标准及计量方法,不得虚列、多列、不列或者少列成本费用。

(2)制定必要的消耗定额。

(3)建立和健全材料物资的计量、验收、领用、盘存及产品的移动管理制度。

(4)制定内部结算价格和结算方法。

(5)明确成本费用核算有关的原始记录及凭证的传递流程和管理制度等。

(6)根据生产经营特点和管理要求,选择合理的成本费用核算方法。成本费用核算方法一般有品种法、分批法、分步法等。成本核算方法应当在各期保持一致,变更成本核算方法应当经过有效审批。

7. 成本费用分析与考核制度

(1)成本费用分析制度。运用比较分析法、比率分析法、因素分析法、趋势分析法等分析方法开展成本费用分析,检查成本费用预算完成情况,分析产生差异的原因,寻求降低成本费用途径和方法。

(2)成本费用考核制度。对相应的成本费用责任主体进行考核和奖惩。通过成本费用考核促进各责任中心合理控制生产成本及各种耗费。在进行成本费用考核时,可以通过目标成本节约额、目标成本节约率等指标和方法,综合考核各责任中心成本费用预算或开支标准的执行情况,保证业绩评价公正、合理。成本费用考核工作主要包括制订、修订成本费用预算、确定成本费用考核指标和分析、评价业绩等。

(3)成本费用的监督检查制度。加强对成本费用的监督检查,制定制度,明确监督检查人员的职责权限,定期和不定期地开展检查工作。检查的内容包括:

①成本费用业务相关岗位及人员的设置情况;

②成本费用授权批准制度的执行情况;

③成本费用预算制度的执行情况；

④成本费用核算制度的执行情况。

8. 原始记录制度

原始记录是企业在经济业务发生时记录经济业务发生情况的书面凭证，是成本费用管理的基础。原始记录不准确、不正确，就不能如实反映生产经营过程中的消耗，成本、费用的计算必然失真，成本的预测、决策、计划、控制、监督、分析都无从谈起。因此，企业必须认真制定既符合生产特点和管理要求，又简明适用的原始记录制度，使成本费用的计算做到真实可靠。

(1)设备使用记录(反映设备交付使用、开动和运转、维修保养、事故故障等情况)。

(2)材料物资消耗记录(反映材料领取、使用、退库等情况)。

(3)劳动记录、工作记录(反映职工人数、考勤情况、生产情况等)。

(4)产品生产记录(反映在产品和半成品转移、产品出入库等情况)。

9. 计量和验收制度

在企业生产经营过程中，对各项财产物资的投入和取得都要必须进行准确的计量和验收。可以说，财产物资的计量和验收工作是正确计算产品成本和各种费用的前提条件。企业必须建立健全完善的计量验收制度。

(1)根据所消耗的各种材料物资的自然属性配备必要的度量衡器具，并针对其使用、维修保养、校正等环节建立相关制度。

(2)严格各种物资材料的收发和转移等环节的手续，建立相应制度。

10. 内部结算价格制度

企业生产经营过程中，内部各单位经常会提供产品、半成品、劳务等。例如，材料供应部门向各生产单位提供材料；前一加工步骤将生产出来的半成品转移到下一加工步骤继续加工；修理、运输部门向其他单位提供修理或运输劳务等；能源部门向其他部门提供水、电、风、气等各种能源。这样，企业内部(各部门之间)必然要选用一整套结算价格作为内部结算依据。确定合理的内部结算价格，是正确评价企业内部各单位部门工作效果的依据。

11. 消耗定额制度

定额是指在正常生产条件下，对人、财、物利用的标准。先进合理的定额为及时控制各项材料、工时、动力、费用等消耗提供了依据，也是编制成本费用计划确定的标准。

(1)材料消耗定额，如单位产品消耗定额。

(2)劳动定额，如劳动人员定额、工时定额等。

(3)费用开支定额(费用开支标准)，如制造费用、管理费用、财务费用、营业费用开支定额等；再如，差旅费标准、工资标准 、通勤费(补助)标准、午餐费(补助)标准、电话费(补助)标准、私家车公用(补助)标准等。

## 四、建立利润分配制度

建立利润分配制度可以明确营业收入实现的确认标准，利润的构成，税后利润的分配顺序等。分配原则包括：依法分配原则、资本保全原则、充分保护债权人利益原则、多方及长短期利益兼顾原则。

根据《中华人民共和国公司法》等有关法规的规定，企业当年实现的净利润，一般应按照下列内容、顺序和金额进行分配：

1. 计算可供分配的利润

将本年净利润(或亏损)与年初未分配利润(或亏损)合并,计算出可供分配的利润。如果可供分配的利润为负数(即亏损),则不能进行后续分配;如果可供分配利润为正数(即本年累计盈利),则进行后续分配。

2. 提取法定盈余公积金

在不存在年初累计亏损的前提下,法定盈余公积金按照税后净利润的10%提取。法定盈余公积金已达注册资本的50%时可不再提取。提取的法定盈余公积金用于弥补以前年度亏损或转增资本金。但转增资本金后留存的法定盈余公积金不得低于注册资本的25%。

3. 提取任意盈余公积金

任意盈余公积金计提标准由股东大会确定,如确因需要,经股东大会同意后,也可用于分配。

4. 向股东(投资者)支付股利(分配利润)

企业以前年度未分配的利润,可以并入本年度分配。

公司股东会或董事会违反上述利润分配顺序,在抵补亏损和提取法定公积金之前向股东分配利润的,必须将违反规定发放的利润退还公司。

## 第三节 企业财务管理的组织形式、组织结构和财务管理体制

在市场经济条件下,企业财务管理是一项开放性、动态性、综合性的管理活动,在整个企业经营管理工作中占据举足轻重的地位,理顺公司内部各机构之间的组织关系、合理配置财务管理机构、建立科学的财务管理体系,是企业经营过程中的一个重要问题。建立合理的企业组织是建立合理财务管理组织的前提。

企业财务管理体制和组织形式决定于企业的组织形式和组织结构。

### 一、企业的组织形式

根据市场经济的要求,现代企业的组织形式按照财产的组织形式和所承担的法律责任划分。国际上通常分类为:独资企业、合伙企业和公司企业。

1. 独资企业

独资企业,西方也称"单人业主制"。它是由某个人出资创办的,有很大的自由度,只要不违法,爱怎么经营就怎么经营,要雇多少人,贷多少款,全由业主自己决定。赚了钱,交了税,一切听从业主的分配;赔了本,欠了债,全由业主的资产来抵偿。我国的个体户和私营企业很多属于此类企业。

2. 合伙企业

合伙企业是由几个人、几十人,甚至几百人联合起来共同出资创办的企业。它不同于所有权和管理权分离的公司企业。它通常是依合同或协议凑合组织起来的,结构较不稳定。合伙人对整个合伙企业所欠的债务负有无限的责任。合伙企业不如独资企业自由,决策通常要合伙人集体做出,但它具有一定的企业规模优势。

合伙企业的特点:

(1)合伙企业法规定每个合伙人对企业债务须承担无限、连带责任(如果一个合伙人没有能力偿还其应分担的债务,其他合伙人须承担连带责任)。

(2)法律还规定合伙人转让其所有权时需要取得其他合伙人的同意，有时甚至还需要修改合伙协议，因此其所有权的转让比较困难。

以上两类企业属自然人企业，出资者对企业承担无限责任。

3. 公司

公司是按所有权和管理权分离，出资者按出资额对公司承担有限责任创办的企业。主要包括有限责任公司和股份有限公司。

(1)有限责任公司指不通过发行股票，而由为数不多的股东集资组建的公司(一般由 2 人以上 50 人以下股东共同出资设立)，其资本无需划分为等额股份，股东在出让股权时受到一定的限制。在有限责任公司中，董事和高层经理人员往往具有股东身份，使所有权和管理权的分离程度不如股份有限公司那样高。有限责任公司的财务状况不必向社会披露，公司的设立和解散程序比较简单，管理机构也比较简单，比较适合中小型企业。

(2)股份有限公司全部注册资本由等额股份构成并通过发行股票(或股权证)筹集资本，公司以其全部资产对公司债务承担有限责任的企业法人。其主要特征是：公司的资本总额平分为金额相等的股份；股东以其所认购股份对公司承担有限责任，公司以其全部资产对公司债务承担责任；每一股有一票表决权，股东以其持有的股份，享受权利，承担义务。

## 二、现代公司制企业的组织结构

美国经济学家威廉姆森在《市场与层级组织》中提出现代企业的三种科层结构(组织结构)：U 型(一元结构)、H 型(控股结构)和 M 型(多元结构)。

### (一)U 型组织结构

19 世纪末 20 世纪初，西方大企业普遍采用的是一种按职能划分部门的纵向一体化的职能结构，即 U 型结构。特点是企业内部按职能(如生产、销售、开发等)划分成若干部门，各部门独立性很小，均由企业高层领导直接进行管理，即企业实行集中控制和统一指挥。U 型结构保持了直线制的集中统一指挥的优点，并吸收了职能制发挥专业管理职能作用的长处。适用于市场稳定、产品品种少、需求价格弹性较大的环境。但是，从 20 世纪初开始，西方企业的外部环境发生了很大的变化，如原有市场利润率出现下降、新的技术发明不断产生等，同时企业规模不断扩大，使这种结构的缺陷日渐暴露：高层领导们由于陷入了日常生产经营活动，缺乏精力考虑长远的战略发展，且行政机构越来越庞大，各部门协调越来越难，造成信息和管理成本上升。到 20 世纪初，通用汽车公司针对这种结构的缺陷，首先在公司内部进行组织结构的变革，采用 M 型组织结构，此后，许多大公司都纷纷仿效。

### (二)M 型组织结构

M 型组织结构，又称事业部门型组织结构。这种结构的基本特征是，战略决策和经营决策分离。根据业务按产品、服务、客户、地区等设立半自主性的经营事业部，公司的战略决策和经营决策由不同的部门和人员负责，使高层领导从繁重的日常经营业务中解脱出来，集中精力致力于企业的长期经营决策，并监督、协调各事业部的活动和评价各部门的绩效。

与 U 型结构相比较，M 型结构具有治理方面的优势，且适合现代企业经营发展的要求。M 型组织结构是一种多单位的企业体制，但各个单位不是独立的法人实体，仍然是企业的内部经营机构，如分公司。

### (三)H 型组织结构

H 型组织结构是一种多个法人实体集合的母子体制，母子之间主要靠产权纽带来连接。

H型组织结构较多地出现在由横向合并而形成的企业之中，这种结构使合并后的各子公司保持了较大的独立性。子公司可分布在完全不同的行业，而总公司则通过各种委员会和职能部门来协调和控制子公司的目标和行为。这种结构的公司往往独立性过强，缺乏必要的战略联系和协调，因此，公司整体资源战略运用存在一定难度。

相应变形形成了三种不同的财务管理模式。

U型为功能垂直型。每个系统由企业最高领导直接指挥，总部直接控制和调动一切资源。这是一种集权式财务管理模式，下属单位仅仅是报账单位，总部集中核算，统一管理和决策。

M型为事业部型分权结构，总部负责战略决策和长期目标，不直接参与各事业部绩效管理。每个事业部都是一个利润中心，对总部承担收入和利润指标的任务。

H型为控股公司型结构，事业部被独立法人资格的子公司或分公司取代，总部通过子公司董事会对子公司进行间接监督控制，财务高度分权，最大限度保证下属机构的决策权和资源分配权，整个集团是松散的联合体。

## 三、我国中小企业的财务管理体制

我国企业在吸收西方现代企业财务管理模式基础上，形成了集权型财务管理体制、分权型财务管理体制和两者结合型财务管理体制三种。企业可以根据自己的行业特点、规模和组织形式选择不同类型，或进行创新变化，最终以实现企业财务管理目标需要为目的。

### （一）集权型财务管理体制

1. 含义

权限集中于企业总部，所属单位执行企业总部的指令。

2. 优点

（1）可充分展示其一体化管理的优势，使决策的统一化、制度化得到有力的保障；

（2）优化资源配置，有利于实行内部调拨价格；

（3）有利于内部采取避税措施及防范汇率风险等。

3. 缺点

（1）会使所属单位缺乏主动性、积极性，丧失活力；

（2）可能因为决策程序复杂而失去适应市场的弹性，丧失市场机会。

### （二）分权型财务管理体制

1. 含义

企业内部的管理权限分散于各所属单位，各所属单位在人、财、物、供、产、销等方面有决定权。

2. 优点

（1）有利于各所属单位针对本单位存在的问题及时做出有效决策，因地制宜地搞好各项业务；

（2）有利于分散经营风险，提高人员素质。

3. 缺点

各所属单位缺乏全局观念和整体意识，可能导致资金管理分散、资金成本增大、费用失控、利润分配无序。

（三）集权与分权相结合型财务管理体制

1. 含义

以企业发展战略和经营目标为核心，将重大决策权集中于企业总部，赋予各所属单位自主经营权，实质就是集权下的分权。

2. 特点

吸收了集权型和分权型体制的优点，避免了二者各自的缺点，从而具有较大的优越性。

## 第四节　我国中小企业财务管理现状及其发展趋势

### 一、我国中小企业财务管理的现状

1. 缺乏明确的产业发展方向，对项目投资缺乏科学论证

一是片面追求"热门"产业，不顾客观条件和自身能力，无视国家宏观调控对企业发展的影响，认为什么行业都可以做，什么行业都能够做好。有些企业甚至片面认为国家调控什么就应该上什么，肯定能赚钱。二是对项目的投资规模、资金结构、建设周期以及资金来源等缺乏科学的筹划与部署，对项目建设和经营过程中将要发生的现金流量缺乏可靠的预测，仓促上马。一旦国家加大宏观调控力度，收紧银行信贷，使得建设资金不能如期到位，企业就面临进退两难的境地，甚至造成巨大经济损失。近几年来许多企业所投资的钢铁、电解铝、水泥等项目由于资金困难而夭折，或"割肉"卖出或成为永久性"在建工程"，不仅企业自己为此付出了惨重的代价，也将一些银行拖入泥潭。

2. 财务风险意识淡薄

财务风险意识淡薄，企业始终在高风险区运行。主要表现在三个方面。一是过度负债。企业要发展，就不可避免地要负债经营，充分利用财务杠杆的作用。但是，一些企业不顾成本，不惜代价，不考虑自身的偿还能力，千方百计从银行获取贷款。有些企业甚至不明白"借债还钱"这一最浅显不过的道理，认为从银行获得贷款就是获得利润，只考虑如何将贷款弄到手，而并没有认真考虑如何能让有限的资金发挥效益，更没有考虑如何偿还。在借入资金不能有效发挥作用的情况下，一些企业进入了靠贷款维持生存的恶性循环。其结果是债台高筑，财务风险极大。二是短债长投。在国家实行较强的宏观调控力度的条件下，企业要获得固定资产贷款比较困难。一些企业就采取变通的办法，擅自改变贷款用途，将短期借债用于投资回收期过长的长期项目投资，导致企业流动负债大大高于流动资产，使企业面临极大的潜在支付危机。三是企业之间相互担保，相同资产重复抵押，或为了融资而不断投资新项目，甚至"拆东墙补西墙"，形成复杂的债务链。这不仅加大了银行对企业财务状况判断的难度，也给财务监管带来很大困难，造成整体负债率不断抬高，企业经营成本和财务费用不断加大，支付能力日渐脆弱，资金链条过紧并随时可能出现断裂。

3. 财务控制薄弱

（1）对现金管理不严，形成资金闲置或不足。有些企业认为现金越多越好，造成现金闲置，未参加生产周转。

（2）没有建立严格的赊销政策，缺乏有力的催收措施，应收账款不能兑现或形成呆账，应收账款周转缓慢，资金回收困难。

(3)存货控制薄弱,造成资金呆滞。很多企业月末存货占用资金往往超过其营业额的数倍,形成资金呆滞,周转失灵。

(4)重钱不重物,资产流失、浪费严重。不少中小企业的管理者,对原材料、半成品、成品、固定资产等的管理不到位,财务管理职责不明,资产浪费严重。

4. 财务会计工作流程不规范、不严格

(1)原始凭证、会计分录、科目应用、账册设置以及财务收支等方面工作不规范,没有形成严格的制度。

(2)会计报表的编制既不能充分反映企业的实际生产经营情况,又没有完全按照国家有关法律法规的要求去做,导致会计信息的失真。对材料、工时、动力等消耗没有进行严格的定额管理和健全的分析核算制度。

(3)企业没有或无法建立内部审计部门,即使有,也很难保证内部审计的独立性,缺乏必要的财务监督机制。

5. 财务管理人员素质不高,财务管理工作重视不够

高素质财务管理人员缺少,是影响中小企业财务核心作用难以很好发挥的主要问题。企业普遍注重对科研技术人员的培养,而对管理人员的素质提高重视不够,对会计人员重使用轻培养,会计人员满负荷地工作只能使其被动地处理日常事务,却很难有时间和精力主动钻研深层次的管理问题,对介入财务管理心有余而力不足。或出于认识原因,或工作繁忙,在核算事务中,导致出现重核算轻管理,重视资金运作和会计核算,轻视会计资料的加工处理和经济活动分析,淡化了财务管理自身在企业管理中的核心地位和参谋决策作用。

## 二、企业财务管理发展趋势

1. 财务与业务协同

在电子商务环境下,企业内部网络使采购、入库、付款、出库、销售等业务与财务协同运作。外部的网络使企业与客户、供应商、政府管理部门乃至整个联盟企业之间协同运作。

2. 实时财务控制

电子商务环境下,可以在最短的时间内获取经营活动的数据,最短的时间内采用多种方法生成财务信息,最短的时间内反馈到信息使用者,最短的时间内将控制指令发布到业务活动中,实时校正经营活动。

3. 远程财务处理控制

在电子商务环境下,通过互联网络,财务处理控制跨越物理空间,延伸到企业内的每一个部门,延伸到企业外部的所有可利用资源,延伸到不同的城市、不同的国家、甚至全球。

4. 集中管理

电子商务环境下,企业数据集中、信息集中、管理权集中。财务系统实时、直接采集业务活动的源头数据,对数据集中管理,达到信息共享,实现整体集中管理,实现信息流、物流、资金流的统一。

# 第五节　中小企业财务管理的核心能力

## 一、企业核心能力的概念和特征

(一)企业核心能力的概念

企业核心能力是企业关于技术开发、组织管理的积累性学识,是企业取得长期竞争优势的源泉。核心能力是企业在长期生产经营过程中的知识积累和特殊的技能以及相关的资源组合成的一个综合体系,是企业独具的,与他人不同的一种能力。企业核心能力由技术能力与管理能力组成。

(二)企业核心能力的基本特征

1. 价值性

核心能力应当使企业在竞争环境发生变化时通过内部资源的调整、组合继续保持其有利的竞争地位,使企业在创造新的价值和降低成本方面比竞争对手更优秀。

2. 稀缺性

一个企业拥有的核心能力必须是独一无二的,如果许多竞争者具备了相同或相似的能力,则没有哪一家企业将拥有竞争优势。

3. 不可模仿性

核心能力是企业在长期的生产经营活动过程中积累形成的,深深地印上了企业特殊组成、特殊经历的烙印,其他企业难以模仿。

企业要想保持持久的竞争优势,就必须拥有资源、知识和能力,但并不是所有的资源、知识和能力都是具有竞争优势的。只有同时符合稀有性、异质性、不可模仿性、难以替代性标准的资源、知识和能力,才能成为核心能力,进而形成和保持持久的竞争优势。

## 二、财务管理能力的概念和基本构成要素

(一)财务管理能力的概念

财务管理能力是企业所拥有的关于财务管理工作的独特知识和经验的有机结合,包括财务决策能力、财务控制能力、财务规划能力和财务创新能力。

财务决策能力是企业进行财务决策的能力,通常可以通过决策水平、决策民主化程度、财务决策科学化程度、环境应变能力来体现。

财务控制能力是企业财务管理部门用一定的方式或手段影响和操纵企业的财务行为,确保财务目标实现的一种能力,通常可以用制度控制能力、财权控制能力、组织控制能力、成本控制能力、目标控制能力、财务监督能力来体现。

财务规划能力是指企业财务部门计划、预算财务活动和财务关系的能力,通常用财务计划能力来体现。

财务创新能力是企业财务管理方式的创新能力,通常可以运用财务管理观念创新、财务目标创新、财务管理手段创新、学习能力和财务治理制度创新来体现。

(二)财务管理能力的基本构成要素

1. 学习能力

学习是一个知识获得、知识共享、知识利用的过程。学习能力是财务管理能力的基础，财务管理能力是企业长期积累和学习的结果，并存在于员工的身体、战略规划、组织规划、文化氛围之中。财务管理能力积累的关键在于使财务管理部门成为学习型组织，不断地发挥“干中学”的作用，使财务管理工作能够灵活适应外部环境的变化。

2. 金融关系能力

金融关系能力是财务管理能力在资本市场的外在表现。

3. 财务控制能力

财务控制能力是财务管理能力在企业内部管理中发挥作用的集中体现。由于财务管理在企业管理中所独有的基础性和全面性特征，财务控制不仅是财务管理的重要内容，更是企业经营战略得以实施的有力工具。战略管理包括战略制定、战略选择、战略实施。实践证明，绝大多数战略的失败都发生在其实施阶段。战略实施过程的实质就是控制，而企业内部能够从全局角度进行控制的只能是财务控制。

4. 信息处理能力

知识经济时代财务部门作为企业信息中心的地位将更加突出，信息处理能力直接影响财务管理作用的效果。在一个充满信息的世界里，信息处理能力是将数据转化为决策智慧的过程，财务部门则从信息储存者变成信息提供者和分享者。财务管理者需要学会如何将数据变为信息，再将信息转化为知识，最后由决策者将知识转化为决策的智慧，并通过财务部门将决策以信息方式付诸行动。

与企业核心能力的特征相似，财务管理能力通常也具有价值性、稀缺性、难以模仿性等特点。

综合起来可将财务管理能力概括为：企业所拥有的关于财务管理工作的独特知识及经验的有机结合。独特性是指财务管理者根据本企业的经营环境，运用财务管理的基本原理所创造的本企业特有的财务管理方法，这些方法经过不断的积累与升华，最终形成企业的财务管理能力。

### 主要概念

经济周期　金融环境　金融机构　金融工具　企业组织类型
企业资本金制度　固定资产折旧年限　固定资产折旧方法
财务管理制度的内容　企业的组织形式　企业财务管理组织形式
企业财务管理发展趋势　企业核心能力与财务管理能力

## 课后习题

### 一、单项选择题

1. 下列各项中，不属于普通股股东拥有的权利是（　　）。

A. 公司管理权　　B. 股利分配优先权
C. 股份转让权　　D. 剩余财产要求权

2. 下列各项中，不属于发行普通股股票的筹资特点的是（　　）。

A. 两权分离，有利于公司自主经营管理

B. 资本成本较低

C. 能增强公司的社会声誉，促进股权流通和转让

D. 不易及时形成生产能力

3. 一般来说，企业最基本的筹资方式有股权筹资和债务筹资。下列筹资方式中，属于股权筹资的是(　　)。

A. 商业信用　　B. 吸收直接投资　　C. 发行债券　　D. 融资租赁

4. 下列各项中，不属于长期借款特殊性保护条款的是(　　)。

A. 要求公司的主要领导人购买人身保险

B. 借款的用途不得改变

C. 违约惩罚条款

D. 保持企业的资产流动性

5. 下列既可作为贷款担保的抵押品，又可作为贷款担保的质押品的是(　　)。

A. 房屋　　B. 土地使用权　　C. 债券　　D. 商标专用权

6. 吸收直接投资后，双方签署投资协议后，企业应按规定或计划取得资金。下列相关表述中，错误的是(　　)。

A. 如果采取现金投资方式，通常还要编制拨款计划

B. 如果为实物、工业产权、非专利技术、土地使用权投资，一个重要的问题就是核实财产

C. 财产数量是否准确关系到投资各方的经济利益

D. 对于所吸收财产的价格，其高低由吸收投资方确定

7. 下列选项中属于融资租赁主要形式的是(　　)。

A. 售后租回　　B. 直接租赁　　C. 杠杆租赁　　D. 间接租赁

8. 下列金融资产相对于实物资产的特点表述不正确的是(　　)。

A. 在通货膨胀时金融资产名义价值上升

B. 金融资产并不构成社会的实际财富

C. 金融资产的流动性比实物资产强

D. 金融资产的期限是人为设定的

9. 下列说法正确的是(　　)。

A. 通货膨胀时金融资产的名义价值不变，按购买力衡量的价值不变

B. 通货膨胀时实物资产名义价值上升，而按购买力衡量的价值不变

C. 通货膨胀时金融资产的名义价值上升，而按购买力衡量的价值不变

D. 通货膨胀时实物资产名义价值不变，而按购买力衡量的价值下降

10. 按照证券的索偿权不同，金融市场分为(　　)。

A. 场内市场和场外市场　　B. 一级市场和二级市场

C. 货币市场和资本市场　　D. 债务市场和股权市场

## 二、多项选择题

1. 下列各项中，不属于货币市场主要特点的是(　　)。

A. 期限短，最长不超过一年　　B. 流动性强

C. 交易目的是解决短期资金周转　　D. 收益较高但风险也较大

2. 下列应对通货膨胀风险的各种策略中，错误的是（　　）。

A. 进行长期投资　　B. 签订长期购货合同

C. 取得长期借款　　D. 签订长期销货合同

3. 在经济周期的不同阶段，企业应采用不同的财务管理战略。下列说法中不正确的有（　　）。

A. 在萧条阶段，应该停产不利产品

B. 在衰退阶段，应该放弃次要利益

C. 在萧条阶段和衰退阶段，都应该削减存货

D. 在复苏阶段和繁荣阶段，都应该增加劳动力

4. 法律环境对企业的影响是多方面的，以下各选项中，属于法律环境影响范围的有（　　）。

A. 企业组织形式　　B. 公司治理结构

C. 投融资活动　　D. 收益分配

5. 在下列各项中，属于企业财务管理的法律环境内容的有（　　）。

A. 金融市场　　B. 公司法　　C. 金融工具　　D. 税收法规

6. 在下列各项中，属于财务管理经济环境构成要素的有（　　）。

A. 经济周期　　B. 经济发展水平

C. 宏观经济政策　　D. 公司治理结构

7. 在下列各项中，属于企业财务管理的金融环境内容的有（　　）。

A. 利息率　　B. 公司法　　C. 金融工具　　D. 税收法规

## 三、判断题

1. 财务管理环境又称投资环境，是指对企业财务活动和财务管理产生影响作用的企业内外各种条件的统称。（　　）

2. 如果资金不能满足企业经营需要，还要采取短期借款方式来筹集所需资金，这属于筹资活动。（　　）

3. 金融工具是指能够证明债权债务关系并据以进行货币资金交易的合法凭证。（　　）

4. 公司治理机制是治理结构在经济运行中的具体表现，具体表现为公司章程、董事会议事规则、决策权力分配等一系列内部控制制度。（　　）

5. 在协调所有者与经营者矛盾的方法中，“接收”是一种通过市场来约束经营者的方法。（　　）

6. 金融市场按证券交易的方式和次数分为初级市场和次级市场，即基础性金融市场和金融衍生品市场，或称一级市场和二级市场。（　　）

# 第三章　中小企业财务管理价值观念

【本章知识目标】

- 了解货币时间价值的产生及意义。
- 掌握单利、复利、终值、现值、年金的概念。
- 掌握资金时间价值的计算。
- 理解风险的概念，了解风险的种类和特点。
- 熟悉风险报酬的分析与评估。
- 掌握单项投资风险报酬率的计算方法。

【本章技能目标】

能够运用货币时间价值帮助企业做财务决策。

能够对企业经济活动风险进行分析，对风险进行度量，以帮助决策。

## 第一节　货币的时间价值

### 一、货币时间价值的意义

货币时间价值是现代财务管理的重要价值基础。它不仅要求必须合理节约使用资金，不断加速资金周转，实现更多的资金增值，而且在进行财务决策时，只有将货币时间价值作为决策的一项重要因素加以考虑，才有可能选择出最优方案。比如，以 100 万元进行投资，有甲、乙两个方案可供选择。两方案的寿命周期和收益总额均相同，但甲方案前期收益多，后期收益递减；而乙方案前期收益少，后期收益递增。如果不考虑货币时间价值，两方案无优劣可言。但在考虑货币时间价值的情况下，则甲方案优于乙方案。这是因为甲方案前期收益多，可以再进行投资取得收益的机会多，故甲方案比乙方案具有更大的价值。

财务人员必须树立货币时间价值观念，将其贯穿于企业筹资、投资、经营等各项决策过程中，以提高企业经济效益，实现企业财务管理的最优目标。

## 二、货币时间价值概述

(一)概念

货币时间价值是指资金在周转使用中由于时间因素而形成的差额价值,即同一数量的货币或资金在不同时点上的价值量差额。货币时间价值产生的原因包括:

1. 货币时间价值是资源稀缺性的体现

经济和社会的发展要消耗社会资源,现有的社会资源构成现存社会财富,利用这些社会资源创造出来的将来物质和文化产品构成了将来的社会财富,由于社会资源具有稀缺性特征,又能够带来更多社会产品,所以当前物品的效用要高于未来物品的效用。在货币经济条件下,货币是商品的价值体现,当前的货币用于支配当前的商品,将来的货币用于支配将来的商品,所以当前货币的价值自然高于未来货币的价值。市场利息率是对平均经济增长和社会资源稀缺性的反映,也是衡量货币时间价值的标准。

2. 货币时间价值是信用货币制度下,流通中货币的固有特征

在当前的信用货币制度下,流通中的货币是由中央银行基础货币和商业银行体系派生存款共同构成,由于信用货币有增加的趋势,所以货币贬值、通货膨胀成为一种普遍现象,现有货币也总是在价值上高于未来货币。市场利息率是可贷资金状况和通货膨胀水平的反映,反映了货币价值随时间的推移而不断降低的程度。

3. 货币时间价值是人们认知心理的反映

由于人在认识上的局限性,人们总是对现存事物的感知能力较强,而对未来事物的认识较模糊,结果人们存在一种普遍的心理就是比较重视当下而忽视未来,当前的货币能够支配当前商品满足人们现实需要,而将来货币只能支配将来商品满足人们将来的不确定需要,所以当前单位货币价值要高于未来单位货币的价值,为使人们放弃当前货币及其价值,必须付出一定代价,利息率便是这一代价。

(二)货币时间价值的衡量

货币时间价值用利息和利率来衡量。

1. 绝对数指标(价值量差),如利息

利息就是货币所有者(债权人)因贷出货币或货币本金而从借款人(债务人)处获得的报酬。从债权人角度,贷款利息就是资本报酬。从债务人角度,利息则是使用货币或货币资本所花费的代价即资金成本。

利息的计算:

单利:是按某利率对原始本金计算利息的方法。单利的计算公式为:

$$I=p\cdot i\cdot n$$

其中,$I$ 代表计息周期的利息,$p$ 代表本金,$i$ 代表计息周期单利利率,$n$ 代表计息期数。

复利:是以某利率对各期期末的本金来计算利息的方法,即每经过一个计息期,要将所生利息加入年初本金再计利息,逐期滚算,俗称“利滚利”。复利的计算公式为:

$$I=i\cdot F_{t-1}$$

其中,$i$ 代表计息周期复利利率,$F_{t-1}$代表第 $t-1$ 期末复利本利和。

资金时间价值一般都采用复利方式来计算。

2. 相对数指标(利率)

利率是一定时间内利息和本金的比例。本质是单位时间、单位本金所获得的利息。单位

时间可以称为期。单位时间长短不同，利率可按年、半年、季、月计算，称为年利率、半年利率、季利率、月利率，也可按三年、五年、十年计算，如中长期贷款利率、债券和国库券利率。

现实生活中，由于通货膨胀及风险的存在，市场利率表现为资金时间价值与通货膨胀附加率、风险附加率之和：

市场利率＝纯粹利率＋通货膨胀附加率＋风险附加率

由于风险有变现力风险、违约风险、到期风险，市场利率可以表示为：

市场利率＝纯粹利率＋通货膨胀附加率＋变现力风险附加率＋违约风险附加率＋到期风险附加率

式中，纯粹利率即是货币时间价值，往往以政府债券的利息率为标准。

资金是一种特殊的商品，利率就是这种特殊商品的价格。资金在市场上流通，是有代价的，利率是让渡资产使用权所获得的报酬率，是资金使用者支付的价格，因此，利率是资金的价格，也称为报酬率。

**［例 3－1］** 判断题：银行存款利率相当于货币时间价值。（　　）

【答案】 ×

【解析】 货币时间价值相当于无风险、无通货膨胀情况下的社会平均利润率。

（三）实际利率与名义利率

财务管理中资金时间价值通常以利率表示。理论上相当于没有风险、没有通货膨胀条件下的社会平均资金利润率。实务中，常常将政府债券利率视为货币时间价值。

1. 名义利率

名义利率，是央行或其他提供资金借贷的机构所公布的未调整通货膨胀因素的利率，即利息（报酬）的货币额与本金的货币额的比率。例如，张某在银行存入 100 元的一年期存款，一年到期时获得 5 元利息，利率则为 5%，这个利率就是名义利率。

2. 实际利率

实际利率是指剔除通货膨胀率后储户或投资者得到利息回报的真实利率。所以，实际利率又可理解为是在物价不变、货币购买力也不变条件下的利率。

概略的计算公式可以写成：

$$r=i+p$$

其中，$r$ 为名义利率，$i$ 为实际利率，$p$ 为借贷期内物价水平的变动率，它可以为正，也可以为负。

较为精确的计算公式可以写成：

$$r=(1+i)(1+p)-1;$$

$$i=(1+r)/(1+p)-1$$

这是目前国际上通用的计算实际利率的公式。

3. 有效利率

有效利率是指资金在计息中所发生的实际利率，包括计息周期有效利率和年有效利率两种情况。有效利率有时也称为实际利率。

若用计息周期利率来计算年有效利率，并将年内的利息再生因素考虑进去，这时所得的年利率称为年有效利率（又称年实际利率）。

当计息周期为一年时，名义利率与有效利率相等；计息周期短于一年时，有效利率大于名义利率；计息周期长于一年时，有效利率小于名义利率。

名义利率越大，计息周期越短，有效利率与名义利率的差异就越大。

名义利率不能完全反映资本的时间价值，有效利率才能真正反映资本的时间价值。

3. 名义利率与有效利率的换算

名义利率与有效利率的换算见表 3－1。

**表 3－1　　名义利率与有效利率的换算**

| 年名义利率 | 计息期 | 年计息次数 ($m$) | 年有效利率 | 半年有效利率 | 季有效利率 | 月有效利率 |
|---|---|---|---|---|---|---|
| $r$ | 年 | 1 | $r$ | $(1+r)^{\frac{1}{2}}-1$ | $(1+r)^{\frac{1}{4}}-1$ | $(1+r)^{\frac{1}{12}}-1$ |
| | 半年 | 2 | $\left(1+\frac{r}{2}\right)^{2}-1$ | $\frac{r}{2}$ | $\left(1+\frac{r}{2}\right)^{\frac{1}{2}}-1$ | $\left(1+\frac{r}{2}\right)^{\frac{1}{8}}-1$ |
| | 季 | 4 | $\left(1+\frac{r}{4}\right)^{2}-1$ | $\left(1+\frac{r}{4}\right)^{2}-1$ | $\frac{r}{4}$ | $\left(1+\frac{r}{4}\right)^{\frac{1}{2}}-1$ |
| | 月 | 12 | $\left(1+\frac{r}{12}\right)^{12}-1$ | $\left(1+\frac{r}{12}\right)^{6}-1$ | $\left(1+\frac{r}{12}\right)^{2}-1$ | $\frac{r}{12}$ |

基本换算公式为：

$$i_{eff}=\left(1+\frac{r}{m}\right)^{m}-1$$

式中，$r$——名义利率；

$m$——一个利率周期内计息 $m$ 次；

$i_{eff}$——实际利率；

$\frac{r}{m}$——计息周期利率。

［例 3－2］　年利率 8%，按季度复利计息，则半年期有效利率为（　　）。

A. 4.00%　　B. 4.04%　　C. 4.07%　　D. 4.12%

【答案】　B

【解析】　本题考核的是名义利率和有效利率的换算 $r/m$ 中的 $m$ 等于一年计息的次数（本题中，一年有四个季度，就计息四次），公式中的指数 $m$ 等于所求实际利率的周期与计息周期的比值。

## 三、货币时间价值的计量

货币时间价值可以按照单利计算，也可以按照复利计算。

（一）单利

如果不计量利息本身的时间价值，每期都按初始本金来计量利息，就是单利。单利利息的计算公式为：

$$利息(I)=本金(P)\times利率(r)\times计息期数(n)$$

在单利计算中符号解释如下：

$P$——本金，又称期初金额或现值；

$r$——利率，通常指每年利息与本金之比；

$I$——利息；

$F$——本金与利息之和，又称本利和或终值；

$n$——计息期数，通常以年为单位。

终值是指若干期后包括本金和利息在内的未来价值，又称为本利和。用表 3－2 表示如下。

**表 3－2**　　**单利的本利和**

| 周期 | 期初值 | 计息基数 | 期内利息 | 期末本利和 |
|---|---|---|---|---|
| 1 | $P$ | $P$ | $Pr$ | $P(1+r)$ |
| 2 | $P(1+r)$ | $P$ | $Pr$ | $P(1+2r)$ |
| 3 | $P(1+2r)$ | $P$ | $Pr$ | $P(1+3r)$ |
| … | … | $P$ | $Pr$ | … |
| … | … | $P$ | $Pr$ | … |
| $n$ | $P[1+(n-1)r]$ | $P$ | $Pr$ | $P(1+nr)$ |

$$F=P(1+nr)$$

**［例 3－3］** 某企业购入国债 2 500 手，每手面值 1 000 元，买入价格1 008元，该国债期限为 5 年，年利率为 6.5%(单利)，则到期企业可获得本利和共为多少元？

$$\begin{aligned}F&=P(1+rn)\\&=2\,500\times1\,000\times(1+6.5\%\times5)\\&=2\,500\,000\times1.325=3\,312\,500(\text{元})\end{aligned}$$

单利现值的计算：$P=F/(1+rn)$

除非特别指明，在计算利息时，给出的利率均为年利率，年利率折算为日利率时，一般按一年等于 360 天折算。

（二）复利

如果计量利息本身的时间价值，即上一期利息自动滚入下一期成为本金（俗称利滚利），则为复利。

复利终值就是按照复利计算方法计算未来本利和，可用表 3－3 表示。

**表 3－3**　　**复利法计算利息结果**

| 周期 | 期初值 | 计息基数 | 期内利息 | 期末本利和 |
|---|---|---|---|---|
| 1 | $P$ | $P$ | $Pr$ | $P(1+r)$ |
| 2 | $P(1+r)$ | $P(1+r)$ | $P(1+r)r$ | $P(1+r)^2$ |
| 3 | $P(1+r)^2$ | $P(1+r)^2$ | $P(1+r)^2r$ | $P(1+r)^3$ |
| … | … | … | … | |
| … | … | … | … | |
| $n$ | $P(1+r)^{n-1}$ | $P(1+r)^{n-1}$ | $P(1+r)^{n-1}r$ | $P(1+r)^n$ |

$$\begin{aligned}F&=P\ (1+r)^n\\&=P(F/P,i,n)\end{aligned}$$

其中：$(1+r)^n=(F/P,r,n)$为复利终值系数，其含义为：在收益率为 $r$ 的条件下，现在的1元钱和 $n$ 年后的$(1+r)^n$ 元在经济上等效。

## 二、一次性收付款终值和现值的计算

一次性收付款是指在某一特定时点上一次性支付（或收取），经过一段时间后再相应地一次性收取（或支付）的款项，特点是资金的收入或付出都是一次性发生的，如定期存款等。

### （一）复利终值和现值

1. 复利终值的计算

在复利情况下，本金能孳生利息，利息在下期则转为本金与原来的本金一起计息，所以，复利的终值也是本利和，即复利终值是指一定量的资金（本金）按照复利计算的若干期后的本利和。

$$F=P(1+i)^n$$

$(1+i)^n$ 称为复利终值系数，记作$(F/P,i,n)$；在实际运用时，通常查表得到其解。

**[例 3—4]** 张三拟投资 10 万元于一项目，该项目的投资期为 5 年，每年的投资报酬率为 20%，张三盘算着：这 10 万元本金投入此项目后，5 年后可以收回的本息合计为多少？

**【解析】** 由于货币随时间的增长过程与复利的计算过程在数学上是相似的，因此，在计算货币的时间价值时，可以使用复利计算的各种方法。张三的这笔账实际上是关于“复利终值”的计算问题。

所谓“复利”，实际上就是我们通常所说的“利滚利”。即每经过一个计息期，要将利息加入本金再计利息，逐期计算。

假如张三在期初投入资金100 000元，利息用 $i$ 表示，那么经过 1 年的时间后，张三的本利和$=100\ 000\times(1+i)=100\ 000+100\ 000\times20\%=120\ 000$；经过 2 年的时间后，张三的本利和$=100\ 000\times(1+i)+[100\ 000\times(1+i)]\times i=(100\ 000+100\ 000\times20\%)+(100\ 000+100\ 000\times20)\times20\%=100\ 000\times(1+i)^2$；依次类推，5 年后，张三的本利和$=100\ 000\times(1+i)^5$。

查复利终值表，得知当 $i=20\%$，$n=5$ 时，复利终值系数为2.488 3，那么 5 年后张三的本利和$=100\ 000\times2.488\ 3=248\ 830$（元）。

通过计算可知，5 年后张三将得到本息回报额合计 24.88 万元。

2. 复利现值的计算

复利现值是指若干年后收入或付出资金的现在价值。

复利现值的计算公式为：$P=F\cdot(1+i)^{-n}$。公式中$(1+i)^{-n}$称作“复利现值系数”，记为$(P/F,i,n)$，可通过查表取得。

如果每年复利 $m$ 次，则每年的利率为 $i/m$，时间周期数为 $mn$，此时复利终值公式为：$F=P(1+i/m)^{mn}$。

复利终值系数与复利现值系数互为倒数。

**[例 3—5]** 某人拟在 5 年后获得本利和 10 000 元，假设投资报酬率为 10%，他现在应投入多少元？

$$\begin{aligned}P&=F\times(P/F,i,n)\\&=10\ 000\times(P/F,10\%,5)\\&=10\ 000\times0.621\end{aligned}$$

=6 210(元)

## 三、年金的计算

### (一)年金终值和现值

年金是指连续期限内发生的一系列等额收付款项。年金的特点是资金的收入或付出不是一次性发生的，而是分次等额发生的，而且每次发生的间隔期都是相等的。例如，企业债券的投资收益、借款利息支出、采用年限法计提固定资产折旧、分期支付的租金、大学生每年支付的学费等，都是年金形式。

按照每次收付款发生的具体时点不同，又可以把年金分为普通年金、即付年金、递延年金和永续年金。其中，普通年金是年金的最基本类型，其他年金都是普通年金的不同变化形式；而且，各种年金时间价值的计算都是以普通年金时间价值计算为基础。

**[例 3—6]**　下列各项中，属于年金形式的项目有(　　)。

A. 零存整取储蓄存款的整取额　　B. 定期定额支付的养老金

C. 年资本回收额　　D. 偿债基金

【答案】 BCD

【解析】 年金是指一定时期内每次等额收付的系列款项。这一概念的关键点是：定期、等额、系列。选项 A 零存整取储蓄存款的整取额明显不符合这三个关键点。如果选项 A 改为零存整取储蓄存款的零存额，也要看零存额每次的数额是否相等，每次零存的间隔是否相等，如果是定期、等额的一系列零存额才属于年金。其他三个选项均符合年金定义。

1. 普通年金终值

普通年金又称为后付年金，是指从第一期开始，在一定时期内每期期末等额收付的系列款项。

普通年金终值类似零存整取的本利和，是发生在每期期末等额收付款项的复利终值之和。年金终值公式的推导，见图 3—1。

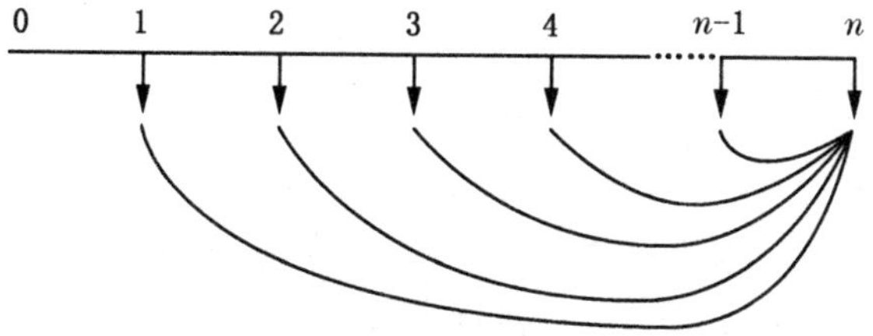


**图 3—1　普通年金示意图**

$$S=A+A(1+i)+A(1+i)^2+\cdots+A(1+i)^{n-1} \quad (1)$$

将此公式两边乘以$(1+i)$，得到：

$$S(1+i)=A(1+i)+A(1+i)^2+\cdots+A(1+i)^n \quad (2)$$

(2)式－(1)式得到：

$$S_i=A(1+i)^n-A$$

整理后得：

$$F=A\frac{(1+i)^n-1}{i}=A(F/A,i,n)$$

式中，$A$ 表示年金，$F$ 表示终值，$i$ 为年利率，$n$ 为周期，$(F/A,i,n)$为普通年金的终值系数。

经济含义：从第一年年末到第 $n$ 年年末，每年存入银行 1 元，在利率为 $i$ 的情况下，在第 $n$ 年年末能取出多少钱？

如某人决定从孩子 10 岁生日起到 18 岁生日止每年年末（不包括第 10 岁生日）为孩子存入银行 200 元，以缴纳孩子上大学学费。如银行存款利率为 10%，父母在孩子 18 岁生日时能从银行取出多少钱？

$$
\begin{aligned}
F &= 200\times[(1+10\%)^8-1]/10\% \\
&= 200\times(F/A,10\%,8) \\
&= 200\times 11.436 \\
&= 2\ 287.2(\text{元})
\end{aligned}
$$

2. 偿债基金

偿债基金是指为了在约定的未来某一时点清偿某笔债务或积聚一定数额的资金（实际上等于年金终值 $F$）而必须分次等额提取的存款准备金（等于年金 $A$）。

偿债基金计算公式：

$$A=F\frac{i}{(1+i)^n-1}=F(A/F,i,n)$$

式中，$F$ 为终值，$A$ 为年金，$n$ 为期数，$i$ 为利率，$(A/F,i,n)$称作“偿债基金系数”。

已知年金终值，反过来求每年支付的年金数额，是年金终值的逆运算。如果已知终值计算每年的收付款额，是计算偿债基金。

例如，如果某人 5 年后要还清10 000元，求从今年开始每年年末需要存入多少金额？这是已知终值，即 5 年后的金额是10 000元求年金，这是偿债基金的计算。

偿债基金系数＝1÷普通年金终值系数

3. 普通年金现值计算

普通年金现值是指一时期内每期期末等额收付款项的复利现值之和。

$$P=A/(1+i)^1+A/(1+i)^2+A/(1+i)^3+\cdots+A/(1+i)^{n-1}+A/(1+i)^n$$

推导得出：

$$P=A[1-(1+i)-n]/i$$

式中，$[1-(1+i)-n]/i$ 是普通年金为 1 元、利率为 $i$、经过 $n$ 期的年金现值，称为“年金现值系数”，记作$(P/A,i,n)$，系数可以直接查表得出。

**[例 3－7]** 实施某项计划，需要取得外商贷款 1 000 万美元，经双方协商，贷款利率为 8%，按复利计息，贷款分 5 年于每年年末等额偿还。外商告知，他们已经算好，每年年末应归还本金 200 万美元，支付利息 80 万美元。要求，核算外商的计算是否正确。

借款现值＝1 000 万美元

还款现值＝280×$(P/A,8\%,5)$＝280×3.992 7＝1 118(万美元)＞1 000 万美元

由于还款现值大于贷款现值，所以外商计算错误。

4. 年均投资回收额的计算

年均投资回收额是指在约定年限内等额回收初始投资或清偿所欠债务的金额。

年均投资回收额的计算相当于已知年金现值计算年金的问题。

计算公式为：

$$A=\frac{P}{(P/A,r,n)}$$

**［例 3—8］** 某企业购买生产设备需要向银行借款 500 万元，年利率为 8%，计划 8 年收回全部投资，每年应收回的投资额为多少？

$A=P/(P/A,r,n)=500\div5.7466=87$（万元）

（二）即付（预付）年金终值和现值的计算

即付年金是指从第一期开始，在一定时期内每期期初等额收付的系列款项，又称为预付年金、先付年金。

1. 即付年金终值的计算

$n$ 期预付年金与普通年金的区别在于系列收支款项发生的时点不同，而期数相同。$n$ 期预付年金在计算终值时，比 $n$ 期普通年金多计算一期利息，对比 $n$ 期普通年金的终值，可以得到预付年金终值的计算公式。有两种计算方法：

方法一：$F=A[(F/A,i,n+1)-1]$，可以用图 3—2 来例示。

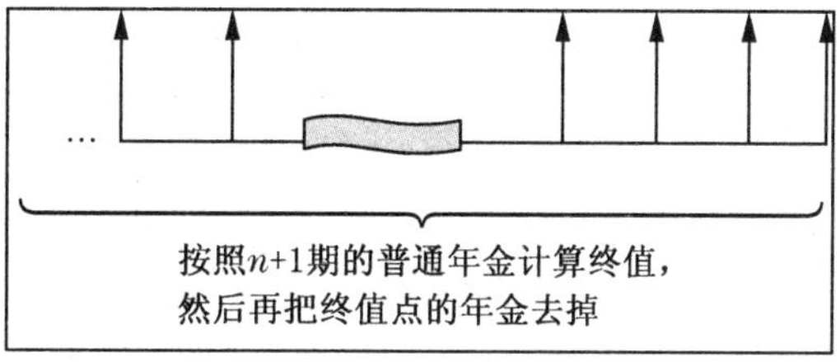


**图 3—2　预付年金终值计算方法一**

预付年金终值系数，等于普通年金终值系数期数加 1，系数减 1。

方法二：预付年金终值＝普通年金终值×$(1+i)$，可用图 3—3 来例示。

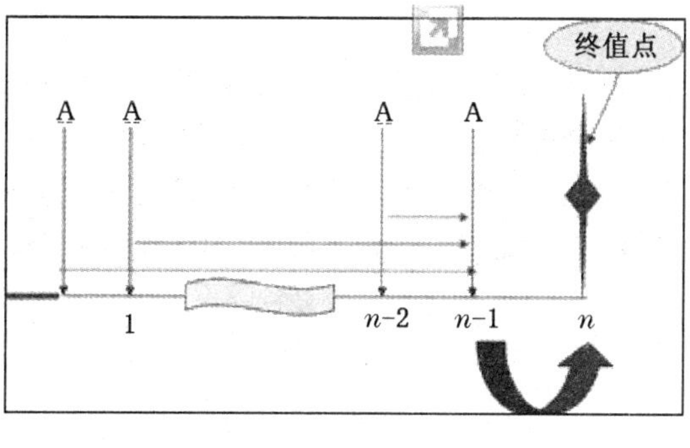


**图 3—3　预付年金终值计算方法二**

2. 预付年金现值的计算

具体有两种方法。

方法一：$P=A[(P/A,i,n-1)+1]$，可用图 3—4 来例示。

预付年金现值系数，等于普通年金现值系数加 1，期数减 1。

方法二：预付年金现值＝普通年金现值×$(1+i)$，可用图 3—5 来例示。

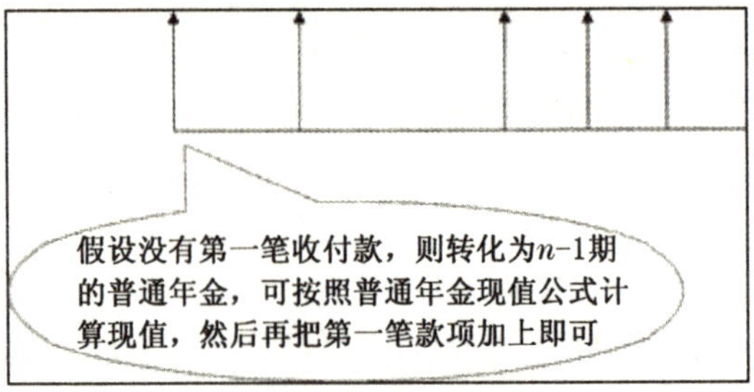


**图 3—4　预付年金现值计算方法一**

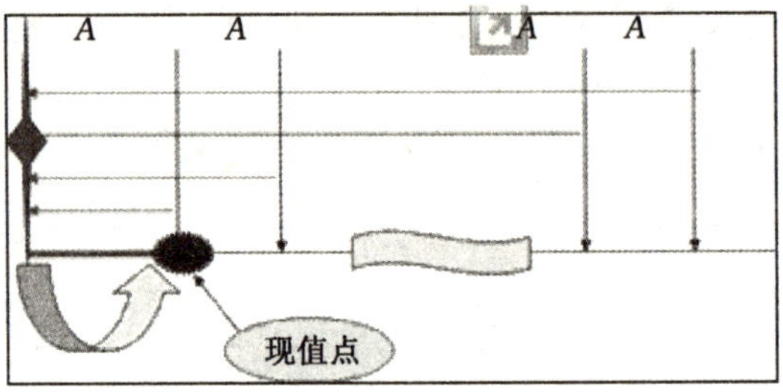


**图 3—5　预付年金现值计算方法二**

【提示】

即付年金终值系数与普通年金终值系数的关系：期数+1，系数−1；

即付年金现值系数与普通年金现值系数的关系：期数−1，系数+1。

即付年金终值系数等于普通年金终值系数乘以$(1+i)$；

即付年金现值系数等于普通年金现值系数乘以$(1+i)$。

3. 递延年金

递延年金是指第一次收付发生在第二期或第二期以后的年金。

递延年金现值的计算有三种方法：

(1)把递延期以后的年金套用普通年金公式求现值，这样求出来的现值是第一个等额收付前一期期末的数值，距离递延年金的现值点还有 $m$ 期，再向前按照复利现值公式折现 $m$ 期即可。如图 3—6 所示。

$$P=A(P/A,i,n)\times(P/F,i,m)$$

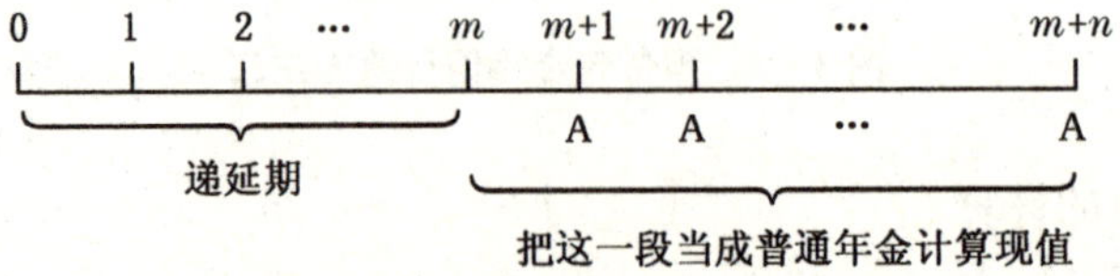


**图 3—6　递延年金现值计算方法一**

(2)把递延期每期期末都当作有等额的收付 $A$，把递延期和以后各期看成是一个普通年金，计算出这个普通年金的现值，再把递延期多算的年金现值减掉即可。如图 3—7 所示。公式为：

$$P=A\times[(P/A,i,m+n)-(P/A,i,m)]$$

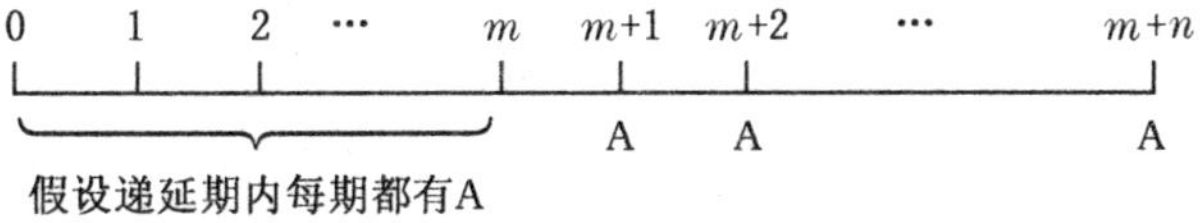


**图 3—7　递延年金现值计算方法二**

(3)先求递延年金终值，再折现为现值。

$$P=A\times(F/A,i,n)\times(P/F,i,m+n)$$

4. 永续年金

永续年金是指从第一期开始，无限期每期期末等额收付的系列款项，如图 3—8 所示。如优先股票有固定的股息而无到期日，其股息可视为永续年金；未规定偿还期的企业债券利息以及资产评估中商誉的超额收益，也可以视为永续年金。由于永续年金无终止时间，永续年金只有现值而无终值。永续年金的现值计算公式如下：

$$P=A/r$$

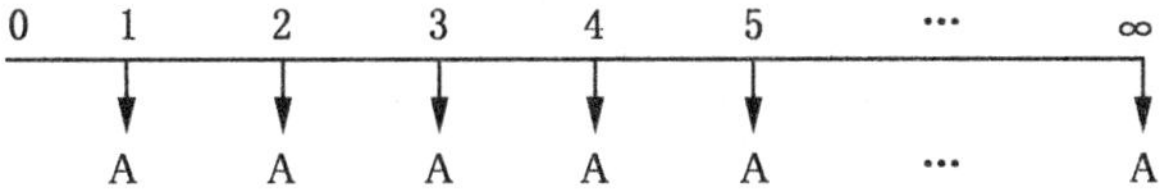


**图 3—8　永续年金**

**[例 3—9]**　某企业拟建立一项永久性奖学金，计划每年颁发奖金 10 万元，如果银行目前的存款利率为 4%，问现在需要存入多少万元？

$P=A/r=10\div 4\%=250$(万元)

## 四、货币时间价值的应用

(一)货币时间价值在固定资产、无形资产准则中的应用

《企业会计准则第 4 号——固定资产》对分期付款购买固定资产的初始计量做了如下规定：购买固定资产的价款超过正常信用条件(通常在 3 年以上)延期支付，实质上具有融资租赁性质的，固定资产成本以购买价款的现值为基础确定。实际支付的价款与购买价款的现值之间的差额，除按照《企业会计准则第 17 号——借款费用》应予以资本化的之外，应当在信用期间内采用实际利率法进行摊销，摊销金额均应当在信用期内计入当期损益(财务费用)。此外，新会计则还在预计净残值定义中特别强调了现值，即确定预计净残值时其金额应为其折现值。对预计净残值的重新定义充分考虑到了货币的时间价值，与国际准则保持了一致。新会计准则还规定，对于特殊行业的特定固定资产，在确定其初始成本时，还应考虑弃置费用。弃置费用的金额通常较大，需要考虑货币时间价值，即在固定资产的使用寿命内按照预计负债的摊余成本和实际利率计算确定的利息费用应当在发生时计入财务费用。《企业会计准则第 6 号——无形资产》中对于实质上具有融资性质的无形资产的初始计量同固定资产准则相关规定相同，均体现了货币时间价值理论。

(二)货币时间价值在非货币性资产交换准则中的应用

非货币性资产交换准则在商业实质的判断上引入了货币时间价值理论。《企业会计准则

第7号——非货币性资产交换》规定，满足下列条件之一的非货币性资产交换具有商业实质：换入资产的未来现金流量在风险、时间和金额方面与换出资产显著不同；换入资产与换出资产的预计未来现金流量现值不同，且其差额与换入资产和换出资产的公允价值相比是重大的。此处货币时间价值理论恰当的引入，使企业能够非常客观地判断自身所从事的非货币性资产交换是否具有商业实质，在判断上遵循了实质重于形式原则。

（三）货币时间价值在资产减值准则中的应用

通过解读《企业会计准则第8号——资产减值》发现，货币时间价值理论在该准则中的应用主要体现在“资产可收回金额的计量”方面。《资产减值准则》规定：资产存在减值迹象的，应当估计其可收回金额。可收回金额应当按照资产的公允价值减去处置费用后的净额与资产预计未来现金流量的现值两者之间较高者确定；资产预计未来现金流量的现值，应当按照资产在持续使用过程中和最终处置时所产生的预计未来现金流量，选择恰当的折现率对其进行折现后的金额加以确定。预计资产未来现金流量的现值，应当考虑资产的预计未来现金流量、使用寿命和折现率等因素。预计资产未来现金流量应当考虑的主要因素包括：应当以资产的当前状况为基础预计资产未来现金流量；不应包括筹资活动产生的现金流入或现金流出以及与所得税收付有关的现金流量；对通货膨胀因素的考虑应当和折现率相一致；涉及内部转移价格的需求作调整。由以上准则相关规定不难得出结论，资产减值准则是新会计准则中运用货币时间价值理论最多的一项准则。

（四）货币时间价值在或有事项准则中的应用

或有事项准则对货币时间价值理论的运用主要体现在“或有负债初始计量”方面。《企业会计准则第13号——或有事项》规定：预计负债应按照履行相关现实义务所需支出的最佳估计数进行初始计量；企业在确定最佳估计数时，应当综合考虑与或有事项有关的风险、不确定性和货币时间价值等因素。货币时间价值影响重大的，应当通过对相关未来现金流出进行折现后确定最佳估计数。准则明确指出了“货币时间价值”，可见货币时间价值理论在准则中的重要性。

（五）货币时间价值在收入准则中的应用

《企业会计准则第14号——收入》规定：企业应当按照从购货方已收或应收的合同或协议价款确定销售商品收入金额，但已收或应收的合同或协议价款不公允的除外。合同或协议价款的收取采用递延方式，具有融资性质，应当按照应收的合同或协议价款的公允价值确定销售商品收入。应收的合同或协议价款与其公允价值之间的差额，应当在合同或协议期间内采用实际利率法进行摊销计入当期损益。准则运用货币时间价值理论将商品（劳务）收入与利息收入区别开来。

（六）货币时间价值在租赁准则中的应用

租赁准则在融资租赁中涉及承租人的会计处理以及出租人的会计处理两部分均引入了货币时间价值理论。《企业会计准则第21号——租赁》规定：在租赁期开始日，承租人应当将租赁开始日租赁资产公允价值与最低租赁付款额现值两者中较低者作为租入资产的入账价值，将最低租赁付款额作为长期应付款的入账价值，其差额作为未确认融资费用；承租人在计算最低租赁付款额的现值时，能够取得出租人租赁内含利率的，应当采用租赁内含利率作为折现率，否则应当采用租赁合同规定的利率作为折现率。承租人无法取得出租人的租赁内含利率且租赁合同没有规定利率的，应当采用同期银行贷款利率作为折现率。租赁内含利率是指在租赁开始日，使最低租赁收款额的现值与未担保余值的现值之和等于租赁资产公允价值与出租人的初始直接费用之和的折现率；未确认融资费用应当在租赁期内各个期间进行分摊。

此外，该项准则对出租人会计处理的相关规定也体现了货币的时间价值：在租赁期开始日，出租人应当将租赁开始日最低租赁收款额与初始直接费用之和作为应收融资租赁款的入账价值，同时记录为担保余值；将最低租赁收款额、初始直接费用及未担保余值之和与其现值之和的差额确认为未实现融资收益；出租人应当采用实际利率法计算确认当期的融资收入。

（七）货币时间价值在金融工具确认和计量准则中的应用

《企业会计准则第23号——金融工具确认和计量》运用货币时间价值理论主要体现在"金融工具计量"和"金融资产减值"两个方面。其规定：企业应当采用实际利率法，按摊余成本对金融资产进行后续计量，且不扣除将来处置该金融资产可能发生的交易费用。但持有至到期投资以及贷款和应收款项，应采用实际利率法，按摊余成本计量；企业应当采用实际利率法，按摊余成本对金融负债进行后续计量。该准则在对以摊余成本计量的金融资产计提减值准备的相关规定也同样体现了货币时间价值理论，还规定以摊余成本计量的金融资产发生减值时，应当将该金融资产的账面价值减记至预计未来现金流量（不包括尚未发生的未来信用损失）现值，减记的金额确认为资产减值损失，计入当期损益。以上规定都表明，货币时间价值理论在金融工具确认和计量准则中得到了广泛应用。

## 第二节　投资的风险报酬

### 一、风险的概念

在市场经济中，经济发展的不确定性，使企业的每一项经济决策，都面临财务风险，风险观念是财务管理中一个非常重要的基本理念。风险的客观存在，是企业财务管理的一个重要特征，企业财务管理的每个环节都不可避免地要面对风险。

风险是指人们事先能够肯定采取某种行为所有可能的后果，以及每种后果出现可能性的状况。风险是预期结果的不确定性。

风险报酬是指投资者因承担风险而获得的超过时间价值的那部分额外报酬。通常情况下风险越高，相应所需获得的风险报酬率也就越高，在财务管理中，风险报酬通常采用相对数，即风险报酬率来加以计量。

风险报酬率是投资者因承担风险而获得的超过时间价值率的那部分额外报酬率，即风险报酬与原投资额的比率。如果不考虑通货膨胀因素，投资报酬率就是时间价值率与风险报酬率之和。

### 二、风险的种类

风险按照产生的原因、性质、来源、承受能力和结果等分成不同的风险。

（一）静态风险和动态风险

静态风险是指在社会经济正常运行的情况下，由于自然力的不规则作用或人为的错误判断、失误行为而导致的风险。企业即使处于内外稳定的经济环境中，也仍然难免遇到不可预料的风险，将导致企业损失。具体表现为财产风险、人身风险、责任风险、违约风险等。

动态风险是指社会经济变动为直接原因的风险，它广泛存在于企业生产经营过程中，涉及企业的决策、市场、财务、生产、技术等诸多方面，引起的后果包括收益、损失和不盈不亏三种可能。动态风险具体表现为经营风险和财务风险。

（二）纯粹风险和投机风险

按照损失的性质，即是否有获利机会，可将企业风险划分为纯粹风险和投机风险。

纯粹风险是一种只有损失没有获利可能的风险。例如，地震、火灾、水灾、盗窃等给企业带来的损失。

投机风险是一种既有损失可能性又有获利机会的风险。例如，企业进行的证券投资、期权期货投资等，既可能为企业带来丰厚的利润，也可能使企业遭受重大损失。投机风险是企业内部经营过程中，为获得高额利润而承担高风险、主动选择冒险投机行为而产生的风险，与由于社会经济等外部因素变动引起的动态风险不尽相同。

（三）经营风险和财务风险

经营风险是指因生产经营上的原因给企业未来经营利润带来的不确定性。引发企业经营风险的因素很多，有外部市场原因，也有企业内部因素。

财务风险有广义与狭义之分，广义上的财务风险往往涵盖企业资金运动过程中相关的风险，如资金的融资风险、投资风险、营运风险等环节；而狭义上的财务风险往往仅指资金的筹资风险，特别是对负债利用的风险，具体来说是指因企业举债经营给股东未来收益带来的不确定性，其结果可能导致企业的破产清算，或导致权益资本收益率下降的风险。

（四）系统风险和非系统风险

按照风险是否能够分散，可将其划分为系统风险和非系统风险。这种分类方式对于研究证券投资具有重要意义。

系统风险又称市场风险、不可分散风险，是指由于政治、经济及社会环境等企业外部因素的不确定性而产生的风险，它存在于所有企业中，无法由个别企业控制，同时无法通过多样化投资予以分散。系统风险的特点是由共同因素导致的，如通货膨胀、利率和汇率波动、国家宏观经济政策变化、战争冲突、政权更迭等，会对市场上所有企业产生影响，只是对不同企业的影响程度可能不同。

非系统风险又称企业特有风险、可分散风险，是指由于经营失误、消费者偏好改变、劳资纠纷、员工罢工、新产品试制失败等因素影响而产生的个别企业风险。其特点是只发生在个别企业中，由单个特殊因素引起，由于这些因素的发生是随机的，因此可以通过多样化分散投资来分散，也即发生于某一企业的不利因素可以被其他企业的有利因素所抵消。

## 三、风险与报酬的关系

任何投资者总是希望有一个确定的报酬率，而不希望有风险，但是，由于客观理财环境的复杂多变性和人们主观认识的局限性，从而导致人们对事物发展及其结果认识的不确定性，因此，风险总是客观存在的。在有风险的情况下，为什么还会有许多投资者进行投资呢？这是因为风险既可能会给投资者造成损失，也可能使投资者获得额外的报酬，即投资者冒风险投资比不冒风险投资所获得的、超过货币时间价值的报酬，这种额外的报酬通常称为投资的风险报酬或投资的风险价值。风险越大，要求的期望收益率越高。

投资报酬率＝资金时间价值＋通货膨胀率＋风险报酬率

＝无风险报酬率＋风险报酬率

＝无风险报酬率＋风险报酬斜率×标准离差率

$=i+b\times q$

## 四、单项投资风险报酬率的评估

单项投资风险是指某一项投资方案实施后，将会出现各种投资结果的概率。换句话说，某一项投资方案实施后，能否如期回收投资以及能否获得预期收益，在事前是无法确定的，这就是单项投资的风险。因承担单项投资风险而获得的风险报酬率就称为单项投资风险报酬率。除无风险投资项目（国库券投资）外，其他所有投资项目的预期报酬率都可能不同于实际获得的报酬率。对于有风险的投资项目来说，其实际报酬率可以看成是一个有概率分布的随机变量，可以用两个标准来对风险进行衡量：(1)期望报酬率；(2)标准离差。

### （一）期望报酬率

期望值是随机变量的均值。对于单项投资风险报酬率的评估来说，我们所要计算的期望值即为期望报酬率，期望投资报酬率的计算公式为：

$$K=\sum_{i=1}^{n}K_iP_i$$

其中：$K$——期望投资报酬率；

$K_i$——第 $i$ 个可能结果下的报酬率；

$p_i$——第 $i$ 个可能结果出现的概率；

$n$——可能结果的总数。

### （二）标准离差率

标准离差是反映随机变量离散程度的一个指标，但我们应当注意到标准离差是一个绝对指标，作为一个绝对指标，标准离差无法准确地反映随机变量的离散程度。解决这一问题的思路是计算反映离散程度的相对指标，即标准离差率。

标准离差率是某随机变量标准离差相对该随机变量期望值的比率。其计算公式为：

$$V=\frac{\delta}{\overline{K}}\times 100\%$$

式中：$V$——标准离差率；

$\delta$——标准离差；

$\overline{K}$——期望投资报酬率。

### （三）风险价值系数和风险报酬率

标准离差率虽然能正确评价投资风险程度的大小，但还无法将风险与报酬结合起来进行分析。假设我们面临的决策不是评价与比较两个投资项目的风险水平，而是要决定是否对某一投资项目进行投资，此时我们就需要计算出该项目的风险报酬率。因此我们还需要一个指标来将对风险的评价转化为报酬率指标，这便是风险报酬系数。风险报酬率、风险报酬和标准离差率之间的关系可用公式表示为：

$$R_R=bV$$

式中：$R_R$——风险报酬率；

$b$——风险报酬系数；

$V$——标准离差率。

在不考虑通货膨胀因素的影响时，投资的总报酬率为：

$$K=R_F+R_R=R_F+bV$$

式中：$K$——投资报酬率；

$R_F$——无风险报酬率。

无风险报酬率$R_F$可用加上通货膨胀溢价的时间价值来确定，在财务管理实务中一般把短期政府债券（如短期国库券）的报酬率作为无风险报酬率；风险价值系数$b$则可以通过对历史资料的分析、统计回归、专家评议获得，或者由政府部门公布。

**［例3—10］** 有A、B两个项目，其报酬率及其概率分布情况如表3—4所示，试计算两个项目的期望报酬率。

**表3—4　　A项目和B项目投资报酬率的概率分布**

| 项目实施情况 | 该种情况出现的概率 | | 投资报酬率 | |
|---|---|---|---|---|
| | 项目A | 项目B | 项目A | 项目B |
| 好 | 0.20 | 0.30 | 15% | 20% |
| 一般 | 0.60 | 0.40 | 10% | 15% |
| 差 | 0.20 | 0.30 | 0 | −10% |

项目A的期望投资报酬率$=K_1P_1+K_2P_2+K_3P_3=0.2\times0.15+0.6\times0.1+0.2\times0=9\%$

项目B的期望投资报酬率$=K_1P_1+K_2P_2+K_3P_3=0.3\times0.2+0.4\times0.15+0.3\times(-0.1)=9\%$

从计算结果可以看出，两个项目的期望投资报酬率都是9%。但是否可以就此认为两个项目是等同的呢？我们还需要了解概率分布的离散情况，即计算标准离差和标准离差率。

**［例3—11］** 分别计算上例中A、B两个项目投资报酬率的方差和标准离差。

$$\text{项目A的方差}=\sum_{i=1}^{n}(K_i-\bar{K})^2\cdot P_i$$
$$=0.2\times(0.15-0.09)^2+0.6\times(0.10-0.09)^2+0.2\times(0-0.09)^2$$
$$=0.0024$$

项目A的标准离差$=\sqrt{0.0024}=0.049$

$$\text{项目B的方差}=\sum_{i=1}^{n}(K_i-\bar{K})^2\cdot P_i$$
$$=0.3\times(0.20-0.09)^2+0.4\times(0.15-0.09)^2+0.3\times(-0.10-0.09)^2$$
$$=0.0159$$

项目B的标准离差$=0.126$

以上计算结果表明项目B的风险要高于项目A的风险。

**［例3—12］** 利用前例的数据，并假设无风险报酬率为10%，风险报酬系数为10%，请计算两个项目的风险报酬率和投资报酬率。

利用上例的数据，分别计算项目A和项目B的标准离差率为：

$$\text{项目A的标准离差率}=\frac{0.049}{0.09}\times100\%=0.544$$

$$\text{项目B的标准离差率}=\frac{0.126}{0.09}\times100\%=1.4$$

当然，在此例中项目A和项目B的期望投资报酬率是相等的，可以直接根据标准离差来比较两个项目的风险水平。但如比较项目的期望报酬率不同，则一定要计算标准离差率才能进行比较。

项目 A 的风险报酬率$=bV=10\%\times0.544=5.44\%$

项目 A 的投资报酬率$=R_F+bV=10\%+10\%\times0.544=15.44\%$

项目 B 的风险报酬率$=bV=10\%\times1.4=14\%$

项目 B 的投资报酬率$=R_F+bV=10\%+10\%\times1.4=24\%$

从计算结果可以看出，项目 B 的投资报酬率(24%)要高于项目 A 的投资报酬率(15.44%)，似乎项目 B 是一个更好的选择。而从我们前面的分析来看，两个项目的期望报酬率是相等的，但项目 B 的风险要高于项目 A，项目 A 是应选择的项目。

## 五、投资组合风险报酬率的评估

(一)投资组合的报酬率

投资组合的期望报酬率就是组成投资组合的各个投资项目的期望报酬率的加权平均数，其权数是各个投资项目在整个投资组合总额中所占的比例。其公式为：

$$\overline{R_p}=\sum_{j=1}^{m}W_j\overline{R_j}$$

其中：$\overline{R_p}$——投资组合的期望报酬率；

$W_j$——投资于 $j$ 资产的资金占总投资额的比例；

$\overline{R_j}$——资产 $j$ 的期望报酬率；

$m$——投资资产组合中不同投资项目的总数。

**[例 3—13]** 某投资组合由两种权重相同的证券组成，这两种证券的期望报酬率和标准离差如表 3—3 所示。请计算该投资组合的期望报酬率。

**表 3—3　　A、B 证券期望报酬率和标准离差**

| 证券名称 | 期望报酬率 | 标准离差 |
|---|---|---|
| A 证券 | 15% | 12.1 |
| B 证券 | 10% | 10.7 |

投资组合的期望报酬率$=15\%\times50\%+10\%\times50\%=12.5\%$

(二)投资组合的风险

在一个投资组合中，如果某一投资项目的报酬率呈上升的趋势，其他投资项目的报酬率有可能上升，也有可能下降，或者不变。在统计学中测算投资组合中任意两个投资项目报酬率之间变动关系的指标是协方差和相关系数，这也是投资组合风险分析中的两个核心概念。

1. 协方差

协方差是一个测量投资组合中一个投资项目相对于其他投资项目风险的统计量。从本质上讲，组合内各投资组合相互变化的方式影响着投资组合的整体方差，从而影响其风险。协方差的计算公式为：

$$\mathrm{Cov}(R_1,R_2)=\frac{1}{n}\sum_{i=1}^{n}(R_{1i}-\overline{R_1})(R_{2i}-\overline{R_2})$$

我们以两个投资项目组成的投资组合来说明协方差的计算。

**[例 3—14]** 某投资组合由等权重的股票 1 和股票 2 组成，两种股票各自的报酬率如

表 3—4所示。

**表 3—4** **两种股票投资报酬率数据**

| 年份 | 股票 1 的报酬率($R_1$) | 股票 2 的报酬率($R_2$) |
|---|---|---|
| 1 | 5% | 25% |
| 2 | 15% | 15% |
| 3 | 25% | 5% |

第一步，计算两种股票的平均报酬率：

$$\overline{R_1}=\sum_{i=1}^{n}\frac{R_i}{n}=\frac{5\%+15\%+25\%}{3}=15\%$$

$$\overline{R_2}=\sum_{i=1}^{n}\frac{R_i}{n}=\frac{25\%+15\%+5\%}{3}=15\%$$

第二步，计算两种股票的协方差：

$$\begin{aligned}\mathrm{Cov}(R_1,R_2)&=\frac{1}{n}\sum_{i=1}^{n}(R_{1i}-\overline{R_1})(R_{2i}-\overline{R_2})\\&=\frac{(5\%-15\%)(25\%-15\%)+(15\%-15\%)(15\%-15\%)+(25\%-15\%)(5\%-15\%)}{3}\\&=-0.006\,7\end{aligned}$$

协方差的正负显示了两个投资项目之间报酬率变动的方向。协方差为正表示两种资产的报酬率呈同方向变动；协方差为负表示两种资产的报酬率呈相反方向变化，上例中股票 1 和股票 2 的报酬率就是呈反方向变动。协方差绝对值越大，表示这两种资产报酬率的关系越密切；协方差的绝对值越小，则这两种资产报酬率的关系也越疏远。

2. 相关系数

由于各方面的原因，协方差的意义很难解释，至少对于应用是如此。为了使其概念能更易于接受，可以将协方差标准化，将协方差除以两个投资方案投资报酬率的标准差之积，得出一个与协方差具有相同性质但却没有量化的数。我们将这个数称为这两个投资项目的相关系数(correlation coefficient)，它介于−1 和+1 之间。相关系数的计算公式为：

$$\rho_{12}=\frac{\mathrm{Cov}(R_1,R_2)}{\delta_1\delta_2}$$

**［例 3—15］** 利用上例中的数据，计算两种股票的相关系数。

第一步，计算两种股票的标准离差：

股票 1 的标准离差：

$$\begin{aligned}\delta_1&=\sqrt{\sum_{i=1}^{n}\frac{(R_{1i}-\overline{R_1})^2}{n}}\\&=\sqrt{\frac{(5\%-15\%)^2+(15\%-15\%)^2+(25\%-15\%)^2}{3}}\\&=8.19\%\end{aligned}$$

股票 2 的标准离差：

$$\delta_2=\sqrt{\sum_{i=1}^{n}\frac{(R_{2i}-\overline{R_2})^2}{n}}$$

$$=\sqrt{\frac{(25\%-15\%)^2+(15\%-15\%)^2+(5\%-15\%)^2}{3}}$$

$$=8.19\%$$

第二步，计算股票1和股票2的相关系数：

$$\rho_{12}=\frac{\mathrm{Cov}(R_1,R_2)}{\delta_1\delta_2}$$

$$=\frac{-0.0067}{8.19\%\times 8.19\%}=-1$$

相关系数的正负与协方差的正负相同。所以相关系数为正值时，表示两种资产报酬率呈同方向变化，负值则意味着反方向变化。就其绝对值而言，系数值的大小，与协方差大小呈同方向变化。相关系数总是在－1.0到＋1.0之间的范围内变动，－1.0代表完全负相关，＋1.0代表完全正相关，0则表示不相关。

3. 投资组合的总风险

投资组合的总风险由投资组合报酬率的方差和标准离差来衡量。我们考虑只有A、B两种资产的配合，投资组合方差的计算公式为：

$$V_p=W_A^2\delta_A^2+W_B^2\delta_B^2+2W_AW_B\mathrm{Cov}(R_AR_B)$$

推而广之，由 $n$ 种资产组合而成的投资组合的方差为：

$$V_p=\sum_{i=1}^{n}\sum_{j=1}^{n}W_iW_j\mathrm{Cov}(R_iR_j)$$

投资组合的标准离差为：

$$\delta_p=\sqrt{V_p}=\sqrt{\sum_{i=1}^{n}\sum_{j=1}^{n}W_iW_j\mathrm{Cov}(R_iR_j)}$$

其中：$V_p$——投资组合的方差；

$\delta_p$——投资组合的标准离差；

$W_i$——资产 $i$ 在总投资额中所占的比重；

$W_j$——资产 $j$ 在总投资额中所占的比重；

$\mathrm{Cov}(R_iR_j)$——资产A和资产B的协方差。

**[例3－16]**　利用表3－4中数据和上例计算的结果，计算投资组合的方差和标准离差。

$V_p=0.5^2\times 8.19\%^2+0.5^2\times 8.19\%^2+2\times 0.5\times 0.5\times(-0.0067)=0.00038\%$

$\delta_p=\sqrt{V_p}=\sqrt{0.00038\%}=0.195\%$

(三)风险分散化

在投资界有一句经典名言：“不要把所有的鸡蛋放在一个篮子里”，这句话的意思是鼓励大家把资产分散投资，其内在含义是通过资产的分散化来分散风险。我们首先来看一个由两种证券组成的投资组合的例子。

**[例3－17]**　假设某投资组合由A、B两种证券组成，其预期报酬率和标准差如表3－5所示。

表 3—5　证券 A、B 的报酬率和标准差

| 项　目 | 证券 A | 证券 B |
| --- | --- | --- |
| 预期报酬率 | 0.14 | 0.08 |
| 标准差 | 0.20 | 0.15 |
| 相关系数 | 0.6 | |

我们分别按不同的权重将两种证券进行组合，并分别计算投资组合的标准离差。结果如表 3—6 所示。

表 3—6　不同投资组合的标准离差

| 组合标记 | 投资于证券 A 的比例 | 投资于证券 B 的比例 | 组合的预期报酬率 | 组合的标准离差 |
| --- | --- | --- | --- | --- |
| R | 0 | 100% | 8% | 0.15 |
| C | 10% | 90% | 8.6% | 0.147 9 |
| 最小方差组合 | 17% | 83% | 9.02% | 0.147 4 |
| D | 50% | 50% | 11% | 0.156 9 |
| S | 100% | 0 | 14% | 0.20 |

由上述计算结果可以看出，组合的标准离差总是小于标准离差的组合，说明投资组合确实能起到降低风险的作用，这就是投资风险分散化的原理。

### 主要概念

货币时间价值　单利　复利　终值　现值　复利现值　复利终值　年金　年金现值
年金终值　偿债基金系数　年投资回收额　风险　风险报酬　风险报酬率　期望报酬率

## 课后习题

### 一、单项选择题

1. 一定时期内每期期初等额收付的系列款项是(　　)。

A. 即付年金　　B. 永续年金　　C. 递延年金　　D. 普通年金

2. 甲拟存入一笔资金以备三年后使用。假定银行三年期存款年利率为 5%，甲三年后需用的资金总额为34 500元，则在单利计算情况下，目前需存入的资金为(　　)元。

A. 30 000　　B. 29 803.04　　C. 32 857.14　　D. 31 500

3. 当一年内复利 $m$ 次时，其名义利率 $r$ 与实际利率 $i$ 之间的关系是(　　)。

A. $i=(1+r/m)^{m-1}$　　B. $i=(1+r/m)^{-1}$

C. $i=(1+r/m)^{-m-1}$　　D. $i=1-(1+r/m)$

4. 下列各项中，代表即付年金现值系数的是(　　)。

A. $[(P/A,i,n+1)+1]$　　B. $[(P/A,i,n+1)-1]$

C. $[(P/A,i,n-1)-1]$　　D. $[(P/A,i,n-1)+1]$

5. 某企业拟进行一项存在一定风险的完整工业项目投资，有甲、乙两个方案可供选择：已知甲方案净现值的期望值为1 000万元，标准离差为 300 万元；乙方案净现值的期望值为1 200万元，标准离差为 330 万元。下列结论中正确的是(　　)。

A. 甲方案优于乙方案　　B. 甲方案的风险大于乙方案

C. 甲方案的风险小于乙方案　　D. 无法评价甲、乙方案的风险大小

6. 已知甲方案投资收益率的期望值为 15%，乙方案投资收益率的期望值为 12%，两个方案都存在投资风险。比较甲、乙两方案风险大小应采用的指标是(　　)。

A. 方差　　B. 净现值　　C. 标准离差　　D. 标准离差率

7. 已知 $(F/A,10\%,9)=13.579$，$(F/A,10\%,11)=18.531$。则 10 年、10%的即付年金终值系数为(　　)。

A. 17.531　　B. 15.937　　C. 14.579　　D. 12.579

8. 根据资金时间价值理论，在普通年金现值系数的基础上，期数减 1，系数加 1 的计算结果，应当等于(　　)。

A. 递延年金现值系数　　B. 后付年金现值系数

C. 即付年金现值系数　　D. 永续年金现值系数

9. 在下列各期资金时间价值系数中，与资本回收系数互为倒数关系的是(　　)。

A. $(P/F,i,n)$　　B. $(P/A,i,n)$

C. $(F/P,i,n)$　　D. $(F/A,i,n)$

## 二、多项选择题

1. 某公司计划购置一台设备，付款条件是从第二年开始，每年年末支付 5 万元，连续支付 10 年，则相当于该公司现在一次性支付(　　)万元(资金成本率为 10%)。

A. $5[(P/A,10\%,12)-(P/A,10\%,2)]$　　B. $5[(P/A,10\%,13)(P/A,10\%,3)]$

C. $5[(P/A,10\%,11)(P/A,10\%,2)]$　　D. $5[(P/A,10\%,10)(P/F,10\%,2)]$

2. 在财务管理中，衡量风险大小的指标有(　　)。

A. 期望值　　B. 标准差　　C. 标准离差率　　D. 概率分布

3. 货币的时间价值是指(　　)。

A. 货币随时间自行增值的特性

B. 货币经过一段时间的投资和再投资所增加的价值

C. 现在的 1 元钱与几年后的 1 元钱的经济效用不同

D. 没有通货膨胀和风险条件下的社会平均资金利润率

4. 下面有关投资组合的论述正确的是(　　)。

A. 投资组合的收益率为组合中各单项资产预期收益率的加权平均数

B. 投资组合的风险是各单项资产风险的加权平均(只是组合的系统风险，不包括可分散风险的)

C. 两种证券完全相关时可以消除风险

D. 两种证券正相关的程度越小，则其组合产生的风险分散效应就越大

5. 下列关于系统风险说法正确的是(　　)。

A. 又称可分散风险或公司特有风险

B. 又称不可分散风险或市场风险

C. 通过$\beta$系数衡量其大小

D. 不能通过多角化投资来分散

6. 下列关于$\beta$系数说法正确的是(　　)。

A. $\beta$系数是反映个别股票相对于平均风险股票的变动程度的指标

B. 它可以衡量个别股票的市场风险

C. 作为整体的证券市场的$\beta$系数为1

D. 在其他因素不变的情况下，$\beta$系数越大风险收益就越大

7. 按照资本资产定价模型，影响特定股票的预期收益率的因素有(　　)。

A. 无风险收益率　　B. 该股票的$\beta$系数

C. 平均风险股票的必要报酬率　　D. 预期股利收益率

8. 系统风险可能来自于(　　)。

A. 宏观经济状况的变化　　B. 国家税法的变化

C. 经济衰退　　D. 产品结构的变化

## 三、判断题

1. 如果两个企业的获利额相同，则其风险也必然相同。(　　)

2. 影响股价的直接原因是企业报酬率和风险。(　　)

3. 利用自有资金利润率，既可以衡量财务风险，又可以衡量经营风险。(　　)

4. $\beta$系数实际上是不可分散风险的指数，用于反映个别证券收益的变动相对于市场收益变动的灵敏程度。(　　)

## 四、计算题

1. 张先生准备购买一套新房，开发商提供了两种付款方案让张先生选择：

(1)A方案，从第4年年末开始支付，每年年末支付20万元，一共支付8年。

(2)B方案，按揭买房，每年年初支付15万元，一共支付10年。

假设银行利率为5%，请问张先生应该选择哪种方案。

$(P/A,5\%,8)=6.4632$，$(P/A,5\%,9)=7.1078$，$(P/A,5\%,10)=7.7217$，$(P/F,5\%,3)=0.8638$，$(P/F,5\%,4)=0.8227$，$(P/F,5\%,5)=0.7835$

2. 某公司拟投资于一项目，期望第5年使原投入的货币资金增加到400 000元。假定该项目的投资报酬率为8%。计算该公司现在应投入的货币资金数。

3. 某人准备存入银行一笔钱，以便以后的10年中每年年底得到2 000元，设银行存款利率为9%，计算其目前应存入多少钱。

4. 某公司需用一设备，买价为15 000元，使用寿命为10年，如果租入，则每年年末需支付租金2 200元，除此之外，其他情况相同，假设利率为8%，试说明该公司购买设备好还是租用设备好。

5. 某人拟在5年后还清10 000元债务，从现在起每年年末存入银行一笔钱，设利率10%，问他每年需要存入银行多少钱?

6. 某公司有一项付款业务，有甲乙两种付款方式可供选择：

甲方案：现在支付10万元，一次性结清。

乙方案：分 3 年付款，1～3 年各年初的付款额分别为 3、4、4 万元，假定年利率为 10%。

要求：按现值计算，从甲、乙两方案中选优。

7. 某公司拟购置一处房产，房主提出两种付款方案：

(1)从现在起，每年年初支付 20 万元，连续支付 10 次，共 200 万元；

(2)从第五年开始，每年年初支付 25 万元，连续支付 10 次，共 250 万元。

假设该公司的最低报酬率为 10%，你认为该公司应选择哪种方案？

8. 某人准备一次性向银行贷款 300 000 元，假设银行利率为 6%，复利，每年末分期付款，问 5 年中每年末应还多少？

# 第四章　中小企业融资管理

【本章知识目标】

- 理解企业筹资关联度必要性和重要性。
- 理解并掌握企业筹资管理的特点、重点和要点。
- 理解并掌握筹资方式、筹资成本与资本结构的含义与关联性。
- 了解企业不同阶段的融资方式及融资策略。

【本章技能目标】

- 能够量化分析个别资本成本、综合资本成本与边际资本成本。
- 能够综合考虑筹资方式、资本成本、资本结构等进行筹资决策。

## 第一节　筹资概述

企业筹资就是指企业为了满足其经营活动、投资活动、资本结构管理和其他需要，运用一定的筹资方式，筹措和获取所需资金的一种行为。

### 一、筹资分类

筹资方式按权益特性、是否借助于中介筹集、资金的来源范围不同、资金的使用期限不同，分为不同类别，具体如表 4－1 所示。

表 4－1　投资的分类

| 分类标准 | 类　型 | 含　义 | 优劣及其他要点 |
|---|---|---|---|
| 所取得资金的权益特性（最常见） | 股权筹资 | 1. 也称权益资本、自有资本、主权资本。是企业依法长期拥有、能够自主调配运用的资本<br>2. 股权资本在经济意义上形成了企业的所有者权益 | 1. 一般不用还本，财务风险小，但付出的资本成本相对较高<br>2. 代表企业基本资信状况的主要指标<br>3. 有吸收直接投资、发行股票、内部积累等 |
| | 债务筹资 | 企业通过借款、债券、融资租赁及赊购等取得，在规定期限内需要清偿的债务，又称债权人权益 | 具有较大的财务风险，但付出的资本成本相对较低 |
| | 衍生工具筹资 | 兼具股权与债务特征混合融资 | 可转换债券融资 |
| | | 其他衍生工具融资 | 认股权证融资 |
| 是否借助于中介筹集 | 直接筹资 | 直接与资金供应者协商筹集资金 | 包含发行股票、发行债券、吸收直接投资 |
| | 间接筹资 | 1. 是企业通过金融机构而融通资本的活动<br>2. 形成的主要是债务资金，主要用于满足企业资金周转的需要 | 间接筹资方式主要有银行借款、融资租赁等 |
| 资金的来源范围 | 内部筹资 | 企业通过利润留存而形成的筹资来源 | 一般无需花费筹资费用，可降低资本成本 |
| | 外部筹资 | 向企业外部筹措资金而形成的筹资来源 | 需要花费一定的筹资费用，提高了筹资成本 |
| 所筹集资金的使用期限 | 长期筹资 | 指企业筹集使用期限在 1 年以上的资金筹集活动 | 可是股权资金，也可是债务资金。筹资管理中，长期资金通常被广义地称作资本 |
| | 短期筹资 | 指企业筹集使用期限在 1 年以内的资金筹集活动 | 常利用商业信用、短期借款、保理业务等方式来筹集 |

［例 4－1］　A 公司近来资金紧张，经证监会批准，发行股票3 000万股，筹集资金 1 亿元。A 公司的此项筹资属于（　　）。

A. 混合筹资　　B. 直接筹资　　C. 外部筹资　　D. 短期筹资

【答案】　BC

【解析】　发行股票属于股权筹资，选项 A 不正确；发行股票，是直接向股民筹资，是直接筹资，选项 B 正确；发行股票，是外部股权筹资，选项 C 正确；发行股票获得的资金，是长期资金，所以是长期筹资，选项 D 不正确。

## 二、筹资的原则

（一）合理确定资金需要量，科学安排筹资时间

通过预算手段完成资金的需求量和需求时间的测定，使资金的筹措量与需要量达到平衡，防止因筹资不足而影响生产经营或因筹资过剩而增加财务费用。

（二）合理组合筹资渠道和方式，降低资金成本

综合考察各种筹资渠道和筹资方式的难易程度、资金成本和筹资风险，研究各种资金来源的构成，求得资金来源的最优组合，以降低筹资的综合成本。

（三）优化资本结构，降低筹资风险

在筹资过程中合理选择和优化筹资结构，做到长、短期资本，债务资本和自有资本的有机

结合，有效地规避和降低筹资中各种不确定性因素给企业带来损失的可能性。

(四)拟定好筹资方案，认真签订和执行筹资合同

在进行筹资成本、资本结构和投资效益可行性研究的基础上，拟定好筹资方案。筹资时间应与用资时间相衔接，而且要考虑资金市场的供应能力。在筹资方案的实施过程中，筹资者与出资者应按法定手续认真签订合同、协议，明确各方的责任和义务。此后，必须按照企业筹资方案和合同、协议的规定执行，恰当支付出资人报酬，按期偿还借款，维护企业信誉。

## 三、筹资要点

如果企业筹措资金可以用多种筹资方式，应以各种筹资方式在整个筹资额中所占比重为权重，分析计算不同筹资比例结构下的综合平均资金成本，以确定哪种方案筹资成本最低，筹资方案最佳。下面为大家介绍企业筹资时还必须注意的要点。

(一)税收制度对筹资成本的影响

由于银行借款和发行企业债券而支付的利息按照企业所得税法的规定，可以在税前收益中支付，在计算纳税所得额时已作为净利润的扣除项目，从而少交一部分所得税。而企业支付的股利则必须在税后净利润中支付，不能抵免税负。企业同样数量的筹资额，选择以债务形式而非股权形式就可以使税负得到一定程度的减轻。

(二)通过合理的利息控制，灵活调整利率也是降低筹资成本的一种可行的方法

在利率趋于上升时，可采用固定利率借入款项或发行企业债券，以避免支付较高的利息；在利率趋于下降时，可采用浮动利率，灵活筹资，以减少利息支付。

(三)应注意选择合理的筹资期限，克服保守主义倾向

利息的高低与资金占用时间的长短成正比例关系。对于短期资金的需要，筹集为期较长的长期债务势必会造成资金成本的提高。相反，企业若能够使资金占用与资金来源在期限搭配上科学、合理，不断地通过借款利用短期资金满足长期资金使用的需要，无疑可以大大降低利息支出，降低筹资成本。

一个企业从创建到生存发展的整个过程都需要筹集资本，企业只有在坚持效益性、合理性、及时性与合法性原则的基础上，利用有效的筹资渠道与筹资方式，筹集所需的资金，才能够得到长远发展。

(四)必须重视资本成本、资本结构和财务风险三要素

筹集资金不是免费的。资金具有时间价值，需要获得时间价值及风险补偿。

不同的资本结构导致企业负担的资本成本不同，筹资管理要重视安排最优的资本结构，这不仅关系到资本成本高低，还关系到企业承担的财务风险大小。广义资本结构指权益资本与债务资本的构成及比例关系，最优资本结构指一定时期内和一定经营背景下，企业综合资本成本最低而企业价值最大化的资本结构。

企业财务风险，指企业借入资金到期无法清偿或破产引起的企业收益变化的不确定性。企业在获取筹资效益的同时必须承担财务风险。财务管理通过优化资本结构，使借入资本结构合理化，降低资本成本，减少财务风险。

## 四、筹资管理的内容

筹资活动是企业资金流转运动的起点，筹资管理要求解决企业为什么要筹资、需要筹集多少资金、从什么渠道以什么方式筹集，以及如何协调财务风险和资本成本，合理安排资本结构

等问题。

（一）科学预计资金需要量

资金是企业的血液，是企业设立、生存和发展的财务保障，是企业开展生产经营业务活动的基本前提。任何一个企业，为了形成生产经营能力、保证生产经营正常运行，必须持有一定数量的资金。在正常情况下，企业资金的需求，来源于两个基本目的：满足经营运转的资金需要，满足投资发展的资金需要。企业创立时，要按照规划的生产经营规模，核定长期资本需要量和流动资金需要量；企业正常营运时，要根据年度经营计划和资金周转水平，核定维持营业活动的日常资金需求量；企业扩张发展时，要根据生产经营扩张规模或对外投资对大额资金的需求，安排专项的资金。

（二）合理安排筹资渠道、选择筹资方式

一般来说，企业最基本的筹资渠道是直接筹资和间接筹资。直接筹资，是企业直接从社会取得资金；间接筹资，是企业通过银行等金融机构从社会取得资金。

内部筹资主要依靠企业的利润留存积累。外部筹资主要有两种方式：股权筹资和债务筹资。

（三）降低资本成本、控制财务风险

资本成本是企业筹集和使用资金所付出的代价，包括资金筹集费用和使用费用。

一般来说，债务资金比股权资金的资本成本要低。即使同是债务资金，由于借款、债券和租赁的性质不同，其资本成本也有差异。企业在筹资管理中，要合理利用资本成本较低的资金，努力降低企业的资本成本率。

财务风险，是企业无法如期足额偿付到期债务的本金和利息、支付股东股利的风险。企业筹集资金在降低资本成本的同时，要充分考虑财务风险，防范企业破产的财务危机。

## 第二节 企业资金需要量预测

### 一、定性预测

利用直观的资料，依靠个人的经验和主观分析、判断能力，对未来资金的需要数量做出预测。在企业缺乏完备、准确的历史资料的情况下采用。

### 二、定量预测

定量预测法又称数量预测法，主要根据已有的比较完备的资料，运用一定的数学方法进行科学的加工处理，借以充分揭示有关变量之间的规律性联系，作为预测的依据。

（一）高低点法

资金需要量预测的高低点法是定量分析法中趋势分析法的一种，是指在把企业资金按其是否随业务量（通常以产销量表示）成正比例变动分为固定资金和变动资金的基础上，根据资金同产销量之间的线性数量关系预测资金需要量，找出一定时期内的最高点、最低点的产销量和对应的资金需要量之间的关系，推算企业总资金中固定资金和变动资金各占多少的一种方法。

计算步骤：

1. 区分固定资金和变动资金

(1)变动资金:若资金需要量随着产销量的改变成正比例变化,则是变动资金,如计件工资所需资金、存货占用资金、应收账款占用资金等就是变动资金;

(2)固定资金:若资金需要量不随产销量的变动而变动,则是固定资金,如企业管理人员的工资所需资金、原材料的保险储备、必要的成品或商品储备、固定资产占用资金等都是固定资金。

2. 写出资金需要量的数学表达式

列出资金需要量与产销量之间的数学表达式:

$$y=a+bx$$

式中:$y$ 为资金占用量;$a$ 为固定资金总额;$b$ 为单位变动资金;$x$ 为预计产销量。

3. 求出待定系数 $a$ 和 $b$

找出最高点和最低点业务量及其对应的资金需要量,代入上式,求出 $a$ 和 $b$:

$$b=\text{高、低点的资金之差/高、低点的产销量之差}$$

$$a=\text{最高点的资金总额}-b\times\text{最高点的产销量}$$

或

$$a=\text{最低点的资金总额}-b\times\text{最低点的产销量}$$

4. 求出所需的资金量

将预测的产销量代入 $y=a+bx$ 式中,即可求出所需的资金量。

**[例 4—2]** 某企业生产的甲产品 7~12 月份的产量及成本资料如表 4—2 所示。

**表 4—2　　某企业生产的甲产品 7~12 月份资料**

| 月　份 | 7 | 8 | 9 | 10 | 11 | 12 |
|---|---|---|---|---|---|---|
| 产量(件) | 40 | 42 | 45 | 43 | 46 | 50 |
| 资金占用量(元) | 8 800 | 9 100 | 9 600 | 9 300 | 9 800 | 10 500 |

要求:采用高低点法列出资金需要量与产量之间的关系式。

(1)从表中找出最高点和最低点:

(2)计算 $y=a+bx$ 中的 $a$、$b$ 值:

$b=(105\ 00-8\ 800)/(50-40)=170$

将 $b$ 代入高点:

$10\ 500=a+170\times50$

$a=2\ 000$

(3)将 $a$、$b$ 值代入 $y=a+bx$ 中,则资金占用量与产量销量之间的模型为:

$y=2\ 000+170x$

说明单位变动成本为 170 元,固定成本为 2 000 元。

**[例 4—3]** 某企业生产的甲产品 1~8 月份的产量及总成本资料如表 4—3 所示。

**表 4—3　　某企业生产的甲产品 1~8 月份资料**

| | 1 | 2 | 3 | 4 | 5 | 6 | 7 | 8 |
|---|---|---|---|---|---|---|---|---|
| 产量(件) | 18 | 20 | 19 | 16 | 22 | 25 | 28 | 21 |
| 资金占用量(元) | 6 000 | 6 600 | 6 500 | 5 200 | 7 000 | 7 900 | 8 200 | 6 800 |

假设 9 月份的产量为 30，则企业所需筹集的资金量是多少？

高低点法：

(1)从表中找出最高点和最低点：

最高点(28,8 200)，最低点(16,5 200)。

(2)计算 $y=a+bx$ 中的 $a$、$b$ 值：

$b=(8\ 200-5200)/(28-16)=250$

将 $b$ 代入高点：$8\ 200=a+250\times 28$

$a=1\ 200$

或将 $b$ 代入低点：$5\ 200=a+250\times 16$

$a=1\ 200$

(3)将 $a$、$b$ 值代入 $y=a+bx$ 中，则：

$y=1\ 200+250x$

这个模型说明单位变动资金为 250 元，固定资金总额为 1 200 元。

(4)9 月份企业所需筹集的资金量为：

$y=1\ 200+250\times 30$

$=8\ 700$(元)

(二)销售百分比法

销售百分比法是根据销售与资产负债表和利润表项目之间的比例关系，预测各项目短期资金需要量的方法。步骤如下：

(1)通过预计利润表预测企业留用利润这种内部资金来源的增加额；

(2)通过预计资产负债表预测企业资金需要总额和外部筹资的增加额。

计划期间预计需要追加的资金数额

$$=\left(\frac{A}{S_0}-\frac{L}{S_0}\right)(S_1-S_0)-Dep_1-S_1R_0(1-d_1)+M_1$$

优点：易于使用，提供短期资金预测。缺点：固定比率的假定失实形成错误结果。

## 第三节　筹资方式

财务筹资是企业根据生产经营活动对资本的需要，通过一定的筹资渠道并运用一定的筹资方式筹集资本的过程，应遵循合理性、效益性和及时性原则，不同的筹资渠道和筹资方式各有特点和适用性。筹资决策的核心是选择恰当的筹资方式，形成最优资本结构，力求最低资金成本和财务风险，提高筹资效益。

企业筹资方式按属性不同，分为权益筹资和负债筹资等两类。随着资本市场和信息技术的不断发展，股权质押、应收账款保理、众筹等筹资方式不断被广泛使用，企业筹资方式也更加多样化。

### 一、权益性筹资

权益资金是企业投资者的投资及其增值中留存企业的部分，是投资者在企业中享有权益和承担责任的依据，在企业账面上体现为权益资本。

(一)吸收直接投资

吸收直接投资是指企业按照“共同投资、共同经营、共担风险、共享利润“的原则来吸收国家、法人、个人、外商投入资金的一种筹资方式。

1. 吸收直接投资的种类

(1)按投资者不同分类,分为吸收国家投资、吸收法人投资、吸收外商直接投资、吸收社会公众投资。

国家投资是指有权代表国家投资的政府部门或机构,以国有资产投入公司,这种情况下形成的资本称国有资本。根据《公司国有资本与公司财务暂行办法》的规定,在公司持续经营期间,公司以盈余公积、资本公积转增实收资本的,国有公司和国有独资公司由公司董事会或经理办公会决定,并报主管财政机关备案;股份有限公司和有限责任公司由董事会决定,并经股东大会审议通过。吸收国家投资一般具有以下特点:①产权归属国家;②资金的运用和处置受国家约束较大;③在国有公司中采用比较广泛。

法人投资是指法人单位以其依法可支配的资产投入公司,这种情况下形成的资本称为法人资本。吸收法人资本一般具有以下特点:①发生在法人单位之间;②以参与公司利润分配或控制为目的;③出资方式灵活多样。

吸收外商直接投资。企业可以通过合资经营或合作经营的方式吸收外商直接投资,即与其他国家的投资者共同投资,创办中外合资经营企业或者中外合作经营企业,共同经营、共担风险、共负盈亏、共享利益。

社会公众投资是指社会个人或本公司职工以个人合法财产投入公司,这种情况下形成的资本称为个人资本。吸收社会公众投资一般具有以下特点:①参加投资的人员较多;②每人投资的数额相对较少;③以参与公司利润分配为基本目的。

(2)按投资者出资形式不同,吸收直接投资可分为吸收现金直接投资、吸收实物直接投资和吸收无形资产直接投资。

2. 吸收投资的程序

(1)确定筹资数量。企业在新建与扩大经营时,首先确定资金的需要量。资金的需要量应根据企业的生产经营规模和供销条件等来核定,确保筹资数量与资金需要量相适应。

(2)寻找投资单位。企业既要广泛了解有关投资者的资信、财力和投资意向,又要通过信息交流和宣传,使出资方了解企业的经营能力、财务状况以及未来预期,以便于公司从中寻找最合适的合作伙伴。

(3)协商和签署投资协议。找到合适的投资伙伴后,双方进行具体协商,确定出资数额、出资方式和出资时间。企业应尽可能吸收货币投资,如果投资方确有先进而适合需要的固定资产和无形资产,亦可采取非货币投资方式。对实物投资、工业产权投资、土地使用权投资等非货币资产,双方应按公平合理的原则协商定价。当出资数额、资产作价确定后,双方须签署投资的协议或合同,以明确双方的权利和责任。

(4)取得所筹集的资金。签署投资协议后,企业应按规定或计划取得资金。如果采取现金投资方式,通常还要编制拨款计划,确定拨款期限、每期数额及划拨方式,有时投资者还要规定拨款的用途,如把拨款区分为固定资产投资拨款、流动资金拨款、专项拨款等。如为实物、工业产权、非专利技术、土地使用权投资,一个重要的问题就是核实财产。财产数量是否准确,特别是价格有无高估低估的情况,关系到投资各方的经济利益,必须认真处理,必要时可聘请专业资产评估机构来评定,然后办理产权的转移手续取得资产。

3. 吸收直接投资的特点

吸收直接投资的筹资特点包括:(1)能够尽快形成生产能力;(2)容易进行信息沟通;(3)资本成本较高;(4)公司控制权集中,不利于公司治理;(5)不易进行产权交易。留存的筹资特点包括:(1)不用发生筹资费用;(2)维持公司控制权分布;(3)筹资数额有限。

(二)普通股筹资

普通股是股份有限公司发行的无特别权利的股份,是最基本、最标准的股份。持有普通股股份者为普通股股东,享有参与企业经营管理、股份转让权、股利分配请求权、分配企业剩余财产权、审查企业账目权和质询企业事务权等权利。

1. 普通股种类

按股票有无记名,可分为记名股和无记名股;

按股票票面是否标有金额,可分为面值股票与无面值股票;

按投资主体不同,可分为国家股、法人股及个人股;

按发行对象和上市地区不同,可分为 A 股、B 股、H 股和 N 股等。

2. 股票发行

股份有限公司设立时要发行股票,设立之后为扩大经营、改善资本结构,也会增资发行新股。

(1)股份有限公司发行股票应符合的规定和条件:

每股金额相等。同次发行的股票,每股的发行条件和价格应当相同。(股票面值)

股票发行价格可以按票面金额,也可以超过票面金额,但不得低于票面金额。(发行价格)

股票应当载明公司名称、公司登记日期、股票种类、票面金额及代表的股份数、股票编号等主要事项。(记载事项)

向发起人、国家授权投资的机构、法人发行的股票,应当为记名股票;对社会公众发行的股票,可以为记名股票,也可以为无记名股票。(是否记名)

公司发行记名股票的,应当置备股东名册,记载股东的姓名或名称、住所、各股东所持股份、各股东所持股票编号、各股东取得其股份的日期;发行无记名股票的,公司应当记载其股票数量、编号及发行日期。(公司对股东的记载)

公司发行新股,必须具备下列条件:前一次发行的股份已募足,并间隔一年以上;公司在最近三年内连续盈利,并可向股东支付股利;公司在三年内财务会计文件无虚假记载;公司预期利润率可达同期银行存款利率。(发行新股的条件)

公司发行新股,应由股东大会做出有关下列事项的决议:新股种类及数额;新股发行价格;新股发行的起止日期;向原有股东发行新股的种类及数额。(发行新股的决议事项)

(2)股票发行程序。股票发行一般经过申请、预选、申报、复审、批准、募股等步骤。

①申请发行股票的公司向直属证券管理部门正式提出发行股票的申请。公司公开发行股票的申请报告由证券管理部门受理,考察汇总后进行预选资格审定。

②被选定股票公开发行公司向直属证券管理部门呈报企业总体情况资料,经审核同意并转报中国证监会核定发行额度后,公司可正式制作申报材料。

③聘请具有证券从业资格的会计师、资产评估机构、律师事务所、主承销商进行有关工作,制作正式文件。

④准备向拟选定挂牌上市的证券交易所呈交上市所需材料,提出上市申请,经证券交易所初审通过后,出具上市承诺函。

⑤直属证券管理部门收到公司申报材料后，根据有关法规，对申报材料是否完整、有效、准确等进行审查，审核通过后，转报中国证监会审核。

⑥证监会收到复审申请后，由中国证监会发行部对申报材料进行预审，预审通过后提交中国证监会股票发行审核委员会复审。

⑦发审委通过后，证监会出具批准发行的有关文件，并就发行方案进行审核，审核通过后出具批准发行方案的有关文件。

⑧拟发行公司及其承销商在发行前2～5个工作日内将招股说明书概要刊登在至少一种中国证监会指定的上市公司信息披露报刊上。

⑨股票发行。公开发行股票的方式，近几年来经历了认购申请表方式、与储蓄挂钩的储蓄存单方式、上网竞价、上网定价等方式，目前，主要的发行方式为上网定价、“全额预缴、比例配售、余额即退”两种方式。“上网定价”指主承销商利用证券交易所的交易系统，由主承销商作为股票的唯一卖方，投资者在指定的时间内，按规定的发行价格委托买入股票的方式认购。根据申购的具体情况，由摇号抽签等方式确定。“全额预缴、比例配售、余额即退”指投资者在规定的申购时间内，将全额申购款存入主承销商在收款银行设立的专户中，申购结束后转存冻结银行专户进行冻结。承销商在对到账资金进行验资和确定有效申购后，根据股票发行量和申购总量计算配售比例进行股票配售，余额返还投资者。

(3)股票发行方式与销售方式。

公开发行也称公募是指股票发行人向社会公开出售股票的方式；

非公开发行也称私募或内部发行，是指股票发行人向公司内部职工或特定投资者出售股票的方式。

公开发行和非公开发行都可以采用直接发行或间接发行的方式。

直接发行，是指股票发行人自己办理股票发行手续。这种方式下，一般是发行人在投资银行或证券机构的协助下，通过私下接待的方法直接将股票出售给个人投资者或机构投资者。一旦到期，募集不到原定的股份，发行人将不足部分自行认购。

间接发行也称委托代理发行，是指股票发行人不直接办理股票发行手续，而是委托证券经营机构代理发行，招募投资者。

间接发行，根据受托责任不同分为代销发行和包销发行。

代销发行，是指发行人委托有资格的证券经营机构代办销售股票的方式。在此方式下，代销机构只是同意按照发行人委托的价格尽可能地销售股票，只收取手续费和其他有关费用，发行风险由发行人承担，到期销售不完的股票退给发行人。

包销发行，是指发行人与代理发行机构签订合同，委托其发行股票．并且规定在承销期内如果不能足额发行，尚未销售的股票由受托方收购，然后在证券交易市场上按市价出售。包销发行下。股票发行的风险性实际上转移给了包销发行机构。

3. 股票上市

股票上市是指已经发行的股票经证券交易所批准后，在交易所公开挂牌交易的法律行为。股票上市后可以进行股票交易。

(1)股票上市条件。

《中华人民共和国证券法》规定，股票经中国证监会核准已公开发行；公司股本总额不少于人民币3 000万元；公开发行的股份达到公司股份总额的25%以上，公司股本总额超过人民币4亿元的，公司发行股份的总额的比例为10%。公司在3年内无重大违法行为，财务会计报告无虚假记载。

(2)股票上市暂停与终止。

《中华人民共和国证券法》规定，上市公司股本总额(3 000 万元)、股权分布(25%、10%)等发生变化不再具备上市条件。上市公司不按照规定公开其财务状况，或者对会计报告做虚假记载，可能误导投资者。上市公司有重大违法行为。上市公司 3 年连续亏损。

股票终止上市条件：上市公司股本总额、股权分布等发生变化不再具备上市条件，在证券交易所规定的期限内仍不能达到上市条件。上市公司不按照规定公开其财务会计报告，或者对财务会计报告做虚假记载，且拒绝纠正。上市公司 3 年连续亏损，在其后一个年度内未能恢复盈利。上市公司解散或者被宣告破产。

4. 股票发行的优缺点

股票发行的优点如下：

(1)没有固定利息负担。

(2)没有固定到期日，不用偿还。

(3)筹资风险小。

(4)增加公司的信誉。

(5)筹资限制较少。

另外，由于普通股的预期收益较高，并可在一定程度上抵消通货膨胀的影响(通常在通货膨胀期间，不动产升值时普通股也随之升值)，因此普通股筹资容易吸收资金。

股票发行的缺点如下：

(1)资金成本较高。

(2)可能会分散公司的控制权。

(3)信息披露成本较大，增加了保护商业秘密的难度。

(4)股票上市会增加公司被收购的风险。

5. 中小企业创业板上市要求

创业板，又称二板市场(Second-Board Market)，即第二股票交易市场，是与主板市场(Main-Board Market)不同的一类证券市场，专为暂时无法在主板上市的创业型企业、中小企业和高科技产业企业等需要进行融资和发展的企业提供融资途径和成长空间的证券交易市场，是对主板市场的重要补充，在资本市场有着重要的位置。

创业板与主板市场相比，上市要求往往更加宽松，主要体现在成立时间、资本规模、中长期业绩等的要求上。创业板市场最大的特点就是低门槛进入，严要求运作，有助于有潜力的中小企业获得融资机会。

在创业板市场上市的公司大多从事高科技业务，具有较高的成长性，但往往成立时间较短，规模较小，业绩也不突出，但有很大的成长空间。可以说，创业板是一个门槛低、风险大、监管严格的股票市场，也是一个孵化科技型、成长型企业的摇篮。

中国创业板对于上市企业的标准，目前主要有如下规定：

(1)中国证监会依据发行审核委员会的审核意见对申请人的发行上市申请做出核准或不予核准的决定。中国证监会对创业企业股票发行上市的核准，不表明其对创业企业所发行的股票的价值或者投资人的收益做出实质性判断或者保证。

(2)申请公开发行股票并在创业板市场上市的企业(简称“申请人”)应当是合法存续的股份有限公司。非公司制企业应当先改制设立股份有限公司，有限责任公司可以改制设立股份有限公司，也可以依法变更为股份有限公司。

判断申请人是否符合“在同一管理层下，持续经营 2 年以上”的发行条件时，主要考虑下列因素：

①申请人在提出发行申请时，开业时间是否在 24 个月以上。

②申请人是否符合管理层稳定的要求，即法定代表人、董事、高级管理人员、核心技术人员以及控股股东，在提出发行申请前 24 个月内是否曾发生重大变化。高级管理人员包括公司的经理、副经理、财务负责人、董事会秘书。控股股东是指在行使表决权时，可以推荐半数以上的董事或者主要负责人的股东；可以行使或者控制有表决权股份的数量超过公司股东名册上所列的第一大股东在名义上所持有的有表决权股份的数量的股东；或以其他方式事实控制公司的股东。

③申请人是否符合主业突出和持续经营的要求，即在提出发行申请前 24 个月内，是否不间断地从事一种主营业务，该种主营业务是否有实质进展。

(3)判断原企业(包括非公司制企业和有限责任公司)是否属于整体改制，是否可以持续计算营业记录时，主要考虑下列因素：

①是否进行过经营性资产的剥离；

②发起人的出资方式、出资金额对营业记录可比性的影响；

③是否按照资产评估结果进行账务调整，并按照调整后的资产值折股。

(4)判断有限责任公司变更为股份有限公司，是否可以连续计算营业记录时，主要考虑下列因素：

①是否进行过资产剥离；

②是否以经审计的净资产额作为折股依据。

(5)判断申请人是否符合“在最近 2 年内无重大违法违规行为，财务会计文件无虚假记载”的发行条件时，主要考虑下列因素：

①在提出发行申请前 24 个月内，是否曾严重违反国家法律、法规；

②在提出发行申请前 24 个月内，财务会计文件中是否有虚假记载。

(6)判断申请人是否符合《创业企业股票发行上市条例》规定的上市条件时，主要考虑下列因素：

①首次公开发行新股后，股本总额是否达到人民币2 000万元；

②首次公开发行新股后，持有股票面值达人民币 10 万元以上的股东是否达到 200 人；

③首次公开发行新股后，公开发行的股份是否达到公司股份总额的 25％以上；

④首次公开发行新股后，本次发行前的股东持有的股份是否达到公司股份总数的 35％以上。

(7)判断申请人是否符合发行上市条件时，还应考虑下列因素：

①在申请股票发行时的审计基准日，其经审计的有形净资产是否达到人民币 800 万元；

②最近两个会计年度经审计的主营业务收入净额合计是否达到人民币 500 万元，最近一个会计年度经审计的主营业务收入净额是否达到人民币 300 万元；

③在申请股票发行的审计基准日，资产负债率是否不高于 70％；

④招股说明书、上市公告书是否符合《中华人民共和国公司法》、《中华人民共和国证券法》等法律、法规、规范性文件关于信息披露的规定；

⑤是否已聘请主承销商进行辅导；

⑥是否已聘请保荐人。

这里的有形净资产是指总资产减去总负债减去无形资产(不包括土地使用权)后的净值。主营业务收入净额是指主营业务收入减去折扣与折让后的净额。

(8)判断申请人是否符合发行上市条件时,还会关注下列因素:

①申请人产品的科技含量;

②申请人的发展潜力和成长性;

③全部或大部分资产是否为现金、短期投资和长期投资;

④在提出发行申请前12个月内,是否进行过合并、分立、资产置换、资产剥离等重大资产重组行为;

⑤在提出发行申请前12个月内,是否进行过增资扩股;

⑥主营业务收入是否主要来自关联交易;

⑦是否与控股股东或并行子公司存在同业竞争;

⑧是否已按照《中华人民共和国公司法》的有关规定,建立和健全组织机构;

⑨是否已按照《创业企业股票发行上市条例》的规定设立独立董事,强化法人治理结构;

⑩发起人的数量;

⑪认股权或股票期权的设置;

⑫会计师出具的审计报告是否为非标准无保留审计意见。

(9)判断独立董事是否符合要求时,应当关注下列因素:

①董事会中的独立董事是否达到2名;

②独立董事是否具备相应的任职能力和独立性。

## 二、债务筹资

债务筹资是指企业按约定代价和用途取得且需要按期还本付息的一种筹资方式。就其性质而言,是不发生所有权变化的单方面资本使用权的临时让渡。债务筹资包含的内容如图4—1所示。

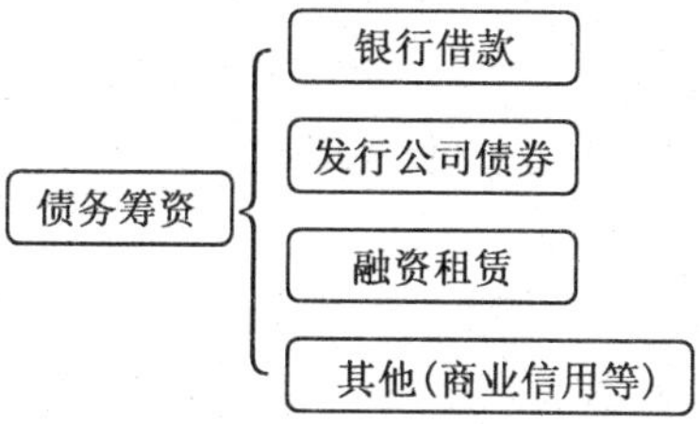


**图4—1　债务筹资包含的内容**

(一)债券筹资

1. 定义

债券筹资是指企业通过发行债券来筹集资金的方式。债券筹资是企业一种重要的筹资方式,其筹资范围很广。若发行的债券符合国家有关规定,债券可以在市场上自由转让、流通。公司债券是指公司按照法定程序发行的、预定在一定期限还本付息的有价证券。

2. 债券筹资条件

我国《公司法》规定,股份有限公司、国有独资公司和两个以上的国有企业或者其他两个以上的国有投资主体投资设立的有限责任公司,有资格发行公司债券。我国《公司法》还规定,有资格发行公司债券的公司,要想实现债券的真正发行,还必须具备以下的条件:

(1)股份有限公司的净资产额不低于3 000万元,有限责任公司的净资产额不低于6 000万元。

(2)累计债券总额不超过净资产额的40%。

(3)利润足以支付公司债券1年的利息。

(4)所筹集资金的投向符合国家产业政策。

(5)债券利率不得超过国务院规定的水平。

(6)国务院规定的其他条件。

3. 债券筹资的优缺点

优点:

(1)资本成本较低。与股票的股利相比,债券的利息允许在所得税前支付,公司可享受税收上的利益,故公司实际负担的债券成本一般低于股票成本。

(2)可利用财务杠杆。无论发行公司的盈利多少,持券者一般只收取固定的利息,若公司用资后收益丰厚,增加的收益大于支付的债息额,则会增加股东财富和公司价值。

(3)保障公司控制权。持券者一般无权参与发行公司的管理决策,因此发行债券一般不会分散公司控制权。

缺点:

(1)财务风险较高。债券通常有固定的到期日,需要定期还本付息,财务上始终有压力。在公司不景气时,还本付息将成为公司严重的财务负担,有可能导致公司破产。

(2)限制条件多。发行债券的限制条件较长期借款、融资租赁的限制条件多且严格,从而限制了公司对债券融资的使用,甚至会影响公司以后的筹资能力。

(3)筹资规模受制约。公司利用债券筹资一般受一定额度的限制。

(二)长期借款

1. 定义

长期借款是企业向银行、非银行金融机构和其他组织借入偿还期在一年以上的资金而发生的各种借款。主要用于满足企业的各种长期资金的需要,相对于短期借款以及其他借债方式而言,长期借款不仅使用期限长,而且融资效率也高。

2. 条件及适用性

商业性银行贷款是企业取得长期借款的最主要来源。长期借款手续较为简便,借款弹性较大,资金成本较低。但银行借款的额度受国家银根松紧的直接影响,且借款用途的限制性较大,长期借款一般还要以资产作抵押,对企业举债能力有较大影响。与企业债券一样,银行借款必须按期还本付息,企业可能因无法偿付本息而破产。所以长期借款也属于资金成本低而财务风险较大的筹资方式。

3. 优缺点

优点:

(1)筹资速度快。企业利用长期借款筹资,一般所需时间较短,程序较为简便,可以快速得到现金。

(2)借款成本较低。长期借款的利息可以在税前扣除,这就使公司减轻了利息负担,使借款成本低于股票成本。长期借款和长期债券的利息都可以税前支付,同时,长期借款不需要经过证券机构，筹资成本较低。

(3)借款弹性大。在借款时，公司与银行直接商定贷款时间、数额和利率等，在用款期间，公司如财务状况发生某些变化，亦可以与银行再协商，变更还款数额及期限等，因此长期借款对公司而言具有较大的灵活性。

缺点：

(1)筹资风险大。借款通常都有固定的利息负担和固定的到期日。在公司状况不佳时，可能产生不能偿付的风险，且无法偿还到期债务，就会有破产的危险。

(2)限制条件多。贷款银行为了保护自己的利益，通常都会在与公司签订借款合同时附加许多限制性条款，这些条款会限制公司的经营活动，降低了借款的效果，也有可能给企业经营管理带来许多不利的影响。

(3)筹资数量有限。借款数量受银行或其他贷款机构贷款能力的限制，一般长期借款难以筹到股票、债券可以筹到的大额资金。

(三)融资租赁筹资

1. 定义

融资租赁是企业需要添置设备时，不是立即筹资购置而是委托租赁公司根据企业的需要代为购置然后以租赁的方式租赁过来，从而实现融资的目的。企业在获得资产使用权的同时，必须按期支付一定的租金作为使用该项资产的费用。融资租赁实质也是一种负债筹资，它可使企业获得相当于租入固定资产的全额贷款。

融资租赁租金的影响因素如图 4—2 所示。

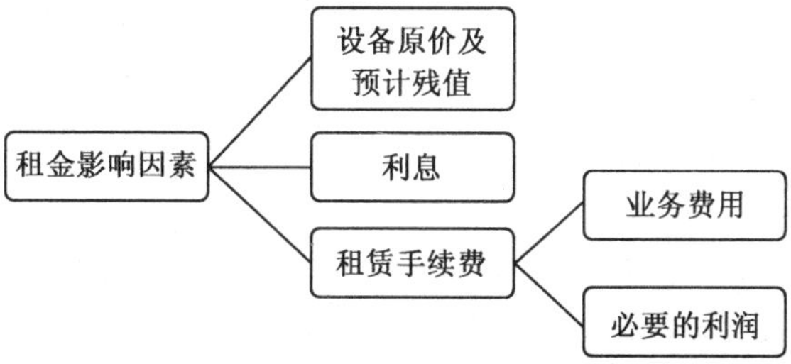


**图 4—2　融资租赁租金的影响因素**

2. 租赁的基本特征

(1)所有权与使用权相分离。

租赁资产的所有权与使用权分离是租赁的主要特点之一。银行信用虽然也是所有权与使用权相分离，但载体是货币资金，租赁则是资金与实物相结合基础上的分离。

(2)融资与融物相结合。

租赁是以商品形态与货币形态相结合提供的信用活动，出租人在向企业出租资产的同时，解决了企业的资金需求，具有信用和贸易双重性质。它不同于一般的借钱还钱、借物还物的信用形式，而是借物还钱，并以分期支付租金的方式来体现。租赁具有银行信贷和财产信贷融合在一起的特点，成为企业融资的一种新形式。

(3)租金的分期支付。

在租金的偿还方式上，租金与银行信用到期还本付息不一样，采取了分期回流的方式。出租方的资金一次投入，分期收回。对于承租方而言，通过租赁可以提前获得资产的使用价值，分期支付租金便于分期规划未来的现金流出量。

3. 租赁的分类

租赁分为融资租赁和经营租赁。

经营租赁是由租赁公司向承租单位在短期内提供设备,并提供维修、保养、人员培训等的一种服务性业务,又称服务性租赁。经营租赁的主要特点是:(1)出租的设备一般由租赁公司根据市场需要选定,然后再寻找承租企业。(2)租赁期较短,短于资产的有效使用期,在合理的限制条件内承租企业可以中途解约。(3)租赁设备的维修、保养由租赁公司负责。(4)租赁期满或合同中止以后,出租资产由租赁公司收回。经营租赁比较适用于租用技术过时较快的生产设备。

融资租赁是由租赁公司按承租单位要求出资购买设备,在较长的合同期内提供给承租单位使用的融资信用业务,它是以融通资金为主要目的的租赁。融资租赁的主要特点是:(1)出租的设备由承租企业提出要求购买,或者由承租企业直接从制造商或销售商那里选定。(2)租赁期较长,接近于资产的有效使用期,在租赁期间双方无权取消合同。(3)由承租企业负责设备的维修、保养。(4)租赁期满,按事先约定的方法处理设备,包括退还租赁公司,或继续租赁,或企业留购。通常采用企业留购办法,即以很少的"名义价格"(相当于设备残值)买下设备。

4. 融资租赁的优缺点

优点:

(1)迅速获得所需资产。租赁是一种兼融资和融物于一体的筹资方式,相当于在取得购买资产所需资金的同时立即用这笔钱购买了资产。

(2)限制少,灵活性强。企业运用股票、债券、长期借款等筹资方式都受到很多条件的限制,相比之下,融资租赁的限制条件较少。

(3)租金固定,可以获得杠杆效应。

(4)租金费用可以在税前抵扣,承租企业可以享受一定的避税收益。

(5)免遭设备陈旧过时的风险。

缺点:

(1)融资租赁的主要缺点是筹资成本高,租金总额通常要高于设备价值,不仅包括租赁资产的购买成本和出租人购入资产时的借款利息,还应包括作为出租人收益的手续费。

(2)在发生通货膨胀时企业也将失去资产增值的好处。

5. 融资租赁的基本程序

(1)选择租赁公司,提出委托申请。当企业决定采用融资租赁方式以获取某项设备时,需要了解各个租赁公司的资信情况、融资条件和租赁费率等,分析比较选定一家作为出租单位。然后,向租赁公司申请办理融资租赁。

(2)签订购货协议。由承租企业和租赁公司中的一方或双方,与选定的设备供应厂商进行购买设备的技术谈判和商务谈判,在此基础上与设备供应厂商签订购货协议。

(3)签订租赁合同。承租企业与租赁公司签订租赁设备的合同,如需要进口设备,还应办理设备进口手续。租赁合同是租赁业务的重要文件,具有法律效力。融资租赁合同的内容可分为一般条款和特殊条款两部分。

(4)交货验收。设备供应厂商将设备发运到指定地点,承租企业要办理验收手续。验收合格后签发交货及验收证书交给租赁公司,作为其支付货款的依据。

(5)定期交付租金。承租企业按租赁合同规定,分期缴纳租金,这也就是承租企业对所筹资金的分期还款。

(6)合同期满处理设备。承租企业根据合同约定，对设备续租、退租或留购。

6. 融资租赁的基本形式

(1)直接租赁。直接租赁是融资租赁的主要形式，承租方提出租赁申请时，出租方按照承租方的要求选购，然后再出租给承租方。

(2)售后回租。售后回租是指承租方由于急需资金等各种原因，将自己资产售给出租方，然后以租赁的形式从出租方原封不动地租回资产的使用权。在这种租赁合同中，除资产所有者的名义改变之外，其余情况均无变化。

(3)杠杆租赁。杠杆租赁是指涉及承租人、出租人和资金出借人三方的融资租赁业务。一般来说，当所涉及的资产价值昂贵时，出租方自己只投入部分资金，通常为资产价值的20%～40%，其余资金则通过将该资产抵押担保的方式，向第三方(通常为银行)申请贷款解决。租赁公司然后将购进的设备出租给承租方，用收取的租金偿还贷款，该资产的所有权属于出租方。出租人既是债权人也是债务人，如果出租人到期不能按期偿还借款，资产所有权则转移给资金的出借者。

**[例4—4]** 从出租人角度看，杠杆租赁与直接租赁并无区别。　(　　)

【答案】 ×

【解析】 杠杆租赁涉及承租人、出租人和资金出借人三方当事人，从承租人角度看，这种租赁与直接租赁并无区别，但对出租人却不同。杠杆租赁中，出租人只出购买资产所需的部分资金，既是出租人又是借款人，同时拥有对资产所有权，既收租金，又偿还债务。

7. 融资租赁租金的计算

(1)租金的构成。融资租赁每期租金的多少，取决于以下几项因素：①设备原价及预计残值，包括设备买价、运输费、安装调试费、保险费等，以及该设备租赁期满后，出售可得的市价。②利息，指租赁公司为承租企业购置设备垫付资金所应支付的利息。③租赁手续费，指租赁公司承办租赁设备所发生的业务费用和必要的利润。

(2)租金的支付方式。租金的支付方式有以下几种分类方式：①按支付间隔期长短，分为年付、半年付、季付和月付等方式。②按在期初和期末支付，分为先付和后付。③按每次支付额，分为等额支付和不等额支付。实务中，承租企业与租赁公司商定的租金支付方式，大多为后付等额年金。

(3)租金的计算。我国融资租赁实务中，租金的计算大多采用等额年金法。等额年金法下，通常要根据利率和租赁手续费率确定一个租费率，作为折现率。

**(四)短期借款筹资**

短期借款是指企业向银行或其他非银行金融机构借入的、需要还本付息的、偿还期限不足1年的借款，主要用于企业满足流动资金周转的需要。

1. 短期借款的特点

向银行借款，有以下的优点：(1)筹资速度快。企业向银行借款，只要符合一定的条件，就可以迅速获得所需资金。(2)资金成本低。利用银行借款筹集资金，利息可以税前支付，税前利润减少，应交的所得税也就减少，而且借款利率也较低。(3)借款弹性好。企业与银行可以直接接触，可通过直接商议来确定借款时间、数量和利息。在借款期间，如果企业经营状况发生变化，也可与银行协商，修改借款的数量和条件。

但是小企业在银行借款方面往往存在着种种限制，也存在着固有的局限性：(1)借款条件高。要获得银行借款,企业必须要有良好的信用保证。当前银行大幅度减少信用贷款数量,绝大部分贷款都需要抵押或担保,小企业资产较少,很难有足够的抵押品。(2)财务风险高。银行借款有固定的还本付息期限,企业到期必须足额支付,小企业经营状况不佳时,无力归还借款,滞纳金和利息往往使企业负担不起。

2. 银行借款的程序

(1)提出申请,银行审批。企业根据筹资需求向银行书面申请,按银行要求的条件和内容填报借款申请书。银行按照有关政策和贷款条件,对借款企业进行信用审查,依据审批权限,核准公司申请的借款金额和用款计划。银行审查的主要内容是:公司的财务状况;信用情况;盈利的稳定性;发展前景;借款投资项目的可行性;抵押品和担保情况。

(2)签订合同,取得借款。借款申请获批准后,银行与企业进一步协商贷款的具体条件,签订正式的借款合同,规定贷款的数额、利率、期限和一些约束性条款。借款合同签订后,企业在核定的贷款指标范围内,根据用款计划和实际需要,一次或分次将贷款转入公司的存款结算户,以便使用。

(五)商业信用筹资

1. 定义

商业信用是指商品交易中的延期付款或延期交货所形成的借贷关系,是企业之间相互提供的,与商品交易直接相联系的信用行为。对筹资企业来说,商业信用包括赊购商品、商业承兑汇票、预收货款等几种方式。

(1)应付账款。应付账款是供应商给企业提供的商业信用。由于购买者往往在到货一段时间后才付款,商业信用就成为企业短期资金来源。当企业扩大生产规模,其进货和应付账款相应增长,商业信用就提供了增产需要的部分资金。

商业信用条件常包括以下两种:①有信用期,但无现金折扣。如“N/30”表示30天内按发票金额全数支付。②有信用期和现金折扣,如“2/10,N/30”表示10天内付款享受现金折扣2%,若买方放弃折扣,30天内必须付清款项。

供应商在信用条件中规定有现金折扣,目的主要在于加速资金回收。企业在决定是否享受现金折扣时,应仔细考虑。通常,放弃现金折扣的成本是高昂的。

(2)应付票据。应付票据是指企业在商品购销活动和对工程价款进行结算中,因采用商业汇票结算方式而产生的商业信用。商业汇票是指由付款人或存款人(或承兑申请人)签发,由承兑人承兑,并于到期日向收款人或被背书人支付款项的一种票据,它包括商业承兑汇票和银行承兑汇票。应付票据按是否带息分为带息应付票据和不带息应付票据两种。

(3)预收货款。预收货款,是指销货单位按照合同和协议规定,在发出货物之前向购货单位预先收取部分或全部货款的信用行为。购买单位对于紧俏商品往往乐于采用这种方式购货;销货方对于生产周期长,造价较高的商品,往往采用预收货款方式销货,以缓和本企业资金占用过多的矛盾。

(4)应计未付款。应计未付款是企业在生产经营和利润分配过程中已经计提但尚未以货币支付的款项。主要包括应付工资、应交税金、应付利润或应付股利等。以应付工资为例,企业通常以半月或月为单位支付工资,在应付工资已计但未付的这段时间,就会形成应计未付款。它相当于职工给企业的一个信用。应交税金、应付利润或应付股利也有类似的性质。应计未付款随着企业规模的扩大而增加,企业使用这些自然形成的资金无需付出任何代价。但企业不是总能控制这些款项,因为其支付是有一定时间的,企业不能总拖欠这些款项。所以,企业尽管可以充分利用应计未付款，但并不能控制这些账目的水平。

2. 商业信用决策原则

$$放弃现金折扣的机会成本=\frac{折扣百分比}{(1-折扣百分比)\times 360/(信用期-折扣期)}$$

【公式含义分析】某企业赊购商品 100 万元，卖方提出付款条件“2/10，*n*/30”。

若在折扣期内付款(即选择第 10 天付款)，则需要付 100×(1－2%)＝98 万元；

若放弃现金折扣(即选择第 30 天付款)，则需要付 100 万元，这相当于占用 100×(1－2%)＝98 万元的资金 20 天，付出了 100×2%＝2 万元的代价。

放弃现金折扣的成本率＝资金占用费/资金占用额＝(100×2%)÷[100×(1－2%)]

注意，这样计算出的成本率是 20 天(信用期－折扣期)的成本率，而一般所谓的成本率都是指年成本率，所以，需要进行调整。调整的方法，就是将以上计算出的 20 天的成本率除以 20，先得出天成本率，然后，再乘以每年的天数 360。综合起来，就是乘以 360/20。

放弃现金折扣的成本率＝(100×2%)÷[100×(1－2%)]×360/20

＝2%÷(1－2%)×360÷20＝36.7%

由此可以得出放弃现金折扣成本率的计算公式如下：

$$放弃现金折扣成本=\frac{折扣百分比}{1-折扣百分比}\times\frac{360}{折扣期-信用期}$$

决策原则：

(1)如果能以低于放弃折扣的隐含利息成本(即放弃现金折扣成本)的利率借入资金，便应在现金折扣期内用借入的资金支付货款，享受现金折扣。

(2)如果折扣期内将应付账款用于短期投资，所得的投资收益率高于放弃折扣的隐含利息成本，则应放弃折扣而去追求更高的收益。

(3)如果企业因缺乏资金而欲展延付款期，则需在降低了的放弃折扣成本与展延付款带来的损失之间做出选择。

(4)如果面对两家以上提供不同信用条件的卖方，应通过衡量放弃折扣成本的大小，选择信用成本最小(或所获利益最大)的一家。

**[例 4－5]**　某企业按(2/10，*n*/40)的条件购入一批货物，即企业如果在 10 日内付款，可享受 2%的现金折扣；倘若企业放弃现金折扣，贷款应在 40 天内付清。

要求：(1)计算企业放弃该项现金折扣的成本。(2)若另一家供应商提出(1/20，n/40)的信用条件，计算放弃折扣的成本。若企业准备享受现金折扣，选择哪一家供应商有利？

【解析】　(1)企业放弃该项现金折扣的成本＝[2%/(1－2%)]×[360/(40－10)]×100%＝24.49%

(2)企业放弃该项现金折扣的成本＝[1%/(1－1%)]×[360/(40－20)]×100%＝18.18%

如果企业准备享受现金折扣应当选择放弃现金折扣的成本高的一家(本题中即是选择放弃现金折扣成本为 24.49%的一家)。

3. 商业信用筹资的优缺点

优点：

(1)商业信用非常方便。

(2)如果没有现金折扣，或企业不放弃现金折扣，则利用商业信用筹资没有实际成本。

(3)限制少。与其他负债筹资方式相比,限制条件较少,有时甚至根本没有限制。

缺点:

(1)商业信用规模的局限性。受个别企业商品数量和规模的影响。

(2)商业信用方向的局限性。一般是由卖方提供给买方,受商品流转方向的限制。

(3)商业信用期限的局限性。受生产和商品流转周期的限制,一般只能是短期信用。

(4)商业信用授信对象的局限性。一般局限在企业之间。

(5)它还具有分散性和不稳定性等缺点。

(六)政府扶持资金和财政补贴

我国在严格划分财政资金和银行资金的前提下,根据明确的社会目标和财政资金的用途设立两类专项基金:一类鼓励科技创新和失业人口的创业,例如,政府对专项科技成果的采购基金、教育和科研基金、失业人口和小企业的创业基金;另一类帮助降低市场风险,例如,农业风险补偿基金、特殊行业的再保险基金等。这些基金可以循环使用,大部分属于一次性补贴。设立专项基金有严格的管理要求,需要在基金设立之前先行明确资金拨付的数量、用途、对象、支付方式和补贴方式、拨付项目的资格标准、审批、监督以及管理机构的职责。

财政补贴是政府为使小企业在国民经济及社会的某些方面充分发挥作用而给予的财政援助。财政补贴的应用环节是鼓励小企业吸纳就业,促进小企业科技进步和鼓励小企业出口等。主要补贴类型有就业补贴、研究和开发补贴、出口补贴等。

对于小企业来说,除了上述六种传统筹资方式外,还有其他筹资方式。比如民间借贷、股权质押、应收票据贴现、应收账款让售、典当融资、代销商品和来料加工等。

## 三、企业不同发展阶段的融资策略与融资方式

企业生命周期阶段可分为初创阶段、成长阶段、成熟阶段和衰退阶段。企业的融资发展将视所处的生命周期阶段而有所侧重,应当充分考虑企业所处的发展阶段及现有资源和能力,合理进行融资规划,正确认识、分析和评价公司目前所处的优势和存在的问题,选择适宜公司实际情况的融资渠道和融资方式组合,以最优的结构达到成本和风险都相对较小的融资组合。

(一)初创阶段(亏损阶段)

该阶段企业侧重于生存,强调技术与市场、资本相结合:由于市场需求狭小,生产规模有限,难以承担高额负债成本,因此十分重视自有资本的积累,避免过度负债经营,主要依靠内源融资来积累资金追加投资、扩大生产规模。

"企业创立之初,势单增势,缺衣找衣",增势就是拉人入伙,合伙制可以作为企业创业之初的一种选择,将有资金的人拉入伙;找衣就是根据自己拥有的资产,用资产换钱,初创企业拥有的资产主要包括股权、技术专利以及部分设备等,可以通过股权融资、专利转让以及抵押贷款的方式进行融资。

(二)成长阶段(亏损或微利)

这是企业做大、做强的关键阶段,是企业的青春期。显著特征是企业行为缺乏连续性,需引入公司治理机制,企业的资金运营通常表现为民间借贷融资、典当融资为应付款融资或贸易融资、创业板融资。其中债务融资成为首选。该阶段企业的重点在于防止出现创业者陷阱或家族陷阱,侧重于制度建设;随着生产规模的逐步加大,内源融资无法满足企业生产经营需要,外源融资则成为企业扩张的主要融资手段。在外源融资中,权益融资有一定困难,由于发行成本较高,市场监管严格,同时有曝光企业经营负面信息的风险,股票和新发股票的估价受

外在环境影响被低估的风险，及资本市场高门槛的准入制度。银行借款等债务融资成本由于低于股权融资成本，成为中小企业首选的融资方式。

如果这个时期的企业已经有了稳定收入，但是还没有到达盈亏平衡点实现盈利，同时对资金需要同样非常迫切，则企业必须扩大规模以及营销宣传，以尽快实现盈利。当已经拥有了应收账款，可以考虑债务融资，如银行贷款、债务抵押等方式。根据投融界经验，企业处于这一阶段时间不会太久，通过增加销售收入或者减少成本开支，企业在一两年时间以内都会度过这一阶段。

这一阶段已经实现盈利的企业或者项目，可以将融资的方向锁定在风险投资上，因为进入盈利期有较好成长性的企业对风险投资具有极强的吸引力；而优质风险投资带给企业的不仅仅有资金，还有管理经验以及良好的企业治理结构。不过，这一时期的企业已经拥有了自主选择资金的能力和话语权，所以在选择风险投资的时候，也要注意企业控制权的问题。

（三）成熟阶段（盈利阶段，又称鼎盛期或稳定期）

这个时期企业财务管理有条不紊，企业的自控力和灵活性达到平衡，为生命线中最理想的点。这时期的融资通常为银行贷款融资，银行贷款是企业资金来源的最重要渠道。这个阶段企业实现盈利，有了自己的盈利模式，有了自我积累能力，获得银行贷款会更加容易。但企业盈利之后，跟随者和模仿者将会增多，企业将会面临激烈乃至残酷的竞争，如果仅依靠银行贷款，企业无法与竞争者拉开差距，此时企业不仅要考虑如何获得资金，还要考虑资金的进入是否有利于企业竞争力的提升和公司的股权结构风险。

在这个阶段已经有了负债的企业，较高的资产负债率使企业承担了较高的债务融资风险，其融资过程受到瓶颈制约。且进入成熟期的企业其财务记录和信用制度趋于完备，逐步具备了进入资本市场公开发行证券的有利条件。因此，企业主要依靠发行股票等方式进行股权融资。

由于有银行资金或者风险投资资金的进入，企业的运营将会进一步规范。风险投资为了寻求更高的收益，可能会要求企业进行更大规模的市场扩展或者产能扩张，即使这类要求不是来自于风险投资，也是企业发展内在的要求。为了补充企业扩张的资金，企业此时或许会进行B轮融资。B轮融资可以来自公司老股东的投资，也可以引入新的投资者。

根据投融界的观察，国内的企业，在私募市场进行融资，大多都止步于两轮融资，个别企业或许还会进行C轮融资，很少企业会进行四轮融资，因为轮番的融资，可能会让初始投资人失去耐心，反而造成公司股权的不稳定。

以上第二和第三这两个阶段，就是Pre-IPO阶段，也是PE/VC进入的阶段。而PE/VC的目标，就是企业的成功IPO。在企业IPO之后，部分PE/VC可能会退出，而部分机构可能会继续持有公司股份，待价而沽。

企业顺利实现IPO之后，融资渠道进一步拓宽。常规的融资方法有抵押贷款，包括股权抵押、债权抵押、固定资产抵押等。上市的企业尤其应该重视借助资本市场进行融资，例如通过增发、配股以及发行企业债等方式进行融资。公开市场融资与私募市场融资，具有融资成本低、融资额度大等特点。

（四）衰退阶段

企业侧重在创新，提高企业的反应能力和产品更新换代能力。在投融界看来，处于衰退期或者资金紧张的企业，公司的资金运转产生的效益无法满足所需的现金流，向银行贷款财务状况不能满足要求，可以通过转让股权、设备抵押、债务转让等方式进行融资。由于此时企业在融资上的话语权较弱，所以融资的难度较大，并且成本较高。

初入衰退期的企业，处于衰退生命周期中第一个衰老阶段。如果企业有稳定的市场份额，组织良好，资金较充裕，为扩大生产，比较适合的融资方式是应收账款融资。

衰退阶段资金充裕的企业(也称贵族企业)，比较注重短期目标，资金运转中杠杆收购比较多。

企业如果不能令客户满意，而是死气沉沉，文牍现象严重，可控力丧失，对外投资通常失败。

(五)二次创业

企业应及早从原有领域战略性撤退，开辟新的领域，进行二次创业，或进行渐进型变革与创新性变革，以使技术进步和产品创新不断地进行下去，进入新一轮的创业与创新循环之中。但这是更高层次上的创业，企业已不像原来创业时那么举步维艰了，市场形象与资金均已有了一定的积累，有些企业已到了向大中型企业迈进、更上一个台阶的时候。企业二次创业以自我积累、吸收直接投资为较佳选择。资金量较小、风险较低的项目以自我投资为主，资金量巨大、风险较大但前景较好或不适合独资运作的项目，应与其他投资者共同投资组成新的项目公司进行二次创业。

## 四、中小企业融资难分析

我国中小企业筹资难的现状是由各方面的因素造成的，主要有：

1. 信用观念淡薄，信用等级偏低

我国的小企业信用等级普遍偏低。许多小企业不能列入银行信贷支持的行列。部分企业多开户头，多头贷款，银行和企业之间的信息不对称，银行无法有效监督小企业的资金使用情况。一些小企业通过制造虚假的交易合同、资产证明等套取银行的信贷资金的行为常有发生，再以不规范的资产评估、资本运作、破产、改制等手段逃避银行债务，给银行造成巨大损失。

2. 治理结构混乱，财务核算不规范

很多小企业都是家族化管理模式，大部分采用个人业主制和合伙制，缺乏完善的法人治理结构。同时，企业财务制度不健全，内控制度不完善，没有专业的财务人员，缺乏详细的资产负债信息与其他财务信息，会计信息失真，财务报表缺乏可靠性，银行无法有效地通过财务报表分析掌握企业的资金运用状况。

3. 缺乏现代经营管理理念，经营风险高

随着企业的发展，创业初期使用的传统经营管理方式已经跟不上企业的发展步伐。部分小企业仍存在着法人治理结构不完善、经营管理能力不强、产品技术含量低、企业抗风险能力弱等问题，缺乏可持续发展能力。

4. 缺少可供担保抵押的财产，融资成本高

小企业的资产结构中固定资产比例小，缺乏可以作为抵押的不动产，风险大，难以满足金融机构的放贷要求。

5. 信息不对称，加大融资难度

小企业融资过程中信息不对称问题比较严重。经营规模小，其经营活动状况外界不易了解，加剧了小企业融资信息不对称的程度，银行承担了过多的风险，缺乏为小企业提供更多融资服务的动力，加大了融资难度。

6. 企业所有权、经营权模糊，法人财产权落实难

某些国有或集体性质的小企业内部存在着很大的管理缺位，行政职能和资产管理职能不分，存在政府和企业的职责模糊的现象。

7. 相关法律制度缺位，正常的市场秩序难以建立

缺少配套法规条例的细化，加剧小企业融资问题的难度。

## 第四节 资本成本

资本成本是衡量资本结构优化程度的标准，也是对投资获得经济效益的最低要求。

### 一、资本成本的含义

资本成本是指企业为筹集和使用资本而付出的代价，包括筹资费用和占用费用。

1. 筹资费

筹资费，是指企业在资本筹措过程中为获取资本而付出的代价，如向银行支付的借款手续费，因发行股票、公司债券而支付的发行费等。筹资费用通常在资本筹集时一次性发生，在资本使用过程中不再发生，因此，视为筹资数额的一项扣除。

2. 占用费

占用费，是指企业在资本使用过程中因占用资本而付出的代价，如向银行等债权人支付的利息，向股东支付的股利等。占用费用是因为占用了他人资金而必须支付的，是资本成本的主要内容。

### 二、资本成本的作用

(1)资本成本是比较筹资方式、选择筹资方案的依据。在其他条件相同时，企业筹资应选择资本成本最低的方式。

(2)平均资本成本是衡量资本结构是否合理的依据。

(3)资本成本是评价投资项目可行性的主要标准。资本成本通常用相对数表示，它是企业对投入资本所要求的报酬率(或收益率)，即最低必要报酬率。

(4)资本成本是评价企业整体业绩的重要依据。

### 三、影响资本成本的因素

影响资本成本的因素包括总体经济环境、资本市场条件、企业经营状况和融资状况、企业对筹资规模和时限的需求等。

1. 总体经济环境

一个国家或地区的总体经济环境状况，表现在国民经济发展水平、预期的通货膨胀等方面，这些都会对企业筹资的资本成本产生影响。如果国民经济保持健康、稳定、持续增长，整个社会经济的资金供给和需求相对均衡且通货膨胀水平低，资金所有者投资的风险小，预期报酬率低，筹资的资本成本率相应就比较低。相反，如果经济过热，通货膨胀持续居高不下，投资者投资的风险大，预期报酬率高，筹资的资本成本率就高。

2. 资本市场条件

资本市场条件包括资本市场的效率和风险。如果资本市场缺乏效率，证券的市场流动性

低，投资者投资风险大，要求预期报酬率高，那么通过资本市场融通的资本其成本水平就比较高。

3. 企业经营状况和融资状况

企业的经营风险和财务风险共同构成企业总体风险，如果企业经营风险高，财务风险大，则企业总体风险水平高，投资者要求预期报酬率高，企业筹资的资本成本相应就大。

4. 企业对筹资规模和时限的需求

在一定时期内，国民经济体系中资金供给总量是一定的，资本是一种稀缺资源。因此企业一次性需要筹集的资金规模大、占用资金时限长，资本成本就高。当然，融资规模、时限与资本成本的正向相关性并非线性关系，一般来说，融资规模在一定限度内，并不引起资本成本的明显变化，当融资规模突破一定限度时，才引起资本成本的明显变化。

## 四、个别资本成本

1. 银行借款资本成本一般模式

为了便于分析比较，资本成本通常用不考虑货币时间价值的一般通用模型计算。计算时，将初期的筹资费用作为筹资额的一项扣除，扣除筹资费用后的筹资额称为筹资净额，一般模式通用的计算公式是：

$$资本成本率=年资金占用费/(筹资总额-筹资费用)$$

$$银行借款资本成本率=\frac{借款额\times 年利率\times(1-所得税税率)}{借款额\times(1-手续费率)}$$

$$=\frac{年利率\times(1-所得税税率)}{1-手续费率}$$

2. 公司债券资本成本一般模式

$$公司债券资本成本率=\frac{年利息\times(1-所得税税率)}{债券筹资总额\times 1-手续费率}$$

以上两种资本成本的计算可以用一般模式也可以用折现模式。

**[例 4-6]** 某公司拟发行 5 年期债券进行筹资，债券票面金额为1 000元，票面利率为12%，当时市场利率为 12%，计算以下两种情况下该公司债券发行价格应为多少。

(1)单利计息，到期一次还本付息；

(2)每年复利一次，到期一次还本付息。

【答案】 (1)债券发行价格=1 000×(1+12%×5)×($P/F$,12%,5)=907.84(元)

(2)债券发行价格=1 000×12%×($P/A$,12%,5)+1 000×($P/F$,12%,5)=1 000(元)

【解析】 注意：

(1)“单利计息”是针对“利息”的计算而言的，只影响利息的数值，与“折现方法”无关。

(2)如果没有特殊说明，则计算债券发行价格时一律按照“复利折现”的方法计算。所以，第(1)问的计算公式为1 000×(1+12%×5)×($P/F$,12%,5)，而不是1 000×(1+12%×5)/(1+12%×5)。

3. 普通股资本成本贴现模式

对于金额大、时间超过 1 年的长期资本，更准确一些的资本成本计算方式是采用折现模式，即将债务未来还本付息或股权未来股利分红的折现值与目前筹资净额相等时的折现率作为资本成本率。

4. 留存收益资本成本

留存收益是由企业税后净利润形成的，是一种所有者权益，其实质是所有者向企业的追加投资。企业利用留存收益筹资无需发生筹资费用。如果企业将留存收益用于再投资，所获得的收益率低于股东自己进行一项风险相似的投资项目的收益率，企业就应该将其分配给股东。留存收益的资本成本率，表现为股东追加投资要求的报酬率，其计算与普通股成本相同，也分为股利增长模型法和资本资产定价模型法，不同点在于不考虑筹资费用。

## 五、平均资本成本

平均资本成本，是以各项个别资本占企业总资本的比重为权数，对各项个别资本成本率进行加权平均而得到的总资本成本率。其计算公式为：

$$k_w = \sum_{j=1}^{n} k_j w_j$$

在计算时，权数的取法有三种：账面价值权数(反映过去的资本结构)、市场价值权数(反映现在的资本结构)、目标价值权数(体现期望的资本结构)。

## 六、边际资本成本

边际资本成本是企业追加筹资的成本。企业的个别资本成本和平均资本成本，是企业过去筹集的单项资本的成本或目前使用全部资本的成本。然而，企业在追加筹资时，不能仅仅考虑目前所使用资本的成本，还要考虑新筹集资金的成本，即边际资本成本。边际资本成本，是企业进行追加筹资的决策依据。筹资方案组合时，边际资本成本的权数采用目标价值权数。

## 七、杠杆效应

财务管理中的杠杆效应，是指由于特定固定支出或费用，当某一财务变量以较小幅度变动时，另一相关财务变量会以较大幅度变动的现象。它包括经营杠杆、财务杠杆和总杠杆三种形式。

(一)经营杠杆效应

1. 经营杠杆

经营杠杆(DOL)的定义公式为：

$$\text{经营杠杆系数} = \frac{\text{息税前利润变动率}}{\text{产销变动率}}$$

简化公式为：

$$\text{报告期经营杠杆系数} = \frac{\text{基期边际贡献}}{\text{基期息税前利润}}$$

采用简化公式计算某一年的经营杠杆系数，应用的是上一年的数据。

2. 经营杠杆与经营风险

经营风险指企业由于生产经营上的原因而导致的资产报酬波动的风险。引起企业经营风险的主要原因是市场需求和生产成本的不确定性，经营杠杆本身并不是资产报酬不确定的根源，只是资产报酬波动的表现。

经营杠杆系数最低为1，不会为负数，只要有固定性经营成本存在，经营杠杆系数总是大于1。

固定成本比重越高、成本水平越高、产品销售数量和销售价格水平越低，经营杠杆效应越大，反之亦然。

（二）财务杠杆效应

1. 财务杠杆

财务杠杆（DFL）定义公式为：

$$财务杠杆系数=\frac{每股收益增长率}{息税前利润增长率}$$

简化公式为：

$$财务杠杆系数(DFL)=\frac{基期息税前利润}{基期息税前利润-基期利息}$$

**［例4—7］** 关于财务杠杆系数的表述，正确的是（　　）。

A. 在其他条件不变的情况下，债务比率越高，财务杠杆系数越大

B. 财务杠杆系数越大，财务风险也就越大

C. 财务杠杆系数与资金结构无关

D. 财务杠杆系数可以反映息税前盈余随每股盈余的变动而变动的幅度

【答案】 AB

【解析】 财务风险是指全部资本中债务资本比率的变化带来的风险。财务杠杆系数受资金结构的影响，故C错误。财务杠杆系数说明的是息税前盈余增长引起的每股盈余的增长幅度，故D错误。

2. 财务杠杆与财务风险

财务风险是指企业由于筹资原因产生的资本成本负担而导致的普通股收益波动的风险。财务杠杆放大了资产报酬变化对普通股收益的影响，财务杠杆系数越高，表明普通股收益的波动程度越大，财务风险也就越大。只要有固定性资本成本存在，财务杠杆系数就总是大于1。

影响财务杠杆的因素包括：企业资本结构中债务资本比重；普通股收益水平；所得税税率水平。债务成本比重越高、固定的资本成本支付额越高、息税前利润水平越低，财务杠杆效应越大，反之亦然。

**［例4—8］** 某企业经营杠杆系数为2，财务杠杆系数为3，则下列说法正确的有（　　）。

A. 如果销售量增加10%，息税前利润将增加20%

B. 如果息税前利润增加20%，每股利润将增加60%

C. 如果销售量增加10%，每股利润将增加60%

D. 如果每股利润增加30%，销售量将增加5%

【答案】 ABCD

（三）总杠杆效应

1. 总杠杆

总杠杆，是指由于固定经营成本和固定资本成本的存在，导致普通股每股收益变动率大于产销业务量变动率的现象。

2. 总杠杆系数

总杠杆定义公式为：

$$总杠杆系数(DCL)=\frac{普通股每股收益变动率(EPS)}{产销量变动率}$$

简化公式为：

$$DCL = DOL \times DFL$$

3. 总杠杆与公司风险

总杠杆系数越大，公司总风险越大。总风险包括经营风险和财务风险。

**［例 4—9］** 在边际贡献大于固定成本的情况下，下列措施中有利于降低企业整体风险的有（　　）。

A. 增加产品销量　　　　B. 提高产品单价

C. 提高资产负债率　　　　D. 节约固定成本支出

【答案】 ABD

【解析】 衡量企业整体风险的指标是总杠杆系数，总杠杆系数＝经营杠杆系数×财务杠杆系数，在边际贡献大于固定成本的情况下，选项 A、B、D 均可以导致经营杠杆系数和财务杠杆系数降低，总杠杆系数降低，从而降低企业整体风险；选项 C 会导致财务杠杆系数增加，总杠杆系数变大，从而提高企业整体风险。

4. 经营风险与财务风险的反向搭配

应用之一：

(1)固定资产比重较大的资本密集型企业，经营杠杆系数高，经营风险大，企业筹资主要依靠权益资本，以保持较小的财务杠杆系数和财务风险；

(2)变动成本比重较大的劳动密集型企业，经营杠杆系数较低，经营风险小，企业筹资主要依靠债务资本，保持较大的财务杠杆系数和财务风险。

应用之二：

(1)企业处于初创阶段，产销业务量小，经营杠杆系数大，此时企业筹资主要依靠权益资本，在较低程度上使用财务杠杆；

(2)企业处于扩张成熟期，产销业务量大，经营杠杆系数小，此时资本结构中可扩大债务资本，在较高程度上使用财务杠杆。

### 主要概念

筹资资金的原则　筹集资金的方式　股票上市条件　债券筹资条件　短期借款方式
融资租赁　商业信用决策原则　现金折扣　融资策略　个别资本成本
综合资本成本　经营杠杆　财务杠杆　总杠杆　高低点法　销售百分比法

## 课后习题

### 一、判断题

1. 直接融资是指从银行及非银行金融机构借贷的信贷资金。　（　　）

2. 国内外企业、团体、个人的资金不属于融资渠道。　（　　）

3. 政府资金，包括财政预算内及预算外的资金，可能是无偿的。　（　　）

4. 非银行金融机构，包括信托投资公司、投资基金公司、风险投资公司、保险公司、租赁公司。　（　　）

5. 外国政府资金可能以贷款或赠款方式提供。（ ）

6. 公司不承担债务偿还责任。（ ）

7. 中小企业不适宜在公开资本市场融资。（ ）

8. 非公开资本市场对中小企业融资具有重要作用。（ ）

9. 创业板市场对中小企业具有极重要的作用，因此，所有中小企业都要尽一切可能在创业板上市。（ ）

10. 企业融资期限越长，采用融资租赁要比银行贷款划算。（ ）

## 二、单项选择题

1. 金融市场根据融资对象/工具划分为（ ）。

A. 货币市场与资本市场　B. 有形市场与无形市场

C. 发行市场与流通市场　D. 资本市场、外汇市场与黄金市场

2. 按照融资主体，融资方式分为（ ）。

A. 内源与外源融资　B. 直接融资与间接融资

C. 股权融资与债权融资　D. 风险融资、产业融资与资本融资

3. 长期资金的筹集方式主要应该以（ ）为主，（ ）为辅。

A. 股权融资 债权融资　B. 债权融资 股权融资

C. 直接融资 间接融资　D. 短期融资 长期融资

4. 政府担保下的银行信贷融资属于（ ）。

A. 股权融资　B. 政府投资　C. 间接融资　D. 风险融资

5. 下列不属于内部融资的是（ ）。

A. 集资入股　B. 内部收益留存　C. 增资扩股　D. 提取折旧

6. 根据最佳资本结构理论，能够有效利用财务杠杆，负债率较高的企业是（ ）。

A. 风险企业　B. 以有形资产为主的企业

C. 税率较低的企业　D. 处于高速成长阶段的企业

7. 我国的中央银行是（ ）。

A. 中国人民银行　B. 中国工商银行

C. 中国进出口银行　D. 中国银行

8. 我国的政策性银行是（ ）。

A. 中国人民银行　B. 中国工商银行

C. 中国进出口银行　D. 中国银行

9. 适合吸引风险投资的企业是（ ）。

A. 高科技中小企业　B. 制造型中小企业

C. 社区型中小企业　D. 服务性中小企业

10. 在企业资本结构理论中，认为企业的市场价值与资本结构无关的是（ ）。

A. MM的公司税模型　B. 朴素/传统资本结构理论

C. 净收益（收入）理论　D. 经营净收益（收入）理论

## 三、计算题

1. 某公司拟筹集资金2 500万元，采用三种方式：(1)发行债券1 000万元，预计筹资费率

为 2%，债券票面利率为 10%，面值发行，公司适用的所得税税率为 33%；(2)发行优先股 500 万元，年股息率 7%，预计筹资费率为 3%；(3)发行普通股1 000万元，预计筹资费率 4%，预期第 1 年股利率 10%，以后每年增长 4%。

要求：计算该筹资方案的综合资本成本。

2. A 公司需要筹集 990 万元资金，使用期 5 年，有以下两个筹资方案：

(1)甲方案：委托××证券公司公开发行债券，债券面值1 000元，承销差价（留给证券公司的发行费用）每张票据是 51.60 元，票面利率 14%，每年末付息一次，5 年到期一次还本。发行价格根据当时的预期市场利率确定。

(2)乙方案：向××银行借款，名义利率是 10%，补偿性余额为 10%，5 年后到期时一次还本并付息（单利计息）。

假设当时的预期市场利率（资金的机会成本）为 10%，不考虑所得税的影响。

要求：(1)甲方案的债券发行价格应该是多少？

(2)根据得出的价格发行债券，假设不考虑时间价值，哪个筹资方案的成本（指总的现金流出）较低？

(3)如果考虑时间价值，哪个筹资方案的成本较低？

注：补偿性余额是银行要求借款企业在银行中保留相当于借款额一定比例（10%～20%）的最低存款额。

$$\text{补偿性余额的实际利率}=\frac{\text{名义利率}}{1-\text{名义利率}-\text{补偿性余额比例}}$$

3. 企业目前拥有资本1 000万元，其结构为：债务资本比例 20%（年利息为 20 万元），普通股比例 80%（10 万股，每股面值 80 元）。现准备追加筹资 400 万元，有两种筹资方案可供选择：

(1)全部发行普通股：增发 5 万股，每股面值 80 元。(2)全部筹措长期债务：利率为 10%，利息 40 万元。企业追加筹资后息税前利润预计为 160 万元，所得税税率 25%。

要求：计算每股收益无差别点下的息税前利润、无差别点的每股收益，并做简要说明。

4. 某公司本年度只经营一种产品，息税前利润总额为 90 万元，变动成本率为 40%，债务筹资的成本总额为 40 万元，单位变动成本 100 元，销售数量10 000台。

要求：计算该公司的经营杠杆系数、财务杠杆系数和总杠杆系数。

# 第五章　投资管理

【本章知识目标】

- 了解项目投资的基本原则、分类、秩序。
- 掌握项目投资决策方法。
- 掌握证券投资决策方法。
- 了解股票投资基本方法。
- 了解投资风险的衡量和防范的基本方法。

【本章技能目标】

能够运用项目投资评级方法进行正确的投资决策。

能够做正确的证券投资决策。

能够对投资活动风险进行分析，降低风险提高报酬率。

## 第一节　投资概述

投资管理是财务管理的主要内容之一。投资决策的好坏会给整个企业的财务状况造成一系列不可低估的影响，在市场经济条件下，企业能否把筹集到的资金投放到收益高、回收快、风险小的项目上去，对企业的生存和发展是十分重要的。本章主要对投资的意义、分类、基本原则、投资程序以及投资决策中应注意的事项等作简要的介绍。

### 一、投资的概念

（一）概念

投资是指特定经济主体（包括国家、企业和个人）为了在未来可预见的时期内获得收益或使资金增值，在一定时期向一定领域的标的物投放足额的资金或实物等货币等价物的经济行为。

财务管理中投资的范围与会计上的不同，会计上：长期投资——对外长期投资；财务中，长期投资是指长期的资金占用，包含对内投资（固定资产和无形资产）和对外投资（有价证券和联营投资）。

（二）原始总投资与投资总额

原始总投资是项目完全达到设计生产能力、开展正常经营活动而投入的全部现实资金。

投资总额＝原始总投资＋建设期资本化利息

折旧按投资总额计算，即折旧的提取对象是“原始总投资与建设期资本化利息之和”。

（三）投资的意义

企业需要通过投资配置资产，才能形成生产能力，取得未来的经济利益。

1. 投资是企业生存与发展的基本前提

企业的生产经营，就是企业资产的运用和资产形态的转换过程。投资，是一种资本性支出的行为，通过投资支出，企业购建流动资产和长期资产，形成生产条件和生产能力。实际上，不论是新建一个企业，还是建造一条生产流水线，都是一种投资行为。通过投资，确立企业的经营方向，配置企业的各类资产，并将它们有机地结合起来，形成企业的综合生产经营能力。如果企业想要进军一个新兴行业，或者开发一种新产品，都需要先行进行投资。因此，投资决策的正确与否，直接关系到企业的兴衰成败。

2. 投资是获取利润的基本前提

企业投资的目的，是要通过预先垫付一定数量的货币或实物形态的资本，购建和配置形成企业的各类资产，从事某类经营活动，获取未来的经济利益。通过投资形成了生产经营能力，企业才能开展具体的经营活动，获取经营利润。那些以购买股票、证券等有价证券方式向其他单位的投资，可以通过取得股利或债息来获取投资收益，也可以通过转让证券来获取资本利得。

3. 投资是企业风险控制的重要手段

企业的经营面临着各种风险，有来自市场竞争的风险，有资金周转的风险，还有原材料涨价、费用居高等成本的风险。投资，是企业风险控制的重要手段。通过投资，可以将资金投向企业生产经营的薄弱环节，使企业的生产经营能力配套、平衡、协调。通过投资，可以实现多元化经营，将资金投放于经营相关程度较低的不同产品或不同行业，分散风险，稳定收益来源，降低资产的流动性风险、变现风险，增强资产的安全性。

## 二、投资的种类

根据管理的需要，企业投资可按不同的标准分为不同的种类。

（一）直接投资和间接投资

直接投资是指把资金直接投放于生产经营性资产，以便获得收益的投资。例如，购置设备、兴建工厂、开办商店等。间接投资主要是指购买各种有价证券等，资金所有者和资金使用者是分离的。投资者一般只有收益权，没有经营管理权（普通股股东除外），投入的资本由受资者使用。

（二）短期投资和长期投资

1. 短期投资

短期投资又称流动资产投资，是指在一年内可收回的投资，主要包括现金、应收款项、存货以及准备在短期内变现的有价证券。短期投资是指企业为保证日常生产经营活动正常进行而进行的投资，具有时间短、变现能力强、流动性大等特点。

2. 长期投资

长期投资是指一年以上才能收回的投资，主要包括机器、设备、厂房等固定资产的投资，也包括准备长期持有的有价证券投资以及对无形资产的投资。由于固定资产投资在长期投资中所占比重最大，因此，长期投资有时专指固定资产投资。企业的长期投资，尤其是固定资产投资，对企业的长期发展和长期盈利能力有着非常重要的影响。由于这类投资耗资巨大，回收期长，且难以变现，因而，未来的影响因素多，风险大。一旦投资决策失误，改变决策或消除不良决策所造成的后果的成本较高。

例如，美国福特公司在20世纪50年代曾经花费2.5亿美元研制开发了一种名为Edsel的小轿车，但推向市场后因未能为广大消费者所接受，两年多亏损了2亿美元，总计损失达4.5亿美元。幸运的是，福特公司后来设法利用生产Edsel汽车的设备生产出另一种汽车，从而避免了更大的损失。而我国许多投资项目出现严重亏损，其主要原因不在于经营管理上的损失，而在于投资项目本身先天不足，是投资决策失误造成的。由此可见，企业在进行长期投资之前，必须做好可行性研究等工作，对未来的经济环境、市场状况、资金投向、各期现金流量等做出尽可能合理的预测，以便能做出正确的决策，减少可能发生的损失。

（三）对内投资和对外投资

1. 对内投资

对内投资又称内部投资，是指企业为了保证生产经营活动的正常进行和规模的扩大，把资金投在企业内部，购置企业生产经营所需各种资产的投资活动。对内投资又可分为维持性投资和扩张性投资两大类。前者如设备的更新和大修，这类投资一般不扩大企业现有的生产规模，也不改变企业现有的生产经营方向，对企业的前途不产生重大影响。后者是企业为了今后的生存和发展而进行的投资，如增加固定资产、新产品的研制开发等，这类投资或扩大企业的生产经营规模或改变企业的生产经营方向，对企业的前途会产生较大的影响。这类投资一般数额较大，周期较长，风险也较高，因而决策时应审慎行事。

2. 对外投资

对外投资有两种：

(1)对外直接投资即直接投资于其他企业，是指企业以现金、实物或无形资产等出资形式直接投放于其他经济实体，并参与其经营活动的投资行为，属于直接投资。若接受投资的企业的效益好，出资者就可多分得一些利润；反之，效益差，出资者就要少分利润，甚至蒙受亏损。

(2)对外证券投资是指企业以购买股票、债券等有价证券方式向其他企业投资，以期获取收益或其他长远权利的投资行为，它属于间接投资。对外证券投资又可分为股票投资和债券投资两种形式：

①股票投资是指投资者购买股份公司的股票，成为其股东的投资行为。企业进行股票投资的主要目的有两种：一是通过投资获得较高的现金股利和股票升值收益，并不关心发行股票公司的生产经营状况，此时，投资与企业的长远发展没有直接的联系，投机的成分较多；一是通过股票投资成为被投资公司的长期股东，希望介入该公司的生产经营活动，甚至希望取得对该公司的控股地位，最终兼并该公司，此时的投资更多的是从企业的长远发展考虑进行的，更接近于真正的投资行为，也更符合生产经营型企业本身应有的经营原则。

②债券投资是指企业用现金购买由政府、企业、银行和其他金融机构发行的债券的一种投资行为。企业进行债券投资的目的是希望获得较高的利息收益，同时也关心债务人按时还本付息。

（四）确定型投资和风险型投资

按投资的风险程度可分为确定型投资和风险型投资。

确定型投资是指未来情况可以较为准确地预测的投资。由于风险小，未来收益较为确定，因而企业在进行此类投资决策时，可以不考虑风险问题。

风险型投资是指未来情况不确定，难以准确预测的投资。由于风险大，未来收益不确定，企业在进行此类决策时，应充分考虑到投资的风险问题，采用科学的分析方法，以做出正确的投资决策。企业的大多数战略性投资均属于风险投资。

（五）独立投资和互斥投资

独立投资是指在彼此相互独立的若干个投资方案或项目间选择进行的投资。在这种情况下，项目间不能相互取代，并且某一投资项目的收益和成本不会因其他项目的采纳与否而受到影响。对独立投资而言，若无资金总量的限制，只需评价其经济上是否可行（如内含报酬率是否大于基准收益率或资本成本率），便于决定取舍，项目可全部或部分入选。若一定时期内资金总量不足，则存在何者优先安排，何者稍后安排，但不影响各项目的最后采纳。

互斥投资又称互不相容投资，是各投资项目间有取必有舍，相互排斥，不能同时并存的投资。这类投资决策必须将所有投资方案逐个进行分析评价，并加以比较，才能做出科学的判断和选择。对互斥投资项目而言，即使每个投资项目本身从经济上评价都可行，也不能同时入选，而只能取较优者。

（六）战略性投资和战术性投资

战略性投资是指对企业全局及未来有重大影响的投资。例如，对新产品投资、转产投资、建立分公司等。

战术性投资是指不影响企业全局和前途的投资。例如，更新设备、改善工作环境、提高生产效率等的投资。

（七）生产性投资和金融性资产投资

生产性投资包括以下几种：与企业开业有关的创造性投资，如建造厂房、购置机器设备、采购原材料等；与维持企业现有经营有关的重置性投资，如更新已老化或损坏的设备进行的投资；与降低企业成本有关的重置性投资，如购置高效率设备替代低效率的设备；与现有产品和市场有关的追加性投资；与新产品和新市场有关的扩充性投资。

金融性资产投资又称证券投资，它包括政府债券、企业债券、金融债券、股票等投资。

另外，投资还可按投资主体分为个人投资、企业投资、政府投资和外商投资；也可按投资的效果分为有效投资和无效投资等。

**［例 5—1］** 企业投资按投资对象的存在形态和性质，划分为（　　）。

A. 项目投资　　B. 证券投资　　C. 发展性投资　　D. 维持性投资

## 三、投资原则

企业投资的根本目的就是获得收益，创造企业价值。企业能否实现目标，关键在于企业能否在风云变幻的市场经济条件下，抓住有利的时机，做出合理的投资决策。为此，企业在投资时必须坚持以下原则：

（一）认真进行市场调查，及时捕捉投资机会

捕捉投资机会是企业投资活动的起点，也是企业投资决策的关键。在商品经济条件下，投资机会不是固定不变的，而是不断变化的，它要受到诸多因素的影响，最主要的是受到市场需

求变化的影响。企业在投资之前，必须认真进行市场调查和市场分析，寻找最有利的投资机会。市场是不断变化、发展的，对于市场和投资机会的关系，也应从动态的角度加以把握。正是由于市场不断变化和发展，才有可能产生一个又一个新的投资机会。随着经济不断发展，人民收入水平不断增加，人们对消费的需求也就发生很大变化，无数的投资机会正是在这种变化中产生的。

（二）建立科学的投资决策程序，认真进行投资项目的可行性分析

在市场经济条件下，企业的投资决策都会面临一定的风险。为了保证投资决策的正确有效，须按科学的投资决策程序，认真进行投资项目的可行性分析。投资项目可行性分析的主要任务是对投资项目技术上的可行性和经济上的有效性进行论证，运用各种方法计算出有关指标，以便合理确定不同项目的优劣。财务部门是对企业的资金进行规划和控制的部门，财务人员必须参与投资项目的可行性分析。

（三）及时足额地筹集资金，保证投资项目的资金供应

企业的投资项目，特别是大型投资项目，建设工期长，所需资金多，一旦开工，就必须有足够的资金供应。否则，就会使工程建设中途下马，出现“半截子工程”，造成很大的损失。因此，在投资项目上马之前，必须科学预测投资所需资金的数量和时机，采用适当的方法，筹措资金，保证投资项目顺利完成，尽快产生投资收益。

（四）认真分析风险和收益的关系，适当控制企业的投资风险

收益和风险是共存的。一般而言，收益越大，风险也越大，收益的增加是以风险的增大为代价的，而风险的增加将会引起企业价值的下降，不利于财务目标的实现。企业在进行投资时，只有在收益和风险达到最好的均衡时，才有可能不断增加企业价值，实现财务管理的目标。

### 四、项目计算期

项目计算期，是指投资项目从投资建设开始到最终清理结束整个过程的全部时间，包括建设期和运营期（具体又包括投产期和达产期）。

建设期，是指项目资金正式投入开始到项目建成投产为止所需要的时间，建设期的第一年初称为建设起点（记作第 0 年），建设期的最后一年末称为投产日（记作第 $s$ 年）。在实践中，通常应参照项目建设的合理工期或项目的建设进度计划合理确定建设期。

项目计算期的最后一年年末称为终结点（记作第 $n$ 年），假定项目最终报废或清理均发生在终结点（但更新改造除外），从投产日到终结点之间的时间间隔称为运营期，又包括试产期和达产期（完全达到设计生产能力）两个阶段。试产期是指项目投入生产，但生产能力尚未完全达到设计能力时的过渡阶段。达产期，是指生产运营达到设计预期水平后的时间。运营期一般应根据项目主要设备的经济使用寿命期确定。

项目计算期（$n$）、建设期（$s$）和运营期（$p$）之间存在以下关系：

$$\text{项目计算期 } n = \text{建设期 } s + \text{运营期 } p$$

## 第二节　固定资产投资整体预测

企业为了长久发展，需要扩大生产规模，进行项目投资决策。而投资决策大多数属于长期投资，其中主要是固定资产投资。本节以固定资产投资为例，阐述项目投资额的预测。

固定资产投资预测是指根据企业计划生产任务和企业发展需要，对固定资产投资所进行的测算工作。它对制定固定资产投资决策和投资计划具有重要作用。

固定资产投资预测主要包括：固定资产投资项目的预测、固定资产投资效益的预测、固定资产投资来源的预测。

## 一、固定资产投资项目的预测

固定资产投资项目的预测，就是预测计划（年度、中期或长期计划）期内需要增加哪些固定资产，增加多少，何时增加。为此，要在核定固定资产需要量的基础上，进一步确定新增固定资产的项目、数量和时间。企业是否需要新增固定资产，应该以企业产品的市场需要为依据。企业首先要对产品的现有销路状况和今后扩大销路的前景进行调查研究，还要考虑原材料、能源的供应条件。只有产品适合市场需要，原材料、动力有来源，才能扩大生产能力。在产品销售和材料供应有保证的情况下，将预测的销售量同现有生产能力可能达到的最大产量相比较，就可确定现有生产能力同扩大生产经营之间的差距，从而决定增添设备的种类和数量，以及投资的数额。在进行这种分析时，应当考虑进一步挖掘设备潜力的可能，提出提高设备利用率的要求。

例如，某企业生产A产品，预计每年销售量可达50 000件，企业现有设备60台，每台设备现在的年产量是500件。按现有设备数量和生产率计算年产量为30 000件，同预计的年销售量相比，生产能力尚差20 000件，按设备现有生产率计算，需要增加设备40台（20 000件÷500件）。如经过对设备使用情况的分析，提出设备利用率提高10%的要求，那么现有设备的生产能力可达：

$$60\times500\times(1+10\%)=33\ 000(\text{件})$$

比预测的销售量少17 000件（50 000－33 000），需要增添设备为：

$$\frac{17\ 000}{500\times(1+10\%)}=31(\text{台})$$

企业改变产品的品种，增加新的产品品种，往往也需要增添设备，这时就需要预测新产品需配置的设备的种类和数量，并计算固定资产的投资额。企业要扩大生产能力，除了增添主要生产设备以外，往往还需要增添其他的配套设备。为此，就要根据配套设备同主要生产设备的合理比例，确定配套设备需要增添的数量和相应的投资额。

## 二、固定资产投资效益的预测

企业确定新增固定资产的项目和数量以后，要研究解决的途径，拟定投资效益最佳的方案。为此，就要进行固定资产投资效益的预测。企业增加固定资产的生产能力，一般可通过两种途径解决：一是通过购置建造，增加设备数量，扩大企业固定资产占用规模；二是通过技术改造，采用新技术，改进生产设备性能，提高生产率。前者为外延扩大再生产，后者为内涵扩大再生产。一般来说，外延扩大再生产投资额大，内涵扩大再生产投资额小，如两者所达到的生产能力无多大差别，应尽可能采取内涵扩大再生产的办法，以节约固定资产投资。为此，应该拟定投资方案，以便决定是新建、改建固定资产，还是对原有固定资产进行技术改造。而且无论是新建、改建，还是技术改造，都要提出若干不同的方案。拟定了投资方案后，为了择优决策，就需要对各种投资方案进行预测，分析它们技术上的可行性和经济上的效益性。从经济上进行分析，就是要测算同一项目不同方案的投资效益。

固定资产的投资效益，主要可以从两个方面来考察：一是研究能否用较少的投资取得较多的收益，其衡量指标为投资利润率(投资收益率)；二是研究投资于固定资产上的资金，能否在最短的时期内收回，其衡量指标为投资回收期。

(一)投资利润率

固定资产投资交付使用后预计可能达到的年利润总额，同投资总额相比较，就可求得固定资产的投资利润率指标。其计算公式如下：

$$投资利润率=\frac{年利润总额}{投资总额}$$

上述公式预测固定资产投资的经济效益，首先要预测固定资产交付使用后每年能增加的利润额，再将这个指标同企业历史上最好的水平或同行业已达到的最先进的水平相比较，就可以确定投资的经济效益如何。

(二)投资回收期

投资回收期是一项重要的投资经济效益指标。决定固定资产投资回收期的因素有两个：一是投资额的大小；二是每年收回资金额的多少。其计算公式如下：

$$投资回收期=\frac{投资总额}{每年收回资金额}$$

上式中每年收回资金数额，从企业来计算，包括该项固定资产交付使用后，每年由此增加的利润额和每年提取的折旧额。

$$投资回收期=\frac{投资总额}{年新增利润额+年折旧额}$$

上列公式中企业固定资产投资额，为资金流出量(现金流出量)，企业收回的利润额和折旧额，为资金流入量(现金流入量)，统称为资金流量(现金流量)。资金流量的计算方法有两种：非贴现法，贴现法。上列计算公式采用的是非贴现法，这是我国企业目前通常采用的方法。用贴现法计算资金流量，就是把不同时期的资金流出量和资金流入量，按统一的贴现率折算成一定时日的现值，然后进行分析比较。投资效益指标计算出来后，就应对同一项目不同方案的投资效益进行比较，择优决策。采用投资利润率指标，衡量企业同一项目不同方案的投资经济效益时，应选择固定资产投资利润率高的方案，投资利润率高就表明企业投资的经济效益好；采用投资回收期指标衡量时，应选择投资回收期短的方案，投资回收期越短投资效果就越大。

## 三、固定资产投资来源的预测

在确定企业固定资产需要增加的项目、数量和具体方案以后，就要提出固定资产投资概算，筹集资金来源。企业用于固定资产投资的资金来源，目前主要有基建贷款、专项贷款、生产发展基金、更新改造基金、吸收外资、补偿贸易等。对于不同的投资来源，应研究其利用的可能性和是否有利，从中选择最有效的资金来源。当企业利用基建借款购建固定资产时，要着重研究固定资产投入使用后新增的利润，能否按规定期限还清借款，付清利息。首先，要预测用借款进行固定资产投资后，在预定的还款期限内应偿付的本利和数额。

例如，某企业计划进行一项固定资产工程需要资金100 000元，拟用借款解决。规定从固定资产交付使用开始，分五年逐年还本付息，年利率6%(单利)。

企业在五年期间应归还的本利和为：

$10+10\times6\%+8\times6\%+6\times6\%+4\times6\%+2\times6\%=11.8$(万元)

其次，要预测固定资产交付使用后，在还款期间所获得的利润数额，测定其能否足以还本付息。

例如，上述企业投资的固定资产交付使用后，每年可增产A产品5 000件，每件售价50元，预计成本每件40元，税率10%。则：

A产品每件利润：50×(1－10%)－40＝5(元)

A产品每年利润：5 000×5＝25 000(元)

五年内可获利润：25 000×5＝125 000(元)

根据以上计算，该企业进行固定资产投资后五年内新增的利润(12.5万元)，超过五年内应偿付的本息(11.8万元)。因此，此项借款是可以借用的。

### 四、固定资产投资预测的程序

(一)提出固定资产投资备选方案

固定资产投资是在较短时期内集中投入，但回收期却比较长，因而要承担不同程度的风险的投资，投资决策正确与否，直接影响投资效益的大小，甚至整个投资项目的成效。所以在决定投资之前，对投资项目的一些主要问题要进行认真调查研究，综合论证投资项目在技术上的先进性和可行性、经济上的合理性和有利性。在此基础上提出各种备选方案。备选方案的主要内容一般包括：(1)投资的类型或项目；(2)投资的数量(实物量与价值量)、方式与时间；(3)资金来源；(4)投资效益等。

常见的固定资产投资备选方案有：固定资产新建、新增及其他方式的预测方案；固定资产更新的预测方案；固定资产改建、扩建的预测方案；固定资产投资来源的预测方案。

(二)进行效益分析并选定最佳方案

固定资产投资管理，就是着重从经济上评价固定资产的投资效益。所以在某项投资决策时，要对各备选方案进行效益分析，一般应从两个方面去评价：一是评价该项目实施后能否带来较高的经营效率；二是评价该项目实施后能否在短时间内收回全部投资。此外，还应该充分论证该方案在技术上和其他效益上的可行性。经过论证，最后选定出最佳方案。

(三)筹划固定资产投资来源

投资方案确定后，就应该筹划固定资产的投资来源，投资与筹资是相互依赖、相互制约不可分割的两个方面。固定资产投资项目或方案提出后，就要同时提出固定资产投资概算，筹划出投资的资金来源渠道和方式。企业为了求得筹资结构的最优化，对于不同的投资来源，要反复研究其利用的可能性和效益性，并从中选出最有利的资金来源渠道和方式。

## 第三节　投资决策的过程

投资决策的过程是指投资者为达到投资目的而采取的一系列行动。一般来说，投资决策的过程可分为调查研究、分析预测、选择决策、事中控制以及事后评价五个阶段。

### 一、调查研究

调查研究是投资决策活动的开始。调查研究的主要内容是对投资环境的分析、对市场状况的考察和对技术能力的分析。

（一）投资环境分析

1. 投资环境分析的意义

投资环境是指影响企业投资效果的各种外部因素的总和。投资环境的好坏直接影响着投资项目的成败得失。因此，企业进行投资环境的分析，对及时、准确地做出投资决策、提高投资收益具有重要的意义。

第一，通过对投资环境研究，特别是对环境因素对不同投资项目的影响的分析，可以保证投资决策的正确性；

第二，进行投资环境研究，可以使企业及时了解环境的变化情况，保证投资决策的及时性，当出现有利条件时，及时投资，获得好的投资效果，当出现不利条件时，及时采取对策，避免客观环境对投资的不利影响；

第三，通过对投资环境在未来可能发生的变化的研究，可以帮助企业了解在投资过程中环境因素是否会发生变化，发生哪些变化，对投资效果产生什么样的影响等，进而帮助企业及时对投资项目进行调整，并做好应对准备，因而，提高了投资决策的预见性；

第四，对投资环境的调查研究，可以帮助企业合理地预测投资可能产生的经济效益和现金流量，做好未来的财务收支计划。

2. 投资环境的基本内容

投资环境包括的内容十分广泛，国内外的政治、经济、军事、法律、文化教育、科学技术等都会对投资有重大影响。在分析投资环境时，应着重考虑以下几个方面：

（1）政治环境是指投资项目所在国家和地区的政局的稳定性和政策的一致性。如果投资地区的政局稳定，政策连贯性强，则有利于企业进行长期投资和发展，企业可以从长远利益出发考虑进行一些长期投资项目。相反，如果投资项目所在的地区政局动荡，政策多变，则不利于企业的长远发展，企业应慎重考虑进行长期投资，可适当考虑进行一些短、平、快的投资项目，以尽快收回投资为首选投资决策指标。另外，政府对经济干预程度的强弱，国家发展计划对企业投资方向的影响程度等，也都是企业在进行投资决策时所必须考虑的重要的环境因素。

（2）经济环境主要是指企业所面临的经济体制和经济政策。

经济体制：在计划经济体制下，企业是政府的附属物，几乎没有自身的投资行为，因而更谈不上什么投资决策。在较完善的市场经济体制下，企业作为市场活动的主体之一，可以而且也必须自己进行投资决策。

企业要根据市场经济的规律来选择合适的投资项目。在由计划经济体制向市场经济体制过渡的时期，企业既要根据市场经济规律的要求选择投资项目，又必须考虑计划经济体制的影响，使自身的投资行为更具有现实性。

经济政策是指国家为调控宏观经济活动而采取的各种方针政策，主要包括财税政策、价格政策、金融政策、产业政策。

①财税政策是政府在财政和税收方面所制定的各种政策规定，它们将影响企业的投资取向、资本结构和财务风险。在计划经济体制的统收统支的政策下，资金由国家提供，责任由国家承担，企业仅作为国家投资决策的执行者，实际上不承担任何真正的投资风险。而在以建立市场经济体制为目标的新的财政政策下，财政不再直接参与企业财务活动，企业要自筹资金进行投资活动，要负债经营，要对投资结果承担责任，其投资风险和财务风险都大大增加。因而，企业就必须在考虑投资风险、投资收益以及自身的负债能力的前提下慎重选择投资项目。此外，企业在进行投资决策时也必须考虑如何利用国家所提供的优惠税收政策。

②价格政策是指国家在价格制定、价格规律方面的政策规定等。价格政策对投资项目的主要影响表现在对投资现金流量的影响上，投资于价格高的项目，每年回收的现金流量较大，投资项目的效益就高，回收期较短；相反，投资于价格低的项目，每年回收的现金流量较小，投资项目的效益就低。由于政府的价格政策对产品和各种生产要素的价格有很重要的影响，因此其对企业投资方向的选取也就产生了很大的影响。如果政府对价格很少控制，商品和生产要素的价格主要由市场确定，则企业主要根据市场供求状况和由此确定的产品价格的走势来确定自己的投资方向。相反，如果政府对价格控制较严，则企业就要注意价格政策产生的影响，并据此指导其投资决策。

③金融政策是指国家在货币发行、信贷、结算、保险和国际金融等方面的各种政策，其对投资的影响是多方面的。例如，货币发行量的多少、信贷政策的宽严，直接影响企业资金来源的多寡，从而影响投资决策。而国际金融政策又直接影响企业的对国外投资和对有关出口产品的投资选择。

④产业政策是指国家鼓励或限制某些产业的发展而制定和实施的有关政策。国家对鼓励发展的产业，在税收、信贷、价格等方面都会给予一定的优惠，以引导企业在这一产业方向的投资。而国家对限制发展的产业，则会在各方面加以限制。如果国家产业政策稳定有效，企业根据国家产业政策的指导进行投资通常会得到一些好处，否则可能蒙受损失。

(3)法律环境是指企业和外部发生经济关系时所应遵守的各种法律、法规和规章，主要有公司法、证券法、合同法、税法、银行法、商法、会计制度等。企业在进行投资决策时要考虑法律法规对投资的资金来源和投资效益的影响。

(4)社会文化环境主要指教育程度、文化水平、宗教、风俗习惯等，这些因素会对投资产生重大的影响。

3. 投资环境分析的基本方法

不同行业、不同企业对投资环境的分析方法各不相同。国际上常用的评价投资环境的方法主要有：投资环境等级评分法、国别冷热比较法、动态分析法。现结合我国具体情况，介绍我国最常用的几种方法。

(1)调查判断法，主要是借助有关专业人员的知识技能、实践经验和综合分析能力，在调查研究的基础上，对投资环境的优劣做出评价，它是一种定性分析方法。其步骤：

①调查。通过直接调查或间接调查，搜集有关信息资料；

②对调查得到的信息进行加工、整理和汇总；

③根据汇总后的信息，对投资环境的好坏做出判断。

(2)加权评分法，是先对影响投资环境的一系列因素进行评分，然后进行加权平均，得出综合分数的一种预测方法。其计算公式为：

$$Y=W_i \cdot X_i$$

式中，$Y$ 为投资环境评分，$W_i$ 为事先拟定的第 $i$ 种因素的权数，$X_i$ 为第 $i$ 种因素的评分。

在采用加权评分法预测时，分数在 80 分以上，说明投资环境良好；分数在 60～80 分，说明投资环境一般；分数在 60 分以下时，说明投资环境差。

(3)汇总评分法，是先根据各因素的重要程度确定其最高分和最低分，然后按每个因素的具体情况进行评分，最后把各因素的分数汇总，作为对投资环境的总体评价分数。总分越高，表示投资环境越好，反之则表示投资环境越差。

（二）市场状况的考察

企业在进行投资决策之前必须对投资项目的市场状况做深入细致的考察。一方面要了解市场的需求状况，包括消费者和客户对产品的偏好，市场需求总量的大小，市场的细分化状况等；另一方面要了解市场的供给状况，包括市场现有的供给能力，现有厂家的潜在供给能力，可能会进入市场的企业的供给能力以及进口产品的供给能力等。只有对市场状况有了清楚的了解，才能准确地估计拟定中的投资项目的市场潜力和盈利能力，做出正确的投资决策。

（三）技术能力分析

技术能力分析就是考察拟议中的投资项目在技术上的可行性和实用性。企业要对投资项目所采用的不同技术进行分析研究，既要避免采用已明显落伍的技术；也要注意量力而行，不要不顾实际可能，一味追求最先进的技术，造成人力和财力的浪费。

## 二、项目分析预测

在调查研究的基础上，企业要对调查所得到的大量数据资料进行加工整理，去粗取精，去伪存真，要对未来的各种情况做出假设，制定出各种投资方案，并对它们做出必要的分析，这就是分析预测阶段要完成的任务。分析预测阶段的主要工作包括：一是对未来产品的生产要素的市场状况和价格水平进行预测，为投资的收益和费用分析打下基础，这项工作是市场预测学所要讨论的问题，本书将不做讨论；二是对投资的资金需求量进行预测，估计投资额的大小；三是对投资的经济效益进行分析评估，为下一步的选择决策提供必要的经济指标，这项工作是投资决策指标的问题，将在后面做详细讨论。这里，仅就投资额预测的问题做一个简单的讨论。

项目投资额是指一定时期（如一年）内企业对内投资和对外投资的总的数额。投资额预测一般分为内部投资额预测和外部投资额预测。

（一）内部投资额预测

1. 内部投资额预测的构成

企业投资项目的投资额主要是由投资前准备费用、设备购置费用、设备安装费用、建筑工程费、营运资金的垫支以及不可预见费等构成。其中，投资准备费用主要包括市场调查研究费、勘察设计费、技术资料费、土地购入费等；营运资金的垫支是指为使投资项目正常运转而需要投入的营运资金，到项目终结时从项目中退出，属于长期投资；不可预见费用是指目前尚无法进行可靠的预测，而在投资项目建设过程中又很可能发生的费用，如通货膨胀造成的物价上涨、自然灾害的影响、国际国内经济形势的意外变化等。

2. 投资额预测的基本方法

（1）逐项测算法，是对构成项目投资额的各项内容逐项进行测算，然后进行汇总来预测投资额的一种方法。投资准备费用可通过对完成各项准备工作所需花费的人力物力的估计，对所需各项服务的市场价格的了解等进行合理的预测；设备购置费用则需通过对设备的价格水平、运输费用、所需数量的了解来预测；设备安装费用通过对设备安装的难度、工作量大小及单位工作量收费标准的估计来预测；建筑工程费用要根据建筑的类型、建筑面积、建筑质量和建筑费用标准来预测；营运资金垫支则需要对项目运行状况进行了解和分析来预测；不可预见费用可以历史数据为基础，同时根据对未来形势的判断做必要的修正后进行预测。

（2）指数估算法，是根据从实践总结出来的项目投资和生产规模间的经验关系，利用已知的同系列或同类型产品的投资指标来估算项目投资额的一种方法。其公式为：

$$Y_2=Y_1(X_2/X_1)^n$$

式中，$Y_2$ 为拟建项目投资额，$Y_1$ 为类似项目投资额，$X_2$ 为拟建项目生产能力，$X_1$ 为类似项目生产能力，$n$ 为生产能力指数。

经验表明，当靠增大设备能力扩大生产时，$n$ 取 0.6～0.7；当靠增大相同能力设备增加生产时，$n$ 取 0.8～1.0。例如，如果某类投资的指数 $n=0.6$，则如果新建一座生产能力大一倍的同类型工厂，所需基建投资额 $Y_2=Y_1(X_2/X_1)^{0.6}=Y_1\times 2^{0.6}=1.5Y_1$，基建投资额为原工厂投资额的 1.5 倍。

(二)对外投资额的预测

1. 对外联营投资额的预测

对外联营投资又称对外直接投资额，是指企业直接把现金、实物资产、无形资产等投向其他企业或与其他企业共同投资兴建新企业。这种情况下的对外长期投资额的预测与对内长期投资额的预测有密切联系。其公式为：

本企业投资额＝拟新建企业投资总额×本企业投资占总投资额的比重

公式中拟新建企业投资总额的预测方法与对内长期投资的预测方法相同，本企业投资与总投资的比重的确定有合同比例和目标投资比例法。

例如，A 公司准备与 B 公司合资兴建一工厂，经测算，该厂需总投资额为2 000万元，为了实现对该厂的控制权，A 公司认为其出资比例不能少于 50%，则 A 公司在该投资项目中的最低出资额应为：

2 000×50%＝1 000(万元)

2. 对外证券投资额的预测

证券市场价格的不断变化使得证券投资额的预测较难。现根据证券投资的目的分为两种情况加以说明：

(1)为控制一企业所需要的投资额的预测。为控制一个企业，必须拥有一个企业足够多的股权。从理论上讲，股权比重达到 50%以上才能构成控制，但在实际工作中，由于股权比较分散，多数小股东不关心企业控制委托，因此，一般拥有 20%的股权便取得实质性控制权。因此，为控制一个企业所需投资额的计算如下：

$$Y=M\times P\times h$$

式中，$Y$ 为控制一个企业所需投资额，$M$ 为被控制公司发行在外的总股数，$P$ 为在收购时股票的平均价格，$h$ 为实现控制目的所需最低股权比例。

(2)为获取收益的目的而进行证券投资额的预测。这种情况的投资额是最难估计的。因为此种投资无法事先规划，都是根据证券市场上的具体情况临时做出的决策。然而，一些最基本的长期证券投资额还是可以预计的，其公式为：

$$Y=W_i\cdot P_i$$

式中，$Y$ 为证券投资额，$W_i$ 为第 $i$ 种证券的投资数量，$P_i$ 为第 $i$ 种证券的价格。

## 三、选择决策

选择决策阶段是通过对上一阶段提出的各项方案进行比较，根据企业的经济技术实力和风险承受能力以及决策者对未来形势的期望和判断对投资方案进行选择。在这一阶段，投资者着重检验各种方案的可行性，特别是各种假设的合理性和可靠性，避免一些表面效益很好，但其假设过于乐观或脱离实际的项目。

此外，在选择投资项目时还应注意两点：

一是，投资决策时，除权衡投资项目的自身收益和风险外，还要充分重视和体现公司的战略选择。选中的投资项目应能体现公司的竞争优势，反映公司长远发展的需要。否则，过分重视投资的短期收益，则可能导致公司失去长远发展的动力。

二是，一些投资决策指标对选择投资项目虽然重要，但绝不是进行投资决策的全部依据。由于选择实质上是对未来状况的判断，因此，它在很大程度上取决于决策者自身的经验和判断能力，有赖于决策者的“企业家素质”。

### 四、事中监督

事中监督是指在投资项目兴建过程中的监督和检查工作，以确保工程的正常进展和费用的合理支出，避免工期的延误的费用的浪费。项目兴建过程中的财务监督主要是对于工程费用的控制，主管者要确定工程费用的支出额和支出时间，并通过在会计账目上及时反映工程费用的发生来实现这种控制。对发生的费用超支和工期延误情况及时进行调查，找出原因，迅速予以解决。

### 五、事后评估

投资项目完工并投入运行后并不意味着投资过程的完结。投资者还需要对项目的运行状况和运行效果进行分析评价，与预期的要求进行比较，总结经验。如果项目的运行结果或费用支出与预先的期望有较大的偏离，说明在项目选择上或在事中监督上存在着问题，要找出产生问题的原因，以便在下一次投资决策时加以改进。比如，如果发现因垫支营运资金投入不足而影响了投资效益的发挥，在下一次投资分析中就要对合理估计营运资金需求量予以更多注意；而如果因对市场需求的错误预测导致投资效益不佳，以后就要加强对市场需求预测的研究等。

在对投资项目进行事后评价时存在着两个困难。一是由于预测是对未来状况的分析与判断，而某些突破或意外事件的影响是无法排斥的。因此，存在一个如何区分因此水平不高造成的损失与确实是因某些难以预料的意外事件（如自然灾害、国际形势的突然变化等）造成的预测失准的问题。过分苛求预测的准确性会导致今后的预测和投资日趋保守，使公司失去活力；而对预测准确性缺乏必要的要求又容易导致企业的投资风险过大。二是由于一个投资项目往往是由多个子项目或小项目组成的，而这些子项目是无法一一分开进行评价的，从而使人们难以对各子项目做出准确的评价，而只能对项目整体进行评价。

例如，某企业为提高服务水平，降低运输成本而进行了一项投资，该投资分为三个子项目：(1)购买五辆卡车；(2)修建两处物资分送中心；(3)购买一台计算机用于加强物资调度和车辆运行计划的安排。一年后，公司希望对这一项目的实施结果，特别是计算机管理的效果进行考察。但是，尽管有关人员可以检查核实计算机的购买、安装、维修成本及人员培训费用，但却难以在整体投资效益中分离出计算机管理的贡献部分，从而无法对计算机的运用效果做出准确的评价。

## 第四节 企业内部长期投资

与其他形式的投资相比，项目投资具有投资内容独特（每个项目都至少涉及一项固定资产投资）、投资数额多、影响时间长（至少一年或一个营业周期以上）、发生频率低、变现能力差和投资风险大的特点。

## 一、项目投资分类

按照投资时间，项目投资可分为短期投资和长期投资。短期投资又称流动资产投资，是指在一年内能收回的投资。长期投资则是指一年以上才能收回的投资。由于长期投资中固定资产所占的比重最大，所以长期投资有时专指固定资产投资。

从决策的角度看，可把投资分为采纳与否投资和互斥选择投资。采纳与否投资是指决定是否投资于某一独立项目的决策。在两个或两个以上的项目中，只能选择其中之一的决策叫作互斥选择投资决策。

按其涉及内容还可进一步细分为单纯固定资产投资和完整工业投资项目。单纯固定资产投资项目特点在于：在投资中只包括为取得固定资产而发生的垫支资本投入而不涉及周转资本的投入；完整工业投资项目则不仅包括固定资产投资，而且还涉及流动资金投资，甚至包括其他长期资产项目（如无形资产、长期待摊费用等）的投资。

## 二、现金流量

现金，是指库存现金、银行存款等货币性资产，以及相关非货币性资产（如原材料、设备等）的变现价值。

现金流量，是指投资项目在未来一定时期内，与投资决策有关的现金流入和现金流出的数量。从流动方向分为现金流入量、现金流出量、现金净流量。

项目的现金流量划分为三个阶段：初始阶段现金流量、营业阶段现金流量、终结阶段现金流量。

(1)初始阶段现金流量（投资，主要是现金流出）具体包括：

①固定资产投资；

②流动资产投资；

③其他费用（如开办费、谈判费）；

④原有固定资产的变价收入（更新）；

注意：固定资产重置时变价收入的税赋损益。

(2)营业阶段现金流量（现金净流量，NCF）包括：

现金流入：产品或服务销售收入；

现金流出：各项营业现金支出和税金支出；

把全部成本分为：付现成本和非付现成本。

确定营业阶段现金净流量的方法：

①直接法（顺推法）：

$$\text{营业现金流量}=\text{营业收入}-\text{付现成本}-\text{所得税} \tag{1}$$

②间接法（逆推法）：

$$\begin{aligned}\text{营业现金流量}&=\text{营业收入}-(\text{总成本}-\text{非付现成本})-\text{所得税}\\&=\text{利润}+\text{非付现成本}-\text{所得税}\\&=\text{利润}\times(1-\text{所得税税率})+\text{非付现成本}\\&=\text{税后利润}+\text{折旧}\end{aligned} \tag{2}$$

③税盾法（以间接法为基础，根据利润的含义）：

$$营业现金流量=税后利润+折旧=(收入-成本)\times(1-税率)+折旧$$
$$=(收入-付现成本-折旧)\times(1-税率)+折旧$$
$$=收入\times(1-税率)-付现成本\times(1-税率)+折旧\times税率$$
$$=税后收入-税后付现成本+非付现成本抵税 \quad (3)$$

(3)终结阶段现金流量(主要是现金流入)包括：

①固定资产的残值收入或变价收入；

②投资时垫支的流动资金的收回；

③停止使用的土地的变价收入。

**[例 5—2]** 甲方案需投资 10 000 元，使用寿命 5 年，直线法折旧，期末无残值，每年收入 6 000元，付现成本2 000元。

乙方案投资12 000元，直线法折旧，使用寿命 5 年，5 年后残值2 000元，每年收入 8 000 元，付现成本第一年3 000，以后每年增加 400 元，另外垫支流动资金3 000元。所得税税率为 40%。

计算两个方案的现金流量。

两方案营业阶段现金流量特点不同：

$NCF_{甲}=收入\times(1-税率)-付现成本\times(1-税率)+折旧\times税率$

$=(6\ 000-2\ 000)\times(1-40\%)+2\ 000\times40\%=3\ 200(元)$

$NCF_{乙1}=(8\ 000-3\ 000)\times(1-40\%)+2\ 000\times40\%=3\ 800(元)$

依次计算，由于付现成本的增加，每期 $NCF$ 减少 240 元：

$NCF_{乙2}=3\ 560(元)$ $NCF_{乙3}=3\ 320(元)$ $NCF_{乙4}=3\ 080(元)$ $NCF_{乙5}=2\ 840(元)$

## 三、项目投资决策静态分析法

项目投资决策静态分析法，是指不考虑项目的现金流量的时间价值，而对项目进行决策分析的方法。

(一)投资回收期(PP)

1. 含义

投资回收期是指回收初始投资所需要的时间。

2. 计算

(1)若现金流量为年金时：

$$投资回收期=\frac{原始投资额}{每年\ NCF}$$

**[例 5—3]** 某企业投资 1 亿元用于生产线升级，预计年现金流入量为3 200万元，求该项目的投资回收期。

$PP_{甲}=10\ 000\div3\ 200=3.125(年)$

(2)现金流量每期金额不等时：

$$投资回收期=\frac{(T-1)+尚未回收的投资}{第\ T\ 年现金流量}$$

($T$ 为投资全部回收的年份)

3. 决策规则

对单方案的选择，回收期小于等于基准回收期；对互斥方案的选择，以 $PP$ 短者为优。

基准回收期：由企业根据同行业及历史经验决定，在实务中，往往为项目有效期的一半。

4. 评价

没有考虑时间价值，没有考虑投资回收以后的现金流量。通常只作为项目初步评价的手段，而不是最终的依据。

（二）平均报酬率（ARR）

1. 含义

平均报酬率反映投资项目有效期内的平均年报酬率。

2. 计算

$$\text{平均报酬率}=\frac{\text{年平均现金流量}}{\text{初始投资额}}$$

3. 决策规则

对单方案来说，选择 $ARR$ 大于等于基准报酬率；

对互斥方案来说，选择 $ARR$ 大者为优。

基准报酬率为行业平均报酬率或企业标准报酬率。

4. 评价

优点：(1)衡量投资方案的获利能力；(2)考虑了在寿命期间内的全部现金流量。

缺点：(1)忽视各年的现金流量的差异；(2)不能反映投资方案的风险程度；(3)没有考虑时间价值因素。

通常也是只作为项目初步评价的辅助依据。

（三）投资利润率法

1. 含义

投资利润率法是指以投资额和利润额之比，从绝对数和相对数两方面来衡量整个企业或企业内部某一部门的绩效。

2. 计算

$$\begin{aligned}\text{投资利润率}&=\frac{\text{利润总额}}{\text{投资总额}}\times 100\%\\&=\frac{\text{净收益}+\text{利息费用}+\text{所得税}}{\text{投资总额}}\times 100\%\end{aligned}$$

可将此公式变形为：

$$\text{投资利润率}=\frac{\text{利润总额}}{\text{产品销售收入}}\times\frac{\text{产品销售收入}}{\text{投资总额}}$$

式中，利润总额与产品销售收入之比是销售利润率；产品销售收入与投资总额之比是投资周转率。上式可改写为：

$$\text{投资利润率}=\text{销售利润率}\times\text{投资周转率}$$

3. 投资利润率法的应用分析

对销售利润率和投资周转率的进一步分解和分析，可以透视出企业各个方面的财务情况和经营效果。

投资利润率法主要用于那些实行分权制或事业部制管理体制的企业的内部控制。在这种体制下，事业部不仅是利润中心，而且是投资中心。也就是说它不仅需对成本、收入、利润负责，而且还要对所占用的全部投资（即全部固定资产和流动资产）承担责任。这就有助于使事业部的主管人员从企业最高主管部门的角度来考虑自己的经营问题，有助于克服争投资、买设备、上项目，而不顾投资效果的倾向，使他们的经营行为合理化，使各个分权单位的目标与企业目标取得最大限度的一致。

在那些典型的按职能和直线制组织起来的企业中，可以将投资利润率法应用在不同的产品系列中。这需要按不同的产品系列分摊销售收入、销售费用、工厂成本以及固定资产和流动资产。其中直接成本的分摊比较简单，间接成本的分摊可以按工时或其他标准进行。销售费用可以按销售额分摊。此外，现金、应收账款等也可按销售额分摊，库存可以按产品系列分摊。固定资产的分摊比较困难，但如果生产组织是按产品专业化原则设计的，则分摊就容易得多。如果上述分摊工作进行得比较细微和准确，那么投资利润率就可以显示出资金投在哪些产品上才是最有利的，哪些产品是企业的优势产品，哪些产品已经过了其发展巅峰进入衰退期，从而资金以及其他资源应从这些产品中转移到其他优势产品或新产品中去，等等。

尽管投资利润率法有显著的优越性，但要建立一个投资利润率控制系统却不是一件轻而易举的事。最大的困难也许是在观念方面，企业的部门主管人员习惯于从职能和专业的角度看待经营和管理问题，要使他们按损益控制法的要求来考虑经营和管理问题，就已经很不容易；若要求他们按投资利润率法的要求来考虑问题和做决策，则会更加困难。此外，从会计核算和财务的角度看，也有一些问题，例如，究竟应按固定资产原值或重置成本来计算，还是按折旧后的固定资产净值计算，这应当慎重考虑。按重置成本来计算的办法可比性高，并可避免因固定资产使用年限延长而出现投资利润率虚增的现象；按净值来计算的办法则强调在固定资产发挥作用期间，折旧基金可以重新作为投资形成新的固定资产或用作流动资产，因而应按同样的投资利润率考核这部分资金的运用效果，这样一来，投资收益的主要控制重点是放在新置的固定资产上，而不是放在已经陈旧或磨损的固定资产上。

必须注意的是，投资利润率法可能会出现消极作用。因为投资利润率一般是以高于资金成本（即从外部取得资金的代价）的一定比率作为最低标准，所以，它不利于促使事业部的主管人员向新产品和新技术投资，因为这样的投资在短期内很难收回。而一个企业一旦失去开发新产品和新技术的创新意识和敢于冒风险的意识，那就表明这个企业已经在衰落。为了弥补投资利润率法的这个缺陷，可以在投资利润率控制的基础上增加对剩余收益的考核与控制。

所谓“剩余收益”，是指投资中心的销售利润减去按最低限度投资利润率计算的投资收益的余额。

剩余收益的计算公式如下：

$$剩余收益=销售利润-(总投资\times预期最低投资利润率)$$

上述公式中的预期最低投资利润率，一般是等于或略大于银行的存款利率。采用剩余收益作为评估与考核投资中心的绩效的辅助性指标，有利于防止各投资中心的保守观念和本位主义，促使它们从整体利益出发，乐于接受比较有利的投资，努力多创销售利润，使各投资中心的目标和整个企业的目标趋于一致。

## 四、项目投资的动态决策方法

也称为贴现现金流量指标决策方法，是考虑时间价值的分析方法，是现代投资决策的主要方法。具体有三种方法：(1)净现值法；(2)获利指数；(3)内部收益率法。

贴现计算中折现率(K)通常采用项目的资本成本率或项目必要收益率。

### (一)净现值法(net present value，NPV)

1. 含义

NPV 为投资项目现金流入的现值与现金流出的现值之差。指投资项目营运期获取的报酬按资本成本或投资者要求的报酬率折算为现值，减去初始投资额现值的差额。即投资项目从投资开始至寿命终结各年净现金流量（net cash flow，NCF）现值之和。公式如下：

$$NPV=\sum_{t=i+11}^{n}\frac{NCF_t}{(1+i)^t}-\sum_{t=0}^{n}\frac{C_t}{(1+i)^t}$$

如果投资都发生在 0 点时，$NPV$ 还表示：投资项目未来报酬的总现值与投资额现值之差。简单可以表达为：

$$NPV=P_{产出}-P_{投资}$$

2. 净现值的计算过程

（1）计算投资项目每年的营业净现金流量（NCF）；

（2）选择折现率（rate）；

（3）将各年的营业净现金流量按资本成本或投资者要求的报酬率折算为现值。

3. 决策规则

单方案，NPV 大于等于 0，方案可行；

多方案的互斥决策，以 NPV 大于 0 中的最大者为优。

4. 评价

优点：考虑了资金时间价值，增强了投资经济性的评价；考虑了项目计算期的全部净现金流量；考虑了投资风险性。

缺点：不能从动态的角度直接反映投资项目的实际收益率水平，对投资额不等的项目，不能评价项目的优劣；净现金流量的测算和折现率的确定比较困难。

投资项目规模不同不可比。（绝对数）解决办法：可计算获利指数。

投资项目有效期不同不可比。如一个项目有效期为 5 年，另一个项目有效期为 10 年，前者可进行两次投资，即循环两次。

不能揭示项目实际的投资报酬率。

**[例 5—4]** 甲方案，项目投资额 1 亿元，年现金流入量3 200万元。乙方案投资 1.5 亿元，每年现金流入分别为3 800万元、3 560万元、3 320万元、3 080万元和7 840万元。计算比较两个项目的 $NPV$，并进行决策。资本成本 $K=10\%$。

解：甲方案：（后付年金形式）

$NPV=3\,200(P/A,10\%,5)-10\,000$

$=3\,200\times3.791-10\,000=12\,131-10\,000$

$=2\,131$（万元）

乙方案：（不等额现金流量）

$NPV=3\,800(P/F,10\%,1)+3\,560(P/F,10\%,2)+3\,320(P/F,10\%,3)+3\,080(P/F,10\%,4)+7\,840(P/F,10\%,5)-15\,000$

$=15\,861-15\,000$

$=861$（万元）

决策：会选择哪个方案？

净现值的原理：把投资看作预定贴现率（资本成本率）借来的一笔资金，把现金流入看作对借款的还本付息，NPV 就是还本付息后结余的现值。

(二)获利指数(PI)

1. 含义

获利指数是投资项目未来报酬的总现值与投资额现值之比。

简单表达为:

$$获利指数=\frac{投资项目报酬总现值}{原始投资额现值}$$

2. 计算

例5—3中甲乙两个方案,

$PI_{甲}=12\ 131/10\ 000=1.21$

$PI_{乙}=15\ 861/15\ 000=1.06$

3. $PI$ 的决策规则

单方案,$PI>1$,可行;多方案互斥选择,$PI>1$ 中的最大者。

4. 评价

优点:①具有 $NPV$ 法的基本特征,但更适用于投资规模不等的项目之间进行比较选择;②考虑了资金时间价值,能够真实反映投资项目的盈亏程度。

缺点:不能揭示项目实际的投资报酬率。

(三)内部收益率法(IRR)

1. 含义

内部收益率,又称内含报酬率,是投资项目的实际报酬率。从计算的角度而言,内部收益率就是使净现值为0时的贴现率。

因此,内部收益率法的基本原理,就是通过计算使投资项目的净现值等于0时的贴现率,来评价投资项目收益率高低的一种方法。

2. 计算

基本公式:

$$\sum_{i=0}^{n}\frac{各期净现金流量}{(1+内部收益率)^{t}}=0$$

如果投资都在0点:

$$NPv=\sum_{t=1}^{n}\frac{NCF_t}{(1+IRR)^t}=-C=0$$

式中,$NCF_t$ 表示各期现金流,$C$ 表示初始投资额,$IRR$ 为内部收益率。

已知其他条件,可以求得 $IRR$。

(1)如果未来现金流量为年金形式,如例5—3中甲方案:

$NCF(P/A,IRR,n)=C \qquad (P/A,IRR,n)=C/NCF$

用内插法:

$(P/A,18\%,5)=3.127$

$(P/A,IRR,5)=10\ 000/3\ 200=3.125$

$(P/A,19\%,5)=3.058$

$IRR_{甲}=18.03\%$

(2)如果未来现金流量为非年金形式,如乙方案:

在计算过程中,往往要采取试误法,逐步测试。

试一个贴现率，如果使 $NPV$ 大于 0，则说明贴现率选低了，下一次测试时应提高；如果使 $NPV$ 小于 0，则说明贴现率选高了，下次测试时应降低；直到出现一个 $NPV$ 为正数，一个 $NPV$ 为负数时，就可以采用内插法。

试 $i=11\%$　　　　$NPV=421$

$i$　　　　$NPV=0$

$i=12\%$　　　　$NPV=-2$

内插法：$IRR_{乙}=11.995\%$

3. 决策规则

单方案，$IRR \geqslant$ 资本成本或必要报酬率时，可行；

多方案的互斥选择，应选用 $IRR$ 超过资本成本或必要报酬率最多的项目为优。

4. 评价

优点：①反映项目的实际报酬率；②易于理解。

缺点：①计算较麻烦；②使 $NPV=0$ 的贴现率不是唯一的。

原因在于符号的改变不止一次，也就是说，如果符号的改变不止一次，则 $IRR$ 就可能不是唯一的。

（四）净现值率法

净现值率（net present value rate，NPVR）指投资项目的净现值占原始投资额现值总和的百分比。

$$净现值率=\frac{投资项目的净现值}{原始投资额现值}\times 100\%$$

净现值率是一个相对量评价指标，可以从动态的角度反映项目的资金投入与净产出之间的关系。缺点是不容易确定净现金流量与折现率，无法直接反映项目的实际收益率。

（五）投资决策指标的比较

1. 指标的发展

从静态指标的决策到以动态（贴现现金流量）指标为主导的决策指标体系的发展变化。

2. 贴现指标广泛应用的原因：

早流入的现金可以再投资；

已流入的现金确定性高，即风险小（一鸟在手，胜过双鸟在林）。

3. 贴现指标的比较

一般情况下，运用 NPV、PI、IRR 方法得出的结论是相同的。

但是，一些情况的发生使得这三个指标得出的结论会产生差异，此时应以 NPV 法决策的结论为准。它符合使公司价值最大。

## 五、投资决策指标的应用

（一）固定资产更新

1. 项目寿命相等的投资决策：可用净现值法进行决策

决策方法一：分别计算两方案的净现值，比较。

决策方法二，计算差量方案的 $NPV$（因为项目的期限相同）。

**［例 5—5］**　北方公司考虑用一台新的、效率更高的设备来代替旧设备，以减少成本，增加收益。旧设备原购置成本为40 000元，已使用 5 年，估计还可以使用 5 年，已提折旧20 000元，

假设使用期满后无残值，如果现在销售可得价款20 000元，使用该设备每年可获得收入50 000元，每年的付现成本为20 000元。该公司现准备用一台新设备来代替原有旧设备，新设备的购置成本为50 000元，估计可使用5年，期满有残值5 000元，使用新设备后，每年收入可达90 000元，每年付现成本为30 000元。假设该公司的资本成本率为10%，所得税税率为30%，对新、旧设备均用直线法计提折旧。试做出该公司是继续用旧设备还是对其进行更新的决策。

2. 项目寿命不等的投资决策

为了使投资项目的指标具有可比性，要设法使其在相同的寿命期内进行比较，往往采用最小公倍数法、年均净现值法和年均成本法。

**[例5—6]** 某公司计划某项投资活动，拟有甲、乙两个方案。相关资料为：

甲方案原始投资150万元，其中，固定资产投资100万元，流动资金投资50万元，全部资金于建设起点一次投入。该项目经营期5年，到期残值收入为5万元。预计投产后年营业收入110万元，年付现成本60万元。

乙方案固定资产投资120万元，于建设起点一次投入，该项目建设期2年，建成后投入无形资产25万元，流动资金垫支65万元。项目经营期5年，到期残值收入为8万元，无形资产自投产年份起分5年摊销完毕。该项目投产后，预计年营业收入170万元，年付现成本80万元。

该企业按直线法计提折旧，全部流动资金于终结点一次回收，所得税率为33%，设定折现率10%。

要求：(1)采用净现值法评价甲、乙方案是否可行；

(2)采用年等额净回收额法确定该公司应选择哪一投资方案。

(二)资本限量决策

资本限量决策是指企业在资本限定的情况下，如何通过投资项目的组合来获得最大收益的决策。资本限量指企业在进行潜在项目选择时，面临着没有足够的资金进行所有可行项目投资的情形。也就是说，有很多获利项目可供投资，但无法筹集到足够的资金。资本限量决策的决策标准就是使得可行的投资项目组合的总净现值最大或加权现值指数最大。资本限量决策是固定资产投资的一种常见决策形式。

1. 资本限量决策产生的原因

资金短缺是公司当前面临的一个突出问题，现实性强，投资资本短缺是其中一个典型的表现形式。产生资本限量的原因很多，一般分软资本约束和硬资本约束两大类。

软资本约束一般是企业内部因素造成的，如股东为了保持控股地位而不想再筹集外部的权益资本，公司本身不想背上过重的负债包袱等。

硬资本约束则是企业外部环境影响的，如权益融资的约束条件，银行贷款的约束条件过于严格等。公司在面对此情形下，应如何分配现有资本才能实现最好效果呢？我们采取的原则仍是净现值最大。虽然我们可以通过直接计算各项目的净现值再进行组合选择，但总工作量大，不符合成本效益原则。

2. 使用获利指数的步骤

第一步：计算所有项目的获利指数，并列出每一个项目的初始投资。

第二步：如果所有可接受的项目都有足够的资金，则说明资本没有限量，这一过程即可完成。

第三步：如果资金不能满足所有的项目，那么就要对第二步进行修正。这一修正的过程是:对所有项目在资本限量内进行各种可能的组合,然后计算出各种组合的加权平均获利指数。

第四步:接受加权平均利润指数最大的一组项目。

3. 使用净现值法的步骤

第一步:计算所有项目的净现值,并列出项目的初始投资。

第二步:如果所有可接受的项目都有足够的资金,则说明资本没有限量,这一过程即可完成。

第三步:如果资金不能满足所有的投资项目,那么就要对第二步进行修正。这一修正的过程是:对所有的项目都在资本限量内进行各种可能的组合,然后,计算出各种组合的净现值总额。

第四步:接受净现值的合计数最大的组合。

(三)投资开发时机

主要针对自然资源的开发,晚开发可能价格上升带来收益,早开发却可以带来再投资的收益(时间价值)。关键是要计算不同开发时机的净现值,必须把晚开发所获得的净现值换算为早开发的第1年年初时的现值,比较并选择净现值最大的方案。

例如,包含两个方案:现在开发方案和6年后开发方案。可以分别计算其净现值,并比较何者为优。

假设现在开发的净现值为226万元,6年后再开发的净现值为350万元。再把6年末的现金折现到0点:

$NPV_0 = 350 \times (P/F, 10\%, 6) = 197$(万元)

决策:现在开发更有利。

# 第五节　证券投资

## 一、证券投资的概念、分类和投资原则

(一)证券投资的概念

证券投资是指投资者(法人或自然人)购买股票、债券、基金等有价证券以及有价证券的衍生品,以获取红利、利息及资本利得的投资行为和投资过程,是间接投资的重要形式。

(二)证券投资账户开立

进行证券投资需到大型全业务牌照的证券公司申请相应的投资理财账户。投资理财账户可运用于股票(包括A股、B股、H股等)、债券(包括国债、企业债、公司债等)、期货(包括金融期货如股指期货、外汇期货,二元期权如Meetrader,商品期货如金属期货、农产品期货等)等一系列的金融工具进行证券投资。证券账户的开立可到各证券公司营业部办理,需要在交易日内办理。部分证券公司如国泰君安证券可通过各省份网站进行网络预约,通过预约的开户时间则相应较为灵活,工作时间、午休时间、周六日均可开户。

(三)证券投资的分类

按照证券投资对象选择的不同,企业证券投资大体上可划分为股票投资和债券投资两大类。

1. 股票投资

股票是股份制企业发放给企业(股东)的投资入股、领取股息的书面凭证,属于资本市场上流通的一种有价证券。股票按不同特点可分为不同的类别,如按形式可分为记名股票和不记名股票,按票面是否标明金额可分为面值股票和无面值股票,按企业拥有权利的不同可分为普通股票和优先股票等。而股票投资就是指企业购买其他企业股票的一种永久性投资行为。

2. 债券投资

债券是发行人直接向社会借债时所出具的债务证书,反映了债券投资者与债券发行人之间的一种债权债务关系,也是一种有价证券。债券按其发行主体的不同可划分为政府债券、企业债券及金融债券三种。政府债券是一国政府向社会举债时所出具的债务证书,中央一级政府发行的债券称为国债或公债,地方政府发行的债券称为地方债。公司债券,在我国亦称企业债券,是企业对外举债的债务凭证,它承诺在一定时期内按一定条件还本付息。金融债券是金融机构作为发行人而发行的债券,目的是通过举债筹借资金,解决信贷资金短缺问题,金融债券的利率一般高于同期银行储蓄存款的利率。

债券投资实际上就是企业以获利为目的,购买某种债券的一种投资行为。一般情况下,债券投资者可按规定条件取得稳定的利息收入,到期收回本金;此外,在利息支付及债券发行企业破产后在剩余资产分配上优先于股票投资者。所以,债券投资风险要小于股票投资风险,相应地,其收益率也比股票投资收益率低一些。

(四)证券投资的作用

(1)证券投资为社会提供了筹集资金的重要渠道,是各类企业进行直接融资的有效途径。

(2)证券投资有利于调节资金投向,提高资金使用效率,从而引导资源合理流动,实现资源的优化配置。

(3)证券投资有利于改善企业经营管理,提高企业经济效益和社会知名度,促进企业的行为合理化。

(4)证券投资为中央银行进行金融宏观调控提供了重要手段,对国民经济的持续、高效发展具有重要意义。

## 二、企业证券投资的特征、原则

(一)企业证券投资的特征

(1)投资的流动性强。由于证券可随时变现,因此,在资金市场发达的情况下,只要股票和债券上市,买后再卖也非常容易。国外许多企业甚至将股票、债券与现金一视同仁。

(2)投资的风险性大。尽管证券投资流动性强的特点可分散一部分投资风险,但由于决定证券价格的因素多而复杂,如利率、政府经济政策、企业经营状况,国内国际经济、政治、军事形势等。而且这些因素对证券价格都产生最直接、最具体和最迅速的影响。这使证券投资较其他投资风险仍很大。

(3)投资的收益高。如果证券投资只存在风险而无多大收益,企业将失去对证券投资的兴趣。正因为证券投资具有较高收益,才使它充满着吸引力。证券投资收益高的原因在于:一是它属于一种直接性投资,投资费用较低;二是证券价格总是与市场利率有关。可利用证券价格与市场利率的差价,获取收益。

(4)投资受心理因素影响大。

（二）证券投资原则

1. 效益与风险最佳组合原则

效益与风险最佳组合是指风险一定的前提下，尽可能使收益最大化；或收益一定的前提下，风险最小化。

2. 分散投资原则

证券的多样化，建立科学的有效证券组合。

3. 理智投资原则

证券投资在分析、比较后审慎地投资。

（三）企业证券投资的目的

1. 有效地利用现金

企业在经营过程中，收入和支出货币资金的速度都不是均衡进行的，这就必然造成有时一部分货币资金在循环周转过程中被暂时闲置，而有时又会出现货币资金短缺现象。现金是一种不会生利的资产，当现金流入量超过现金流出量时，资金被闲置，这对以追求利润最大化为主要目标的企业来说，无疑是一种损失。相反，当企业现金流出量超过流入量时，企业可能会由于资金短缺而遭受损失。为平衡企业资金的收入支出运动速度，企业投资于证券，可以同时满足上述两种情况下的需求。即一是将有价证券作为现金的替代品，通过持有有价证券取代大量现金余额，当现金需要量大于供给量，依靠银行贷款又无法满足资金需求时，可以卖掉若干有价证券以弥补现金余额。另外，通过证券投资，还可以取得收益，提高资金使用效益。

2. 从事证券投机

有些企业从事证券投资，往往不只是以在证券持有期限内取得固定收益（股利、债息）或调剂现金余缺为目的，而且同时希望在证券市场上，通过低价买进高价卖出证券以获取价差收入。这种行为通常称为证券投机。

在人们传统的意识、观念中，通常将投机视为一种贬义词，认为是投机扰乱了正常的社会经济秩序，其实则不然，尤其是对于证券投机，它不仅不会扰乱证券市场，而且是一种促进市场走向繁荣不可或缺的投资行为。没有证券投机，证券市场将是死水一潭。这对于发展证券业是有害无益的。

一般来说，从事证券投资和证券投机是有区别的。区分的方法通常以从事证券投资的企业持有证券期限的长短、买卖证券是否凭自有资金以及买证券是为了获取利息还是价差收入为标准划分的。具有投资动机的企业往往通过较长期的投资活动获得报酬，而具有投机动机的企业则通过短期买卖证券获利；以证券投资为目的的企业，往往以自有资金买卖证券，而不靠借入资金从事证券交易，具有投机动机的企业则大胆借入资金进行证券投资；从事证券投资的企业往往想成为证券发行主体的股东或债权人，享有包括资本收益和所得收益在内的投资收益，而从事证券投机的企业则以股票、债券交易行为作手段，以证券市场作为获取利益的场所。

需要注意的是，对证券投资与证券投机所做的上述区分尽管不无一定道理，但这只是部分的正确。实际上，从事证券投资的企业一般都同时抱有两种动机，即一方面想通过证券投资获取可靠性收益，另一方面又想通过证券投机获取风险性收益。

3. 满足企业扩张需要

企业的生产经营达到一定规模后，为了发展就需要不断投资。企业可以通过兴建新厂房、购置新设备等实物投资形式扩大生产经营规模；也可以通过在证券市场上购进其他企业发行的有价证券，实现不断扩张的目的。但后者与前者相比，对企业来说是一种更方便的投资途径。如果企业购买某个企业发行的股票达到一定规模，有时可以兼并该企业。若不想兼并，则可以拥有参与该企业经营的决策权，甚至是控制权。

4. 出于其他目的

企业投资于证券，有时是出于其他目的，比如，企业可能会为了履行某种义务而购买政府发行的债券，或表示对某些非营利性机构的友好与支持，购买其发行的债券。这些债券尽管不会给企业带来多大直接利益，但对树立企业良好形象，改善其经营环境将大有裨益。企业通常会为实现这方面目的而从事一部分证券投资。

## 三、证券的投资程序

企业证券投资是由一系列动态过程组成的。分为证券交易所外的投资准备和评判交易所内实际操作两个阶段。

（一）证券投资的准备程序

企业在尚未购买证券前，需做一系列证券投资准备工作。这些工作的基本程序是：

1. 筹集证券投资资金

资金是企业从事证券投资的基础。企业一旦确定要投资于证券，或是通过储蓄积累，或是通过借贷关系筹措一定数量的资金。没有证券投资资金的筹措，也就不可能有证券投资活动的发生。

2. 充分认识和准备承担证券投资风险

企业从事证券投资，不可避免要承担一定风险。企业对此必须要有充分的思想准备和财力保证，一旦出现风险，企业应采取相应的对策与措施予以补救。这是证券投资企业从风险角度对证券投资所作的关键性决策。

3. 做好证券市场的调查研究

企业要通过证券市场了解如下几个与证券投资有关的内容：

(1)了解参与证券投资的条件。目前，我国从中央到地方各级政府对证券交易都有一些具体的明文规定，企业在进行证券投资时，必须对有关规定有清楚的了解，从而保证企业依法进行证券投资。同时，也可避免因不了解具体投资条件而遭受损失。

(2)了解证券市场上究竟有多少种股票和债券及其各自特点。

(3)了解证券市场主要机构的有关情况，如证券发行主体、证券投资者、证券经纪商、证券市场交易场所等。

(4)熟悉并掌握证券交易的有关技术性问题，如证券登记、过户、结算等。

4. 证券投资分析

企业在对证券市场做了比较全面、深入的调查研究后，还需对证券投资做出分析。所谓证券投资分析，是指企业以有价证券作为投资对象，对投资有关问题所做的一种可行性研究。具体内容包括投资环境分析、投资对象分析和投资时机分析等。

5. 证券投资决策

企业在充分做好上述准备工作基础上，即可按有关投资方法对证券投资做出决策。决策内容包括企业用于证券投资的资金数额、选择理想的投资方式或投资组合、选定有关证券交易所和证券商等。

(二)企业在证券交易所投资的程序

对于证券投资企业来说,它们一般不能直接进入证券交易所直接进行证券投资。企业在做好第一阶段的各项准备工作后,需要通过证券商,即证券经纪公司进行证券投资。企业在证券交易所进行证券投资的基本程序是:开户—发出委托指令—执行委托指令—清算与交割—过户。现分别阐述如下:

1. 开户

企业在证券交易所从事证券交易,首先必须“开户”。所谓开户,是指证券投资企业委托证券商代为买卖证券,必须先与证券商签订委托买卖契约,这种签订委托买卖契约的手续一般称为开户。如同企业在银行开设账户一样,开户主要有两个过程,一是名册登记,目的是便于证券商与委托者之间的日常业务联系;二是开立资金专户和证券专户。开立资金专户后,企业用于证券投资的资金可由证券商代为转存银行,利息自动转入资金专户。当企业通知证券商购买证券时,证券商便可按委托指令购买证券,免去携带大量现钞进行交易之麻烦。同时也符合证券投资的安全性和流动性原则。开立证券专户的目的是让证券商代为保管投资企业的证券,当发生证券买卖活动时,证券商只要分别从资金专户和证券专户中做相应的扣减和添记款项即可。证券商为企业代为保管证券是免费的。

2. 发出委托指令

委托指令有很多种。根据委托订单的数量,有整数委托和零数委托;根据买卖证券的方向,有买进委托和卖出委托;按委托价格限制、有市价委托和限价委托(目前我国采用);根据委托时效限制,有当日委托、当周委托、无期限委托、开市委托和收市委托等。

3. 执行委托指令

证券商接受证券投资企业的委托指令后,便通过各种有效途径与其派驻在证券交易所内的证券业务员取得联系,之后,证券业务员便按照企业委托指令中的各项内容开始执行委托指令,从事证券的买卖活动。

4. 交割与清算

所谓交割是指证券买卖双方成交后,买方需付款收到证券,卖方需交出证券收到现金,这种证券交易成交后的收付活动称为交割。交割有多种形式,如当日交割,即买卖双方在成交日内当即办完收付手续;次日交割,即从成交后的下一天算起,在第二个营业日正午前办完收付手续的交割,次日交割若遇公休日,可往下顺延;例行交割,这种交割从成交日算起,在第五个营业日以内办完收付手续;等等。

当一项证券交易成交后,应尽量早一点办理交割手续,以方便证券商的作业。同时,当企业收到证券商递交的确认书后,应及时查看确认书上所记载的有关证券名称、成交日期、交割日期、成交数量、成交价格等是否与买进的证券相符。

清算是指证券交易做成后,证券投资企业向证券商支付它的借方余额或从证券商那里获得销售利润的行为。在实际证券交易过程中,不是证券买卖成交后都交割,只是通过清算制度,将交易的买进额与卖出额相互冲销后对其净差额进行交割。清算的目的是减少实际交割的证券和款项,以节省人力、物力、财力和时间。可见,从程序上看,证券的交割只有在清算之后才得以进行。

5. 过户

过户是指证券证书转给新的所有人。证券成交后,如果证券持有企业发生了变化,新的证券合法持有人为了得到持有证券应享有的权利,必须向公司申请更换户头。

过户的基本程序是：

(1)证券卖出者在证券背面转让记录栏中签名盖章，以表明该证券已成为可转让过户的证券。

(2)交割后，证券新的持有者填写过户申请书，携带证券买卖交割单、印章等到证券交易所办理申请过户手续。

(3)证券交易所查验以上各项手续后，即注销原证券户头，为新证券持有者重新开户。

## 四、证券投资方法

企业证券投资既要考虑到盈利，又要避免和对抗过度的风险，这就要求对资金的运用做出巧妙的安排，即投资证券种类多样化，并将多种证券形成一个投资组合，通过这种组合在最大限度地避免风险的条件下，获得最大的收益。

这种方法是将投资资金分为三个部分：第一部分资金用来投资于安全性高的债券、国库券或优先股；第二部分资金则投放于具有成长性的普通股上，以期获得更多的增值；第三部分资金作为准备金，存放在银行或以现金形式持有，等待更好的投资机会出现，或用来弥补投资的损失。

企业从事长期证券投资，可将投资分为攻势和守势两部分，并设置一定的基准。证券价格上涨，则减少攻势部分，增加守势部分；证券价格下跌，则减少守势部分，增加攻势部分。这样，无论证券市场行情如何，不必经过详尽而复杂的投资分析，一律自动地进行买卖。这种定式投资法的具体方法有：

(1)金额平均法。指每隔一定时间投资一定金额于某一类证券的投资方法。其特点是，一旦确定某种类别的证券为投资对象，便应坚持连续投资，每次购买的股数可以不同，但金额要相同。如企业确认某种证券看好，初次入市时，若该证券市场价格为每股 200 元，可购入 500 股，若下一次投资期时，该股票涨价至每股 400 元，则购进 250 股，如再下一次投资期时该股票跌价至每股 100 元，则购入 1000 股。这样，股票的平均购买价为 171.42 元的低价，一旦股市上扬，则可能获利甚丰。

(2)定率法。将投资对象区分为股票与企业债券，并随股市行情的变动而变动股票与企业债券的投资比率。如投资普通股 50%，企业债券和优先股为 50%，若股票涨价或跌价，该比率变为 60∶40 或 40∶60，则应设法使之仍保持 50∶50。为此，前者要出售普通股而买进企业债券；后者要出售企业债券或将优先股转换为普通股，增购普通股。这样，自然形成高价卖出、低价买进的格局。

(3)定额法。以一定金额投资于证券，当证券价格上涨，立即获利了结；之后在证券价格下跌时则以获利额增购。如企业投资股票总额为 300 万元，若一段时期后，股票市价增至 320 万元，则出售相当于 20 万元的股票，保有现金。当股价下跌，该项股票市价为 280 万元，则购进相当于 20 万元的股票，保持股票价值始终为 300 万元。这样，高价时了结，低价时增购，总体上降低买价，增加获利机会。

(4)变率法。该方法强调随股价的波动来决定守势与攻势的比率，弥补了定率法的缺陷。其基本道理与定率法相同。

(5)尺度法。指持续对某一种类证券进行投资，投资额不固定，买卖时期不一致，分次买进再分次卖出。如持有股票的价格为 100 元，现跌至 95 元，增购 100 股，再跌至 90、85 元，分别各增购 100 股。若股价从 85 元先后涨至 90、95、100 元，则分别卖出 100 股。买卖相抵共获收益1 500元。

运用这些方法,关键在于选择投资证券种类,并且进行灵活运用。

## 五、债券投资和股票投资

(一)债券投资

债券投资可以获取固定的利息收入,也可以在市场买卖中赚差价。随着利率的升降,投资者如果能适时地买进卖出,就可获取较大收益。债券作为投资工具,安全性高,收益高于银行存款,流动性强。

1. 影响债券投资收益的因素

(1)债券票面利率。债券票面利率越高,债券利息收入就越高,债券收益也就越高。债券票面利率取决于债券发行时的市场利率、债券期限、发行者信用水平、债券的流动性水平等因素。发行时市场利率越高,票面利率就越高;债券期限越长,票面利率就越高;发行者信用水平越高,票面利率就越低;债券的流动性越高,票面利率就越低。

(2)市场利率与债券价格。由债券收益率的计算公式[债券收益率=(到期本息和－发行价格)/(发行价格×偿还期)×100%]可知,市场利率的变动与债券价格的变动呈反向关系,即当市场利率升高时债券价格下降,市场利率降低时债券价格上升。市场利率的变动引起债券价格的变动,从而给债券的买卖带来差价。市场利率升高,债券买卖差价为正数,债券的投资收益增加;市场利率降低,债券买卖差价为负数,债券的投资收益减少。随着市场利率的升降,投资者如果能适时地买进卖出债券,就可获取更大的债券投资收益。当然,如果投资者债券买卖的时机不当,也会使得债券的投资收益减少。

与债券面值和票面利率相联系,当债券价格高于其面值时,债券收益率低于票面利率。反之,则高于票面利率。

(3)债券的投资成本。债券投资的成本大致有购买成本、交易成本和税收成本三部分。购买成本是投资人买入债券所支付的金额(购买债券的数量与债券价格的乘积,即本金);交易成本包括经纪人佣金、成交手续费和过户手续费等。国债的利息收入是免税的,但企业债的利息收入还需要缴税,机构投资人还需要缴纳增值税,税收也是影响债券实际投资收益的重要因素。债券的投资成本越高,其投资收益也就越低。因此债券投资成本是投资者在比较选择债券时所必须考虑的因素,也是在计算债券的实际收益率时必须扣除的。

(4)市场供求、货币政策和财政政策。市场供求、货币政策和财政政策会对债券价格产生影响,从而影响到投资者购买债券的成本,因此市场供求、货币政策和财政政策也是我们考虑投资收益时所不可忽略的因素。

债券的投资收益虽然受到诸多因素的影响,但债券本质上是一种固定收益工具,其价格变动不会像股票一样出现太大的波动,因此其收益是相对固定的,投资风险也较小,适合于想获取固定收入的投资者。

2. 债券的种类

根据不同的分类标准,可对债券进行不同的分类:

(1)按发行主体的不同,债券可分为公债券、金融债券、公司债券等几大类。

(2)按偿还期限的长短,债券可分为短期债券、中期债券、长期债券和永久债券。

(3)按利息的不同支付方式,债券一般可分为附息债券和贴息债券。

(4)按债券的发行方式即是否公开发行来分类,可分为公募债券和私募债券。

(5)按有无抵押担保,债券可分为信用债券、抵押债券和担保债券等。

3. 风险种类

(1)利率风险,是指利率的变动导致债券价格与收益率发生变动的风险。

(2)价格变动风险,债券市场价格常常变化,若它的变化与投资者预测的不一致,那么,投资者的资本必将遭到损失。

(3)通货膨胀风险,债券发行者在协议中承诺付给债券持有人的利息或本金的偿还,都是事先议定的固定金额。当通货膨胀发生时,货币的实际购买能力下降,就会造成在市场上能购买的东西却相对减少,甚至有可能低于原来投资金额的购买力。

(4)信用风险,在企业债券的投资中,企业由于各种原因,存在着不能完全履行其责任的风险。

(5)转让风险,当投资者急于将手中的债券转让出去,有时候不得不在价格上打点折扣,或是要支付一定的佣金。

(6)回收性风险,有回收性条款的债券,因为它常常有强制收回的可能,强制回收时常常面临市场利率下降,投资者按券面上的名义利率应收取的利息,将遭受损失。

(7)税收风险,政府对债券税收的减免或增加都影响到投资者对债券的投资收益。

(8)政策风险,指由于政策变化导致债券价格发生波动而产生的风险。例如,突然给债券实行加息和保值贴补。

4. 债券的价格

债券的价格可分为发行价格与市场交易价格两类。

(1)债券的发行价格是指在发行市场(一级市场)上,投资者在购买债券时实际支付的价格,通常有三种不同情况:按面值发行、面值收回,其间按期支付利息;按面值发行,按本息相加额到期一次偿还,我国发行债券大多数是这种形式;以低于面值的价格发行,到期按面值偿还,面值与发行价之间的差额,即为债券利息。

(2)市场交易价格,债券发行后,一部分可流通债券在流通市场(二级市场)上按不同的价格进行交易。交易价格的高低,取决于公众对该债券的评价、市场利率以及人们对通货膨胀率的预期等。一般来说,债券价格与到期收益率成反比。也就是说,债券价格越高,从二级市场上买入债券的投资者所得到的实际收益率越低;反之亦然。不论票面利率与到期收益率的差别有多大,只要离债券到期日越远,其价格的变动越大;实行固定的票面利率的债券价格与市场利率及通货膨胀率呈反方向变化,但实行保值贴补的债券例外。

5. 债券的内在价值(理论价格)

(1)债券在任何一个时点上的价值,均是以该时点为起点的未来现金流量(利息、到期偿还的面值或中途转售价款)按投资者要求的必要收益率(市场利率)折成的现值总和。

(2)是投资者为获得必要收益率(折现率)所能接受的最高购买价格。

(3)债券价值的主要影响因素:面值、票面利率、期限、贴现率(市场利率)。

6. 债券估价的基本模型——每期支付利息、到期还本

$$PV=I\times(P/A,i,n)+M\times(P/F,i,n)$$

**[例 5—7]** M 公司 2008 年 12 月 31 日发行面值为1 000元、5 年期、票面利率 10%、每年 12 月 31 日付息一次,到期归还本金的债券。某投资者准备于 2011 年 1 月 1 日购入该债券。假设当时的同等风险债券的必要收益率为 6%,计算该投资者所能接受的债券价格。

【答案】投资期限为:

评估基准日(2011 年 1 月 1 日)～到期日(2013 年 12 月 31 日),共 3 年

该债券价值为:

$$PV = 100\times(P/A,6\%,3)+1\,000\times(P/F,6\%,3)$$
$$=1\,106.90(\text{元})$$

即该投资者为获得不低于 6%的必要收益率,所能接受该债券的最高价格为 1 106.90 元。

7. 债券收益

债券收益的来源——投资于债券所获得的全部投资报酬,包括:

(1)名义利息收益=面值×票面利率。

(2)利息再投资收益(无须单独考虑)——分期收取的利息将投资于同一项目,并取得与本金同等的利息收益率,同时承担再投资风险。

例如,某 2 年期债券,面值 100 元,票面利率为 10%,每年付息 1 次,到期归还本金。如果将每期利息进行再投资,并取得与本金同等的利息收益率 10%,则第 1 年所获利息 10 元在第 2 年又获利息收益 1 元,加上第 2 年的利息 10 元,累计获得利息 21 元;而按照 10%的利率水平,100 元本金在第 2 年末的复利终值为 121 元,其复利息亦为 21 元。即按货币时间价值的原理计算债券投资收益,已经考虑了再投资因素。

(3)价差收益(资本利得收益):中途转让债券的卖价和买价之间的价差收益。

(4)债券的内部收益率(内含报酬率),即:①使"债券投资的净现值=0"的折现率;②使"债券内在价值=目前购买价格"的折现率。

(二)股票投资

股票投资是指企业或个人用积累起来的货币购买股票,借以获得收益的行为。股票投资的收益是由收入收益和资本利得两部分构成的。资本利得是指投资者在股票价格的变化中所得到的收益,即将股票低价买进,高价卖出所得到的差价收益。收入收益是指股票投资者以股东身份,按照持股的份额,在公司盈利分配中得到的股息和红利的收益。

1. 股票投资的目的

(1)获利。即作为一般的证券投资,获取股利收入及股票买卖差价。

(2)控股。即通过购买某一企业的大量股票达到控制该企业的目的。

2. 股票投资的成本

股票投资的成本是指股票投资者花费在股票投资方面的资金支出,它由股票的价格、交易费用、税金和为了进行有效的投资,取得市场信息所花费的开支四部分构成。

(1)股票价款。股票价款=委托买入成交单位×成交股数。

(2)交易费用。交易费用指投资者在股票交易中需缴纳的费用,它包括委托买卖佣金、委托手续费、记名证券过户费、实物交割手续费。目前国内买卖上海证券交易所股票收费标准如下:

委托买卖佣金。股票买卖成交后,投资者(委托人)要按实际成交额向证券商支付委托买卖佣金。

委托买卖手续费。投资者如买卖股票没有成交,应向证券商缴纳委托手续费每笔 1 元。

记名证券过户费。凡记名证券成交后都要办理过户手续。

实物交割手续费。因为上海证券交易所在证券交易活动中推行无实物交割制度,但目前还有部分投资者买入证券后要提领实物,这样证券交易所必须为投资者繁复地提领证券,增加了许多工作量。为此,上海证券交易所规定,要提领实物的投资者要交纳相当于委托买卖佣金

50%的费用,相反,如不提取实物,证交所则代投资者免费保管。

(3)税金。根据现行税务规定:在股票交易中对买卖当事人双方各按股票市值付印花税;对股份公司股东领取的股息红利超过一年期储蓄存款利息部分收取个人收入调节税。

(4)信息情报费。信息情报费开支包括为分析股票市场行情,股票上市公司经营及财务状况,广泛搜集有关信息、情报资料所发生的费用开支和为搜集、储存、分析股票行情信息所添置的通信设备、个人微机等所花费的资金。

3. 股票投资的收益

股票投资的收益是由收入收益和资本利得两部分构成的:

(1)收入收益。收入收益是指股票投资者以股东身份,按照持股的份额,在公司盈利分配中得到的股息和红利的收益。

(2)资本利得。资本利得是指投资者在股票价格的变化中所得到的收益,即将股票低价买进,高价卖出所得到的差价收益。

### 主要概念

项目现金流　投资回收期　平均报酬率　净现值法　获利指数　内部收益率
固定资产更新决策　证券投资　投资分类　投资流程

## 课后习题

### 一、单项选择题

1. 将企业投资划分为发展性投资与维持性投资所依据的分类标准是(　　)。

A. 按投资活动与企业本身的生产经营活动的关系

B. 按投资对象的存在形态和性质

C. 按投资活动对企业未来生产经营前景的影响

D. 按投资项目之间的相互关联关系

2. 企业投资可以划分为直接投资和间接投资的分类依据是(　　)。

A. 按投资活动对企业未来生产经营前景的影响

B. 按投资对象的存在形态和性质

C. 按投资活动与企业本身的生产经营活动的关系

D. 按投资活动资金投出的方向

3. 对于一个(　　)投资项目而言,其他投资项目是否被采纳或放弃,对本项目的决策并无显著影响。

A. 独立　　B. 互斥　　C. 互补　　D. 不相容

4. 财务可行性是在相关的环境、技术、市场可行性完成的前提下,着重围绕(　　)而开展的专门经济性评价。

A. 技术可行性和环境可行性　　B. 技术可行性和市场可行性

C. 环境可行性和市场可行性　　D. 技术可行性和资金筹集的可行性

5. 投资项目实施后为了正常顺利地运行,避免资源的闲置和浪费,应该遵循的原则是

(　　)。

A. 可行性分析原则　　B. 动态监控原则

C. 结构平衡原则　　D. 静态监控原则

6. 下列各项中,不属于投资项目现金流出量内容的是(　　)。

A. 固定资产投资　　B. 折旧与摊销

C. 无形资产投资　　D. 递延资产投资

7. 企业拟投资一个项目,预计第一年和第二年相关的流动资产分别为4 000万元和6 000万元,两年相关的流动负债分别为2 000万元和3 000万元,则第二年新增的营运资金应为(　　)万元。

A. 2 000　　B. 1 500　　C. 3 000　　D. 1 000

8. 某公司下属两个分厂,一分厂从事空调的生产和销售,年营业收入为6 000万元,现在二分厂准备投资一项目也从事空调的生产和销售,预计该项目投产后每年为二分厂带来营业收入3 000万元,但由于和一分厂形成竞争,每年使得一分厂营业收入减少 450 万元,那么从该公司的角度出发,二分厂投资该项目预 计的相关现金流入为(　　)万元。

A. 3 000　　B. 9 000　　C. 8 550　　D. 2 550

9. 下列计算营业现金净流量的公式中,正确的是(　　)。

A. 营业现金净流量=税后营业利润+非付现成本

B. 营业现金净流量=(营业收入-付现成本)×(1-所得税税率)+非付现成本

C. 营业现金净流量=营业收入×(1-所得税税率)-付现成本×(1-所得税税率)-非付现成本×(1-所得税税率)

D. 营业现金净流量=营业收入×(1-所得税税率)-付现成本×(1-所得税税率)+非付现成本×(1-所得税税率)

10. 某公司正在考虑卖掉现有的一台闲置设备。该设备于 4 年前以20 000元购入,税法规定的折旧年限为 5 年,按直线法计提折旧,预计残值率为 10%,目前可以按10 000元价格卖出,假设所得税税率为 25%,卖出现有设备对本期现金净流量的影响是(　　)元。

A. 减少5 600　　B. 减少4 400

C. 增加10 000　　D. 增加8 900

11. 在一般投资项目中,当一项投资方案的净现值等于零时,即表明(　　)。

A. 该方案的年金净流量大于 0

B. 该方案动态回收期等于 0

C. 该方案的现值指数大于 1

D. 该方案的内含报酬率等于设定的贴现率

12. 下列不适合作为财务可行性评价中计算净现值贴现率的是(　　)。

A. 市场利率

B. 投资者希望获得的预期最低投资报酬率

C. 企业平均资本成本率

D. 投资项目的内含报酬率

13. 净现值法和年金净流量法共同的缺点是(　　)。

A. 不能对寿命期不同的互斥方案进行决策

B. 没有考虑货币的时间价值

C. 无法利用全部现金净流量的信息

D. 不便于对原始投资额不相等的独立投资方案进行决策

14. 某企业正在讨论更新现有的生产线，有两个备选方案 A 和 B，A、B 两方案的原始投资额不同，A 方案的净现值为 400 万元，年金净流量为 100 万元；B 方案的净现值为 300 万元，年金净流量为 110 万元，根据以上信息判断(　　)方案较好。

A. A 方案　　B. B 方案

C. 没有区别　　D. 根据以上信息无法判断

15. 某企业拟进行一项固定资产投资项目决策，设定贴现率为 12%，有四个方案可供选择。其中甲方案的项目计算期为 10 年，净现值为1 000万元，10 年期、贴现率为 12%的资本回收系数为 0.177；乙方案的现值指数为 0.85；丙方案的项目计算期为 11 年，其年金 净流量为 150 万元；丁方案的内含报酬率为 10%。最优的投资方案是(　　)。

A. 甲方案　　B. 乙方案　　C. 丙方案　　D. 丁方案

16. 已知某投资项目按 14%贴现率计算的净现值大于零，按 16%贴现率计算的净现值小于零，则该项目的内含报酬率肯定(　　)。

A. 大于 14%，小于 16%　　B. 小于 14%

C. 等于 15%　　D. 大于 16%

17. 已知某投资项目的使用寿命是 5 年，资金于建设起点一次投入，当年完工并投产，若投产后每年的现金净流量相等，经预计该项目的静态回收期是 3.6 年，则计算内含报酬率时确定的年金现值系数是(　　)。

A. 3.5　　B. 2.4　　C. 3.6　　D. 2.5

18. 下列指标中不受特定贴现率影响的是(　　)。

A. 净现值　　B. 年金净流量　　C. 现值指数　　D. 内含报酬率

19. 某投资方案，当折现率为 12%时，其净现值为 250 元，当折现率为 14%时，其净现值为－50 元。该方案的内含报酬率为(　　)。

A. 13.67%　　B. 14.33%　　C. 13.33%　　D. 12.67%

20. 已知某投资项目的原始投资额为 100 万元，投资期为 2 年，投产后第 1～3 年每年 $NCF$＝25 万元，第 4～10 年每年 $NCF$＝20 万元。则该项目包括投资期的静态回收期为(　　)。

A. 4.25 年　　B. 6.25 年　　C. 4 年　　D. 5 年

21. 下列各项财务评价指标中，属于静态评价指标的是(　　)。

A. 动态回收期　　B. 静态回收期

C. 年金净流量　　D. 现值指数

22. 独立投资方案之间比较时，决策要解决的问题是(　　)。

A. 选择最优方案　　B. 选择最差方案

C. 选择净现值最大的方案　　D. 确定投资顺序

23. 若有两个投资方案，原始投资额不相同，彼此相互排斥，各方案项目计算期不同，可以采用的决策方法是(　　)。

A. 年金净流量法　　B. 净现值法

C. 内含报酬率法　　D. 现值指数法法

24. 某企业打算继续使用旧机器，该机器是 5 年前以60 000元购入的，残值率为 10%，预计尚可使用 3 年，税法规定使用年限 6 年，目前变现价值为14 000元。假定所得税税率为25%，则继续使用该设备初始的现金流出量为(　　)元。

A. 14 000　　B. 13 750　　C. 14 250　　D. 17 900

25. 一台旧设备账面价值为15 000元，变现价值为16 000元。企业打算继续使用该设备，但由于物价上涨，估计需增加流动资产2 500元，增加流动负债1 000元。假定所得税税率为25%，则继续使用该设备初始的现金流出量为(　　)元。

A. 16 100　　B. 16 900　　C. 17 250　　D. 17 900

26. 某公司拟发行 5 年期债券进行筹资，债券票面金额为 100 元，票面利率为 12%，而当时市场利率为 10%，每年年末付息一次，到期还本，则该公司债券的价值为(　　)元。

A. 93.22　　B. 100　　C. 105.35　　D. 107.58

27. 某公司平价发行 5 年期的公司债券，票面利率为 12%，每年年末付息一次，到期一次还本，则该债券的内部收益率为(　　)。

A. 9%　　B. 11%　　C. 10%　　D. 12%

28. 某投资者打算购买一只股票，购买价格为 21.5 元/股，该股票预计下年的股利为每股 2.2 元，估计股利年增长率为 2%，则投资该股票的内部收益率为(　　)。

A. 12.44%　　B. 12.23%　　C. 10.23%　　D. 10.44%

29. 下列各项因素的变动和债券的价值变动方向不一致的是(　　)。

A. 面值　　B. 票面利率　　C. 贴现率　　D. 内部收益率

30. 某股票的未来股利不变，当股票市价低于股票价值时，则股票内含报酬率与投资人要求的最低报酬率相比(　　)。

A. 较高　　B. 较低

C. 相等　　D. 可能较高也可能较低

## 二、多项选择题

1. 下列各项中属于企业的投资意义的有(　　)。

A. 投资是企业生存与发展的基本前提　　B. 投资是获取利润的基本前提

C. 投资是企业风险控制的重要手段　　D. 投资属于企业的战略性决策

2. 企业的经营面临着各种风险，具体包括(　　)。

A. 市场竞争的风险　　B. 通货膨胀的风险

C. 资金周转的风险　　D. 原材料涨价的风险

3. 与日常经营活动相比，企业投资的主要特点表现在(　　)。

A. 属于企业的战略性决策

B. 属于企业程序化管理

C. 投资经济活动具有一次性和独特性的特点

D. 投资价值的波动性大

4. 企业投资管理决策时，要充分考虑投资项目的(　　)。

A. 经济价值　　B. 内在价值　　C. 时间价值　　D. 风险价值

5. 企业投资按投资对象的存在形态和性质，划分为(　　)。

A. 项目投资　　B. 证券投资　　C. 发展性投资　　D. 维持性投资

6. 下列属于投资项目决策时应该遵循的原则的有(　　)。

A. 可行性分析原则　　B. 结构平衡原则

C. 动态监控原则　　D. 货币时间价值原则

7. 投资项目中的非付现成本主要包括(　　)。

A. 固定资产年折旧费用　　B. 长期资产摊销费用

C. 资产减值准备　　D. 回收营运资金

8. 某投资项目需要3年建成,从明年开始每年年初投入建设资金45万元。建成投产之时,需投入营运资金70万元,以满足日常经营活动需要。生产出的A产品,估计每年可获净利润60万元。固定资产使用年限为8年,资产使用期满后,估计有残值净收入11万元,采用年限平均法计提折旧。使用后第4年预计进行一次改良,估计改良支出40万元,分4年平均摊销。根据上述资料下列各项计算正确的有(　　)。

A. 原始投资为135万元　　B. $NCF_3$ 为－70万元

C. $NCF_7$ 为115.5万元　　D. $NCF_{11}$ 为166.5万元

9. 甲投资项目的现金净流量如下:$NCF_0=-100$ 万元,$NCF_1=-10$ 万元,$NCF_{2\sim6}=35$ 万元。则下列说法正确的有(　　)。

A. 项目的建设期为1年　　B. 项目的营业期为6年

C. 项目的原始投资为100万元　　D. 项目计算期为6年

10. 下列属于净现值计算过程中的折现率的参考标准的有(　　)。

A. 以市场利率为标准

B. 以投资者希望获得的预期收益率为标准

C. 以投资者希望获得的预期最低投资报酬率为标准

D. 以企业平均资本成本率为标准

11. 下列属于净现值指标缺点的有(　　)。

A. 不能直接反映投资项目的实际收益率水平

B. 当各项目原始投资额不等时,仅用净现值无法确定独立投资方案的优劣

C. 所采用的贴现率不易确定

D. 没有考虑投资的风险性

12. 下列项目投资决策评价指标中,一般作为净现值法辅助方法的有(　　)。

A. 年金净流量法　　B. 内含报酬率法

C. 现值指数法　　D. 投资回收期法

13. 下列各个指标中是用来衡量投资的效率的有(　　)。

A. 净现值　　B. 年金净流量　　C. 现值指数　　D. 内含报酬率

14. 若净现值为负数,表明该投资项目(　　)。

A. 为亏损项目,不可行

B. 它的内含报酬率率小于0,不可行

C. 它的内含报酬率没有达到必要报酬率,不可行

D. 它的内含报酬率不一定小于0

15. 下列各项中属于内含报酬率指标优点的有(　　)。

A. 反映了投资项目可能达到的报酬率,易于被高层决策人员所理解

B. 对于独立投资方案的比较决策,如果各方案原始投资额现值不同,可以通过计算各方案的内含报酬率,反映各独立投资方案的获利水平

C. 可以直接考虑投资风险大小

D. 在互斥投资方案决策时，如果各方案的原始投资额现值不相等，可以做出正确的决策

16. 内含报酬率是指（　　）。

A. 投资报酬与总投资的比率

B. 能使未来现金净流量现值等于原始投资额现值的贴现率

C. 未来现金净流量现值与原始投资额现值的比率

D. 使投资方案净现值为零的贴现率

17. 下列属于静态回收期缺点的有（　　）。

A. 没有考虑回收期满后继续发生的现金净流量

B. 无法直接利用现金净流量信息

C. 不能计算出较为准确的投资经济效益

D. 没有考虑货币时间价值因素

18. 一般情况下用来评价独立投资方案的指标有（　　）。

A. 净现值　B. 年金净流量　C. 现值指数　D. 内含报酬率

19. 一般情况下用来评价互斥方案的指标有（　　）。

A. 净现值　B. 年金净流量　C. 现值指数　D. 内含报酬率

20. 下列关于固定资产更新决策的说法中，不正确的有（　　）。

A. 属于独立投资方案决策

B. 一般采用内含报酬率法进行决策

C. 大部分以旧换新的设备重置属于扩建重置

D. 对于寿命期不同的设备重置决策应采用年金净流量法

21. 下列属于证券资产的特点的有（　　）。

A. 价值虚拟性　B. 可分割性

C. 持有目的多元性　D. 不可分割性

22. 证券资产投资的现金流量的构成有（　　）。

A. 原始投资　B. 未来收益　C. 资本利得　D. 本金回收

23. 下列属于证券投资目的的有（　　）。

A. 分散资金投向，降低投资风险　B. 利用闲置资金，增加企业收益

C. 稳定客户关系，保障生产经营　D. 提高资产的流动性，增强偿债能力

24. 下列属于证券资产投资系统性风险的有（　　）。

A. 违约风险　B. 再投资风险　C. 购买力风险　D. 价格风险

25. 下列有关说法正确的有（　　）。

A. 溢价发行的债券，债券价值对市场利率的变化较为敏感

B. 折价发行的债券，债券价值对市场利率的变化较为敏感

C. 对于长期债券来说，溢价债券的价值与票面金额的偏离度较高

D. 对于短期债券来说，折价债券的价值与票面金额的偏离度较高

## 三、判断题

1. 企业的投资活动涉及企业的未来经营发展方向和规模等重大问题，投资管理属于企业的非程序化管理。（　　）

2. 对内投资都是直接投资，对外投资不一定都是间接投资。（　　）

3. 直接投资与间接投资、项目投资与证券投资，两种投资分类方式的内涵和范围是一致的，只是分类角度不同。直接投资与间接投资强调的是投资的对象性，项目投资与证券投资强调的是投资的方式性。（　　）

4. 在投资决策之时，必须建立严密的投资决策程序，进行科学的可行性分析，这是结构平衡原则的要求。（　　）

5. 项目投资决策中所使用的现金是指各种货币资金。（　　）

6. 项目投资中，营业期内某一年发生的改良支出是一种投资，应作为该年的现金流出量，以后年份通过折旧收回。（　　）

7. 从投资企业的立场看，企业取得借款应视为项目相关现金流入，而归还借款和支付利息则应视为项目相关现金流出。（　　）

8. 某投资项目的固定资产投资额为 100 万元，无形资产投资额为 20 万元，流动资金投资额为 10 万元，建设期资本化利息为 5 万元，则该投资项目的原始总投资额为 135 万元。（　　）

9. 净现值法适用于原始投资额相同，但寿命期不相同的多方案比较决策。（　　）

10. 当净现值为零时，说明方案的投资报酬刚好达到所要求的投资报酬。所以，净现值的经济含义是投资方案报酬超过基本报酬后的剩余收益。（　　）

11. 某投资项目的营业期为 4 年，无建设期，投产后每年的现金净流量均为 115 万元，原始总投资为 230 万元，要求的必要报酬率为 10%，$(P/A, 10\%, 4)=3.169\,9$，则该投资项目的年金净流量为 42.44 万元。（　　）

12. 由于现值指数是未来现金净流量现值与原始投资额现值之比，是一个相对数指标，反映了投资效果。（　　）

13. 现值指数是投资项目净现值与原始投资额现值之比。（　　）

14. 一般情况下，使某投资方案的净现值小于零的贴现率，一定高于该投资方案的内含报酬率。（　　）

15. 利用内含报酬率法评价投资项目时，计算出的内含报酬率是方案本身的投资收益率，因此不需再估计投资项目的资本成本或要求的最低投资回报率。（　　）

16. 包括建设期的静态投资回收期是现金净流量为零的年限。（　　）

17. 当投资均在建设期内发生，项目投产后的若干年内每年的现金净流量不等，但是这些年内的营业现金净流量之和应大于或等于原始总投资，这种情况下，可以利用简化算法计算静态投资回收期。（　　）

18. 已知 A、B、C 三个方案是独立的，若投资规模不同，采用年金净流量法可以做出优先次序的排列。（　　）

19. 互斥投资方案的选优决策中，年金净流量全面反映了各方案的获利数额，是最佳的决策指标。净现值指标在寿命期不同的情况下，需要按各方案最小公倍期限调整计算，在其余情况下的决策结论也是正确的。（　　）

20. 证券资产具有很强的流动性，其流动性表现在变现能力强和持有目的可以相互转换。（　　）

21. 由于通货膨胀而使货币购买力下降的可能性，是证券资产投资的价格风险。（　　）

22. 当投资者要求的收益率高于债券（指分期付息债券，下同）票面利率时，债券的市场价

值会低于债券面值；当投资者要求的收益率低于债券票面利率时，债券的市场价值会高于债券面值。（　）

23. 当票面利率与市场利率相同时，债券期限变化不会引起平价发行债券价值的变动。（　）

24. 一般来说，经常采用投资者的预期收益率作为评估债券价值时所期望的最低投资报酬率。（　）

25. 根据股票内在价值的计算公式可知，股票的内在价值包括两部分：一部分是在以前持有期间取得的股利收入的现值，另一部分是在将来卖出股票后取得的转让收入与购买价格差额的现值。（　）

26. 股票的价值是指其实际股利所得和资本利得所形成的现金流入量的现值。（　）

27. 优先股是一种特殊的股票，跟零增长股票相似，计算股票价值时，都是用固定股利除以贴现率。（　）

## 四、计算分析题

1. 假设某公司计划开发一种新产品，该产品的寿命期为5年，开发新产品的成本及预计收入为：需投资固定资产200 000元，需垫支营业资金150 000元，5年后可收回固定资产残值为20 000元，用双倍余额递减法计提折旧。投产后，预计每年的销售收入可达250 000元，每年需支付直接材料、直接人工等变动成本100 000元，每年的设备维修费为10 000元。该公司要求的最低投资收益率为10%，适用的所得税税率为25%。

要求：请用净现值法对该项新产品是否开发做出分析评价。

2. 某企业计划开发一个新项目，该项目的寿命期为5年，需投资固定资产120 000元，需垫支营运资金100 000元，5年后可收回固定资产残值为15 000元，用直线法计提折旧。投产后，预计每年的销售收入可达120 000元，相关的直接材料和直接人工等变动成本为64 000元，每年的设备维修费为5 000元。该公司要求的最低投资收益率为10%，适用的所得税税率为25%。

要求：

(1)计算净现值，并利用净现值法对是否开发该项目做出决策。

(2)计算现值指数，并用现值指数法对是否开发该项目进行决策。

(3)计算内含报酬率，并利用内含报酬率法对是否开发该项目做出决策。

3. 某公司2013年1月1日发行票面利率10%，每张面值1 000元，4年期的公司债券。该债券每年12月31日付息一次，到期按面值偿还。假定某投资人存在下列事项：(1)2013年1月1日以每张1 000元的价格购入该债券并持有到期。(2)2015年1月1日以每张1 020元的价格购入该债券并持有到期。(3)2014年1月1日购入该债券并持有到期，要求的必要报酬率为12%。

要求：

(1)针对事项(1)，计算该债券的持有期收益率。

(2)针对事项(2)，计算该债券的持有期收益率。

(3)针对事项(3)，计算该债券的价格低于多少时可以购入。

4. 某投资者2014年年初准备投资购买股票，现有甲、乙、丙三家公司可供选择，甲、乙、丙三家公司的有关资料如下：

(1)2014 年年初甲公司发放的每股股利为 4 元，股票每股市价为 18 元；预期甲公司未来 2 年内股利固定增长率为 15%，在此以后转为零增长。

(2)2014 年年初乙公司发放的每股股利为 1 元，股票每股市价为 6.8 元；预期乙公司股利将持续增长，年固定增长率为 6%。

(3)2014 年年初丙公司发放的每股股利为 2 元，股票每股市价为 8.2 元；预期丙公司未来 2 年内股利固定增长率为 18%，在此以后转为固定增长，年固定增长率为 4%。

假定目前无风险收益率为 8%，市场上所有股票的平均收益率为 16%，甲、乙、丙三家公司股票的 β 系数分别为 2、1.5 和 2.5。

要求：

(1)分别计算甲、乙、丙三家公司股票的必要收益率；

(2)分别计算甲、乙、丙三家公司的股票价值；

(3)通过计算股票价值并与股票市价相比较，判断甲、乙、丙三家公司股票是否应当购买；

(4)假设按照 40%、30%和 30%的比例投资购买甲、乙、丙三家公司股票构成投资组合，计算该投资组合的综合 β 系数和组合的必要收益率。

## 五、综合题

已知某企业为开发新产品拟投资建设一条生产线，现有甲、乙、丙三个方案可供选择。

甲方案的现金净流量为：$NCF_0=-1\ 000$ 万元，$NCF_{1\sim7}=250$ 万元。

乙方案在建设起点用 800 万元购置不需要安装的固定资产，税法规定残值率为 10%，使用年限 6 年，直线法计提折旧。同时垫支 400 万元营运资金，立即投入生产；预计投产后 1～6 年每年新增 500 万元营业收入，每年新增的付现成本为 200 万元。

丙方案原始投资为1 100万元，项目寿命期为 6 年，投入后立即生产，预计每年产生息税前利润 240 万元，每年折旧摊销额为 80 万元，由于所需资金来自于银行借款，为此每年向银行支付利息 8 万元，项目终结点回收残值及营运资金 380 万元。该企业所在行业的基准折现率为 8%，企业所得税税率为 25%。

要求：

(1)指出甲方案第 1 至 7 年的现金净流量（$NCF_{1\sim7}$）属于何种年金形式，并说明理由；

(2)计算乙方案各年的现金净流量；

(3)计算丙方案各年的现金净流量；

(4)计算甲、丙两方案的动态投资回收期；

(5)计算各方案的净现值；

(6)判断使用哪种指标对甲、乙、丙方案进行决策，并选择其中最优的方案。

# 第六章　营运资金管理

**【本章知识目标】**

- 掌握营运资金的概念。
- 掌握货币资金的概念和管理。
- 掌握结算资金的主要内容。
- 掌握存货的分类、日常管理和控制。
- 掌握最佳现金余额的计算公式。
- 掌握应收账款的功能与成本、信用政策及其决策方法。
- 掌握应收账款的监控与日常管理。
- 了解货币利用效果的常用指标。

**【本章技能目标】**

能够进行货币资金利用效果考核分析，提高货币资金的利用率。

能运用信用政策，搞好应收账款管理。

能够确定存货的合理定额，减少企业资金占用。

能够熟练运用存货盘点方法组织盘点。

## 第一节　营运资金管理概论

### 一、营运资金的概念、特点、管理原则

1. 营运资金的概念

营运资金是指在企业生产经营活动中占用在流动资产上的资金。广义营运资金，又称毛营运资金，指流动资产总额。具体包括现金、有价证券、应收账款、存货等占用的资金。狭义营运资金，又称净营运资金，指流动资产减去流动负债后的净额。

流动资产是指可以在一年内或超过一年的一个营业周期内变现或运用的资产，流动资产

具有占用时间短、周转快、易变现等特点。企业拥有较多的流动资产，可在一定程度上降低财务风险。流动资产在资产负债表上主要包括以下项目：货币资金、短期投资、应收票据、应收账款、预付费用和存货。

流动负债是指需要在一年或者超过一年的一个营业周期内偿还的债务。流动负债又称短期融资，具有成本低、偿还期短的特点，必须认真进行管理，否则，将使企业承受较大的风险。流动负债主要包括以下项目：短期借款、应付票据、应付账款、应付工资、应付税金及未交利润等。

营运资金＝流动资产－流动负债

营运资金越多，说明不能偿还的风险越小。因此，营运资金的多少可以反映偿还短期债务的能力。但是，营运资金是流动资产与流动负债之差，是个绝对数，如果公司之间规模相差很大，绝对数相比的意义很有限。而流动比率是流动资产和流动负债的比值，是个相对数，排除了公司规模不同的影响，更适合公司间以及本公司不同历史时期的比较。

如果流动资产－流动负债＞0，则与此相对应的"净流动资产"是以长期负债和投资人权益的一定份额为资金来源；

如果流动资产－流动负债＝0，则占用在流动资产上的资金都是流动负债融资；

如果流动资产－流动负债＜0，则流动负债融资，由流动资产和固定资产等长期资产共同占用，偿债能力差。营运资金管理的重要性体现在营运资金正常周转是企业生存和发展的重要基础。

营运资金＝流动资产－流动负债
＝(总资产－非流动资产)－(总资产－所有者权益－长期负债)
＝(所有者权益＋长期负债)－非流动资产
＝长期资本－长期资产

2. 营运资金的特点

(1)营运资金的周转具有短期性：通常在一年或一个营业周期内收回，对企业影响的时间较短，可以商业信用、银行短期借款等短期筹资方式解决；

(2)营运资金的实物形态具有易变现性：具有较强的变现能力；

(3)营运资金的数量具有波动性：数量随企业内外条件的变化而变化；

(4)营运资金的实物形态具有变动性：实物形态经常变化，在现金、材料、在产品、产成品、应收账款、现金之间顺序变化；

(5)营运资金的来源具有灵活多样性：可通过银行短期借款、短期融资券、商业信用、应交税金、应交利润、应交工资、预收货款、票据贴现等筹集资金。

3. 营运资金的管理原则(集中于短期筹资和短期资金应用)

(1)认真分析生产经营状况，合理确定营运资金的需要数量；

(2)在保证生产经营需要的前提下，节约使用资金；

(3)加速营运资金周转，提高资金的利用效果；

(4)合理安排流动资产与流动负债的比例关系，保证企业有足够的短期偿债能力。

## 二、企业筹资组合

企业筹资组合是指企业资金总额中短期资金与长期资金的配比关系。

(一)影响企业筹资组合的因素

(1)风险与成本。

短期资金的风险比长期资金大：短期资金到期日近，可能产生不能按时清偿的风险（再融资风险）；利息成本上的不确定性。

长期资金的成本比短期资金要高：长期资金利息高；长期资金缺少弹性。

（2）企业所处的行业。

（3）经营规模。

（4）利息率状况。

（二）企业的筹资组合的三种策略

（1）正常（匹配）融资组合：短期流动资产用流动负债来满足，长期流动资产和固定资产用长期资金满足。

效果——成本、收益和风险居中。

（2）冒险筹资组合：流动负债不但满足短期流动资产的需要，而且还要满足部分长期流动资产的需要。

效果——成本低，收益高，风险大。

（3）保守筹资组合：流动负债只满足部分短期流动资产的需要，另一部分短期流动资产和长期流动资产由长期资金满足。

效果——成本高，收益低，风险小。

### 三、企业资产组合

企业资产组合是指企业资产总额中流动资产与非流动资产的比例关系。

（一）影响资产组合的因素

（1）风险与报酬。

（2）企业所处的行业：商业企业流动资产所占比重相对较大，工业企业流动资产所占比重相对较小。

（3）企业规模：规模越大，流动资产比重相对下降。

（4）利息率的变化：利息率高，减少流动资产比重，反之亦然。

（二）资产组合策略

流动资产数量按其在生产经营过程中的功能分为正常需要量和保险储备量。

资产组合策略的三种策略：

（1）适中的资产组合：在保证正常需要的情况下，再适当地留有一定保险储备，以防不测。

（2）保守的资产组合：在正常生产经营需要量和正常保险储备量的基础上，再加上一部分额外的储备量。

（3）冒险的资产组合：只安排正常生产经营需要量而不安排或只安排很少的保险储备量。

## 第二节　货币资金管理

### 一、货币资金管理的意义和原则

（一）意义

货币资金作为支付工具和偿债手段，如果其收支不能较好地配合，很容易导致周转失灵。

同时，货币资金流动性强，也容易成为贪污挪用的对象。因此，加强货币资金的管理与控制，对中小企业具有十分重要的意义。

(1)加强保护货币资金的安全，防止贪污、盗窃和侵吞货币资金，杜绝因挪用、滥用货币资金而造成的货币资金的短缺和损失。

(2)在保证公司生产经营过程中有足够的货币资金前提下，合理调度资金，加速资金的周转，以促进生产经营的发展。

(3)利用对货币资金的预测数据做好资金收付计划，积极组织货币资金的收支，有利于利用闲置资金进行投资。

(4)严格执行国家的财经政策和财经纪律，减少货币流通，维护经济秩序。

(二)货币资金管理和控制原则

1. 严格职责分工

不相容职务相分离原则是一项严密的内部牵制制度，即将涉及货币资金不相容的职责分由不同的人员担任，以减少和降低货币资金管理上舞弊的可能性。

2. 实行交易分开

为防止将现金收入直接用于现金支出的坐支行为，必须实行交易分开原则，即将现金支出业务与现金收入业务分开处理。

3. 实施内部稽核

内部稽核制度也是会计内部控制制度的重要一环，即设置内部稽核单位和人员，建立内部稽核制度，以加强对货币资金管理的监督，及时发现货币资金管理中存在的问题并予以改进。

4. 实施定期轮岗制度

指对涉及货币资金管理和控制的业务人员实行定期轮换岗位，以减少货币资金管理与控制中产生舞弊的可能性，及时发现有关人员的舞弊行为。

(三)货币资金管理的控制重点

1. 把好"一关"，即货币资金的支出关

常言说，节流等于开源。因此，控制非法和不合理的资金支出，等于带来了等量的资金流入。但如何判定哪些支出合法、合理，而哪些支出有问题、有"嫌疑"呢？关键是看支出程序是否合法、合理。为此，要做到"四审四看"，即：一是审支付申请，看是否有理有据；二是审支付程序，看审批程序、权限是否正确，审批手续是否完备；三是审支付复核，看复核工作是否到位；四是审支付办理，看是否按审批意见和规定程序、途径办理，出纳人员是否及时登记现金和银行存款日记账。

2. 管住"七个点"

(1)管住货币资金的流入点。具体地说，就是要分清钱是从哪儿来的，以什么形式来的，来了多少，还缺多少，没来的钱怎么办。同时，对已取得的货币资金收入必须及时入账，不得私设小金库，不得账外设账，严禁收款不入账。

(2)管住银行开户点。对银行账户的开立、管理等要有具体规定。有些单位以各种理由在同一银行的不同营业网点开立账户，或者同时跨行开户、多头开户、随意开户，甚至将单位公款以职工个人名义私存银行。究其原因，不外乎一是为了防止银行扣款而"改头换面"、"狡兔三窟"；二是搞"小金库"，方便支出。因此，按照有关规定，应及时、定期对银行开户点进行认真清理和检查。

(3)管住现金盘存点。有些单位的日常现金盘点工作是由现金出纳人员自行完成的，这种做法需要改进,至少应增加其他第三者参与盘点或监盘的内容,保证现金账面余额与实际库存相符。

(4)管住银行、客户对账点。一切贪赃枉法行为都喜欢秘密、黑暗,怕见光,怕公开。对账就是公开,就是使双方或多方经济交易事项明朗化。一般而言,单位与银行之间的对账较有规律,按照有关规定,每月至少要核对一次。相比之下,单位与客户之间的对账难度要大得多。一是因为社会信用危机的普遍存在,使得逃债的行为时有发生;二是客户分布天南地北,相隔遥远,比较复杂,客观上增加了对账的难度。因此,应加强与异地和同城单位之间往来款项的核对,确保货币资金支付合理,回收及时、足额。

(5)管住票据及印章保管点。任何单位都应该明白一个道理,那就是:“薄薄票据,价格千金;小小印章,力重万钧。”因此,各单位要明确各种票据的购买、保管、领用、背书转让、注销等环节的职责权限和程序,并专设备查簿登记,防止空白票据的遗失和被盗用,并且备查簿需作会计档案管理。同时,单位必须加强银行预留印鉴的管理,严禁由一个人保管支付款项所需的全部印章。毕竟,制度约束比个人的自觉性更可靠、更有效。

(6)管住督促、检查点。任何人或多或少都可能有些惰性,任何制度也或多或少有些漏洞。因此,加强对与货币资金有关的人员和制度的督促检查很有必要。对监督检查过程中发现的问题,应当及时采取措施,加以纠正和完善。

(7)管住财会人员的任用点。财会人员要具有政治思想好、业务能力强、职业道德好的良好素质,还要具备从业资格和任职资格。同时,要建立定期换岗、轮岗制度,防止一个人在财会部门长时期做同一工作。这样既可使财会人员学到新的业务,掌握新的知识,综合能力进一步提高,又使常年不“挪窝”易滋生的懒散习气和小团体势力得以克服和抑制,还可能使一些长期隐蔽的违法犯罪活动因人事变动、新人接手而被揭示出来。

## 二、现金管理

### (一)现金管理的内容

现金管理的内容包括:(1)编制现金预算。(2)对现金收支的日常控制:①加速收款;②延缓付款。(3)确定最佳的现金余额。

1. 编制现金预算

现金预算,是指用于预测组织还有多少库存现金,以及在不同时点上对现金支出的需要量。这是企业最重要的一项控制,因为把可用的现金去偿付到期的债务乃是企业生存的首要条件。一旦出现库存、机器以及其他非现金资产的积压,那么,即便有了可观的利润也并不能给企业带来什么好处。现金预算还表明可用的超额现金量,并能为盈余制定营利性投资计划、为优化配置组织的现金资源提供帮助。

现金预算的汇总,由现金收入、现金支出、现金多余或不足、资金的筹集和运用四个部分组成。

“现金收入”部分包括期初现金余额和预算期现金收入,现金收入的主要来源是销货收入。年初的“现金余额”是在编制预算时预计的;“销货现金收入”的数据来自销售预算;“可供使用现金”是期初现金余额与本期现金收入之和。

“现金支出”部分包括预算的各项现金支出。其中,“直接材料”、“直接人工”、“制造费用”、“销售与管理费用”的数据分别来自有关预算;“所得税”、“购置设备”、“股利分配”等现金支出的数据分别来自另行编制的专门预算。

“现金多余或不足”是现金收入合计与现金支出合计的差额。差额为正,说明收入大于支出，现金有多余，可用于偿还借款或用于短期投资；差额为负，说明支出大于收入，现金不足，需要向银行取得新的借款。

2. 现金收支的日常控制

(1)开户单位现金收入应当于当日送存开户银行。当日送存确有困难的，由开户银行确定送存时间。

(2)开户单位支付现金，可以从本单位库存现金限额中支付或者从开户银行提取，不得从本单位的现金收入中直接支付(即坐支)。因特殊情况需要坐支现金的，应当事先报经开户银行审查批准，由开户银行核定坐支范围和限额。坐支单位应当定期向开户银行报送坐支金额和使用情况。

(3)开户单位根据《现金管理暂行条例》第五条和第六条的规定，从开户银行提取现金，应当写明用途，由本单位财会部门负责人签字盖章，经开户银行审核后，予以支付现金。

(4)因采购地点不固定，交通不便，生产或者市场急需，抢险救灾以及其他特殊情况必须使用现金的，开户单位应当向开户银行提出申请，由本单位财会部门负责人签字盖章，经开户银行审核后，予以支付现金。

(5)各部门必须根据财务规定使用现金，公司所有收入必须上缴财务部管理，严禁“收入不入账”，出纳人员必须做到“日清月结”，不得以借据、白条、实物或其他不符合财务制度的凭证抵充库存现金。库存现金较多时，应及时送存银行。保管现金要有安全措施，不准用铁皮柜、木柜存放现金，防止被盗丢失。

(6)正常开支借用的现金，必须明确用途、数额，并经单位领导核实批准后方可办理。各类借款必须在任务完成后一周内结算还清，超出半个月未还者，从个人工资及补贴中扣回。

(7)借用现金必须是本单位的正式员工，外单位人员和临时聘用人员一律不准借用现金。

(8)库存现金每周定期盘存，并不定期抽查，每日现金库存额度为20 000元。

3. 最佳现金余额的确定

确定最佳现金余额的方法有成本分析模型、存货模型、随机模型、现金周转期法。下面介绍存货模型。

存货模型的基本想法就是持有现金和持有存货有相似之处，可以采用存货经济批量模型来决定最佳现金持有量。也就是使得现金总成本(机会成本、转换成本和短缺成本)最低的现金持有量是最佳的。

$$TC=N/2\times i+D/N\times b$$

式中：$TC$——现金的总成本；

$N$——现金余额；

$D$——特定时间内现金的需求总量；

$b$——现金与有价证券的转换成本；

$i$——短期有价证券收益率。

令 $TC'=0$，得出最佳现金持有量：

$$N^*=\sqrt{2Tb/i}$$

此时，最低现金总成本：

$$TC^*=\sqrt{2bTi}$$

**[例 6—1]** 某公司现金收支平稳，预计全年(按 360 天计算)现金需要量为250 000元，有价证券转换成现金的成本为每次 500 元，有价证券报酬率为 10%。则该公司的最佳现金持有

量为(　　)元。

A. 10 000　　B. 25 000　　C. 50 000　　D. 100 000

【答案】 C

【解析】 最佳现金持有量$=\sqrt{(2\times250\ 000\times500)/10\%}=50\ 000$(元)

## 三、银行存款管理

(一)银行存款管理制度

1. 银行开户

开立银行账户时,开户银行要尽量选择全国性的、信誉和服务良好的大银行。

对于银行账户的账号必须保密,非因业务需要不准外泄。财务部应定期检查银行账户开设及使用情况,对不再需要使用的账户,及时清理销户。检查中一旦发现问题,应及时清理、销户。

公司银行账户的开户、存储资金的分配、销户要立足于和银行发展长期的合作关系,不得随便因个人关系而转移。

由财务主管牵头组织不定期地审查银行账户,发现私开账户或没按规定及时清理、撤销账户等问题时,须严肃处理,涉及犯罪的须移交司法机关,追究当事人的法律责任。

2. 银行结算的种类

根据公司业务发展的需要,可以选用银行本票、支票、汇票、委托收款或托付承付等结算方式进行银行结算。

为了及时掌握公司货币资金动态,公司应指定专门的负责人与公司各开户银行保持联系,并及时收取银行结算凭证。

银行存款的收款、付款凭证都必须附有加盖银行公章的银行结算凭证。公司应对收款凭证、付款凭证、银行凭证及原始凭证进行稽核,并严格审查,以防套用、挪用资金,杜绝贪污等违法犯罪行为发生。

银行支票(包括转账支票和现金支票)由出纳负责保管和签发,出纳必须遵守下列条款:

(1)不能签发空头支票。

(2)不能签发超过时间规定的支票,及远期或过期支票。

(3)不能将支票交由收款公司或个人代为签发。

(4)不能签发印鉴不全、不符合规定的支票。

(5)不能出租、出借支票或将支票转让给别的公司或个人使用。

(6)不能将支票用做抵押。

公司可对符合审批程序、手续完备、核实无误并有用款计划的付款业务签发支票。如有银行支票遗失或被盗等意外发生,出纳必须及时向财务主管,同时向开户银行挂失,并登报声明作废。

撤销账户时,应将剩余的空白支票全部交回原开户银行注销。

3. 银行存款结算业务管理流程

授权办理业务:业务部门经理根据公司的规定和需要授权业务经办人员办理涉及银行存款收支的经济业务或收付往来账款事项。

签订结算合同:业务经办人员办理业务时,应与对方商定收付款的结算方式和结算时间等,并以合同和其他契约的形式加以明确。

填制或取得原始凭证:业务经办人员按照财务会计制度规定填制或取得原始凭证,作为办理银行存款收支业务的书面凭证,如购货发票、销货发票等。

业务经办人员在原始凭证上填清业务内容并签字盖章;业务部门经理或公司指定审核人员审核签字,批准办理结算业务。

填制和取得结算凭证:会计根据审签的原始凭证,按照会计规定手续和结算方式填制或取得银行存款结算凭证。

编制记账凭证:会计根据审签的记账凭证及原始凭证编制银行存款收付记账凭证。

登记日记账:出纳根据审签的记账凭证,逐笔登记银行存款日记账。

登记明细账及总账:分管会计根据审签的记账凭证,登记相应的明细账;总账会计按照规定的核算形式登记总账。

编制银行存款余额调节表:每月月末,会计应根据银行对账单,编制银行存款余额调节表。会计将银行存款余额调节表按时间顺序装订成册,并报财务主管审批,审批通过后据以调账核对。

核对账目:由非记账人员核对银行存款日记账和有关明细账、总分类账,如发现误差应上报,经批准后予以处理。

4. 银行存款收支业务的管理漏洞

私自提现、支票套物。会计人员或出纳人员私自签发现金支票,用于提现或购商品、物资,不留存根,不记账,将所提现金、所购商品、物资据为己有。

涂改银行对账单。出纳人员私自提现,然后涂改银行对账单上的发生额,使其与银行存款日记账上的金额相符,以掩盖银行存款减少的事实。

私自背书转让,出借支票。会计将转账支票、汇票及银行本票私自转让给其他单位,或将支票借给他人用于结算,允许他人使用本企业开设的银行账户为其办理转账业务,从中牟取私利。

多头开户,套取利息。会计人员利用个别银行间相互拉客户的机会,私自利用企业印章在他行开设存款账户,对收进的款项存入私设的户头,等期末再存入单位账号,将私存期间的利息据为己有。

5. 网上银行存款的管理

开办网上银行账户时,应严格按照开设银行账户的审批流程办理。网上银行的银行存款业务审批与管理应严格按照普通银行存款的相关管理规定执行。至少应设操作员、复核员与转账员三级对网上银行的银行存款业务进行管理。电子银行卡与密码的保管人员不得将卡交予其他人员,需定期更换密码。电子银行卡丢失时需及时挂失、上报,否则一切后果由保管人员自负。

## 第三节 其他流动资产管理

### 一、应收账款的管理

(一)应收账款的功能与成本

1. 应收账款的功能

(1)增加销售:扩大销售,销售的增加会带来销售利润的增加。

$$\Delta 利润=\Delta 销售额\times 销售利润率$$

(2)减少存货。

2. 应收账款的成本

包括:

(1)应收账款的机会成本(即被占用资金的利息)。

(2)管理成本,包括:评估客户信用、记账、收账及其他费用。

(3)坏账损失增加。

(4)折扣支出(在有折扣的条件下)。

**[例6—2]** 由竞争引起的应收账款,是一种商业信用,而由于销售和收款时间差造成的应收账款不属于商业信用。( )

【答案】 √

【解析】 出于扩大销售的竞争需要,企业不得不以赊销或其他优惠方式招揽顾客,于是就产生了应收账款。由竞争引起的应收账款,是一种商业信用。由于销售和收款时间差造成的应收账款不属于商业信用,也不是应收账款管理的主要内容。本题的说法是正确的。

(二)应收账款的信用政策

制定应收账款信用政策的决策是:

$$\Delta 收益>\Delta 成本费用$$

信用政策包括三部分:

(1)信用标准:事前的风险控制(是对客户的选择)。

(2)信用条件:与客户交易时提出的付款条件。

(3)收款政策:对逾期应收账款的催收。

信用标准代表公司愿意承担的最大的付款风险的金额。

在决定是否给予顾客信用时需要考虑两个关键因素:第一,如果公司执行的信用标准过于严格,可能会降低对符合可接受信用风险标准客户的赊销额,因此会限制公司的销售机会。第二,如果公司执行的信用标准过于宽松,可能会对不符合可接受信用风险标准的客户提供赊销,因此会增加随后还款的风险并增加坏账费用。

(三)应收账款的日常控制

1. 调查客户信用

信用调查是指收集和整理反映客户信用状况的有关资料的工作,是企业应收账款日常管理的基础,是正确评价客户信用的前提条件。

信用调查有两种方法:

直接调查,是调查人员通过与被调查单位进行直接接触,通过当面采访、询问、观看等方式获取信用资料的一种方法。

间接调查,是以被调查单位以及其他单位保存的有关原始记录和核算资料为基础,通过加工整理获得被调查单位信用资料的一种方法。

2. 信用评估

"五C"评估法:品德(Character)、能力(Capacity)、资本(Capital)、担保(Collateral)、条件(Condition)。

品德是指个人申请人或公司申请人管理者的诚实和正直表现。品德反映了个人或公司在过去的还款中所体现的还款意图和愿望。

能力反映个人或公司在其债务到期时可以用于偿债的当前和未来的财务资源，可以使用流动比率和现金流预测等方法评价申请人的还款能力。

资本是指如果公司或个人当前的现金流不足以还债，他们在短期和长期内可以使用的财务资源。

担保是指当公司或个人不能满足还款条款时，可以用作债务担保的资产或其他担保物。

条件是指影响顾客还款能力和还款意愿的经济环境，对申请人的这些条件进行评价以决定是否给其提高信用。

首要因素是考察企业管理者的品德。

3. 监控应收账款

包括分析应收账款周转速度，衡量是否拖欠；用账龄分析法，追踪每一笔应收账款；对应收账款余额进行分析，对重要的现金流预测分析监控；用 ABC 分析法，确定重点监控对象。

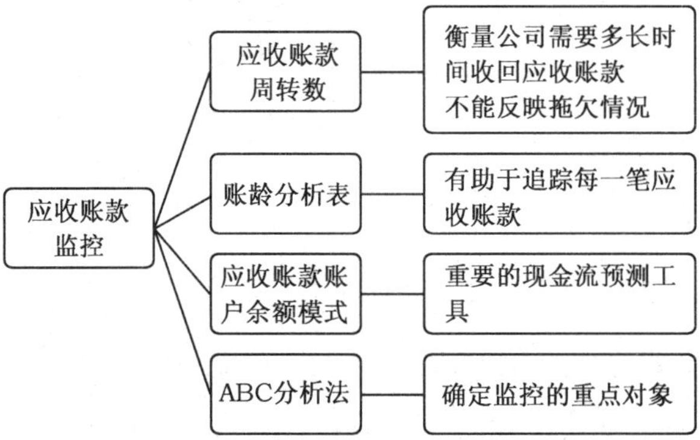


**[例 6—3]** 假设 2016 年 3 月底在外的应收账款为285 000元，信用条件为在 60 天按全额付清货款，过去 3 个月的赊销情况为：1 月份：90 000元，2 月份：105 000元，3 月份：115 000元。

应收账款周转天数的计算：

(1)平均日销售额$=\dfrac{90\,000+105\,000+115\,000}{90}=3\,444.55$(元)

(2)应收账款周转天数$=\dfrac{\text{在外应收账款}}{\text{平均日销售额}}=\dfrac{285\,000}{3\,444.44}=82.74$(天)

(3)平均逾期天数＝应收账款周转天数－平均信用期天数

$=82.74-60=22.74$(天)

**[例 6—4]** 假设信用期为 30 天，表 6—1 的账龄分析表反映出 30%的应收账款为逾期账款。

**表 6—1　　账龄分析表**

| 账龄(天) | 应收账款金额(元) | 占应收账款的百分比 |
|---|---|---|
| 0～30 | 1 750 000 | 70% |
| 31～60 | 375 000 | 15% |
| 61～90 | 250 000 | 10% |
| 91 以上 | 125 000 | 5% |
| 合　计 | 2 500 000 | 100% |

**[例 6—5]** 某公司应收账款逾期金额为 260 万元，为了及时收回逾期货款，公司采用

ABC分析法来加强应收账款回收的监控。具体数据如表6—2所示。

表6—2 欠款客户ABC分类法(共50家客户)

| 顾客 | 逾期金额(万元) | 逾期时间 | 比重 | |
|---|---|---|---|---|
| A | 85 | 4个月 | 32.69 | A |
| B | 46 | 6个月 | 17.69 | |
| C | 34 | 3个月 | 13.08 | |
| 小计 | 165 | | 63.46 | |
| D | 24 | 2个月 | 9.23 | B |
| E | 19 | 3个月 | 7.31 | |
| F | 15.5 | 2个月 | 5.96 | |
| G | 11.5 | 55天 | 4.42 | |
| H | 10 | 40天 | 3.85 | |
| 小计 | 80 | | 30.77 | |
| I | 6 | 30天 | 2.31 | C |
| J | 4 | 28天 | 1.54 | |
| ⋮ | ⋮ | ⋮ | ⋮ | |
| 小计 | 15 | | 5.77 | |
| 合计 | 260 | | 100 | |

A类:逾期金额比重大,占客户数量的比例低——催款的重点;C类:逾期金额比重小,占客户数量比例高;B类:介于A与C之间。

对这三类不同的客户,应采取不同的收款策略。例如,对A类客户,可以发出措施较为严厉的信件催收,或派专人催收,或委托收款代理机构处理,甚至可通过法律解决;对B类客户则可以多发几封信函催收,或打电话催收;对C类客户只需要发出通知其付款的信函即可。

## 二、存货管理

存货(Inventory)是指企业或商家在日常活动中持有以备出售的原料或产品、处在生产过程中的在产品、在生产过程或提供劳务过程中耗用的材料、物料、销售存仓等。存货区别于固定资产等非流动资产的最基本的特征是,企业持有存货的最终目的是为了出售,不论是可供直接销售(如企业的产成品、商品等),还是需经过进一步加工后才能出售(如原材料等)。

(一)存货的分类

存货按不同的生产环节分为不同的种类,这里按照经济用途划分为以下几类:

1. 原材料

指企业在生产过程中经加工改变其形态或性质并构成产品、主要实体的各种原料及主要材料、辅助材料、外购半成品(外购件)、修理用备件(备品备件)、包装材料、燃料等。为建造固定资产等各项工程而储备的各种材料,虽然同属于材料,但是,由于用于建造固定资产等各项工程不符合存货的定义,因此不能作为企业的存货进行核算。

2. 在产品

指企业正在制造尚未完工的产品,包括正在各个生产工序加工的产品和已加工完毕但尚未检验或已检验但尚未办理入库手续的产品。

3. 半成品

指经过一定生产过程并已检验合格交付半成品仓库保管，但尚未制造完工成为产成品，仍需进一步加工的中间产品。半成品不包括从一个生产车间转给另一个生产车间待继续加工的在产品以及不能单独计算成本的在产品。

4. 产成品

指工业企业已经完成全部生产过程并验收入库，可以按照合同规定的条件送交订货单位或者可以作为商品对外销售的产品。企业接受外来原材料加工制造的代制品和为外单位加工修理的代修品，制造和修理完成验收入库后，应视同企业的产成品。

5. 商品

指商品流通企业外购或委托加工完成验收入库用于销售的各种商品。

6. 周转材料

指企业能够多次使用，但不符合固定资产定义的材料，如为了包装本企业商品而储备的各种包装物，各种工具、管理用具、玻璃器皿、劳动保护用品以及在经营过程中周转使用的容器等低值易耗品和建造承包商的钢模板、木模板、脚手架等其他周转材料。但是，周转材料符合固定资产定义的，应当作为固定资产处理。

7. 委托加工物资

指小企业委托外单位加工的各种材料、商品等物资。

8. 消耗性生物资产

是指小企业(农、林、牧、渔业)生长中的大田作物、蔬菜、用材林以及存栏待售的牲畜等。

存货一般占企业流动资产的40%～60%，比重大，金额大。存货管理是企业管理的重要内容。

(二)存货的成本

存货成本是指购买和维持存货的相关费用。其内容有：(1)取得成本(包括订货和购置成本)；(2)储存成本；(3)短缺成本。

1. 存货取得成本

在实际工作中，影响企业存货入账价值的因素主要有以下几个方面：

(1)外购存货的成本。

①购货价格应根据发票金额确认，但不包括按规定可以抵扣的增值税额。

②其他可归属于存货采购成本的费用，是指企业购入存货在入库以前所需要支付的各种费用，如在存货采购过程中发生的仓储费、包装费、运输途中的合理损耗、入库前的挑选整理费用等。

③相关税费，是指企业购买、自制或委托加工存货发生的进口关税、消费税、资源税和不能抵扣的增值税进项税额等应计入存货采购成本的税费。

(2)加工取得的存货成本，由采购成本、加工成本构成。

(3)其他方式取得的存货的成本。

①投资者投入存货的成本，应按照投资合同或协议约定的价值确定，但合同或协议约定的价值不公允的除外。

②通过非货币性资产交换、债务重组、企业合并等方式取得的存货成本，按相关会计准则的规定确定。

③盘盈存货的成本，应按其重置成本作为入账价值，并通过“待处理财产损溢”科目进行会计处理，按管理权限报经批准后冲减当期管理费用。

2. 订货成本与购置成本

订货成本是指取得订单的成本。如办公费、差旅费、邮费、电报电话费等。

按照其与订货次数的关系，可以分为变动性订货成本（差旅费等）和固定性订货成本（采购机构的基本开支，用 $F_1$ 表示）。

$$订货成本 = F_1 + \frac{D}{Q}K$$

式中，$D$——存货年需要量；

$Q$——每次进货量；

$K$——每次订货的变动成本。

购置成本是指为购买存货本身所支出的成本，即指存货本身的价值。购置成本等于采购单价（用 $U$ 表示）乘以数量 $D$，即购置成本为 $DU$。

［注意］（1）在一定时期进货总量既定的条件下，无论企业采购次数如何变动，存货的购置成本通常保持相对稳定（假定物价不变且无采购数量折扣），因而属于决策的无关成本。

（2）订货成本加购置成本，就等于存货的取得成本。

$$取得成本 = 订货成本 + 购置成本 = F_1 + \frac{D}{Q}K + DU$$

3. 储存成本

储存成本是指为保持存货而发生的成本，包括存货占用资金所应计的利息、仓库费用、保险费用、存货破损和变质损失等，通常用 $TC_c$ 来表示。

储存成本也分为固定成本和变动成本。固定成本与存货数量的多少无关，如仓库折旧、仓库职工的固定工资等，常用 $F_2$ 表示。变动成本与存货的数量有关，如存货资金的应计利息、存货的破损和变质损失、存货的保险费用等，单位成本用 $K_c$ 来表示。储存成本的公式为：

$$储存成本 = 储存固定成本 + 储存变动成本$$

4. 缺货成本

缺货成本是指由于存货供应中断而造成的损失，包括材料供应中断造成的停工损失、产成品库存缺货造成的拖欠发货损失和丧失销售机会的损失及造成的商誉损失等；如果生产企业以紧急采购代用材料解决库存材料中断之急，那么缺货成本表现为紧急额外购入成本。缺货成本用 $TC_s$ 表示。

如果以 $TC$ 来表示储备存货的总成本，它的计算公式为：

$$TC = TC_a + TC_c + TC_s = F_1 + \frac{D}{Q}K + DU + F_2 + K_c\frac{Q}{2} + TC_c$$

5. 存货发出成本

企业应当根据实际情况合理地选择发出存货成本的计算方法，以合理确定当期发出存货的实际成本。

（1）个别计价法。这样计算发出存货和期末存货的成本比较合理、准确。

（2）先进先出法。是以先购入的存货应先发出（销售或耗用）这样一种存货实物流转假设为前提，对发出存货进行计价。

（3）加权及移动加权平均法。加权平均法不利于加强对存货的管理。因此从管理角度看这种方法并不是很严谨。而移动加权平均能使管理当局及时了解存货的结存情况，而且计算的平均单位成本以及发出和结存的存货成本比较客观。

(4)计划成本法。存货的收入、发出和结存均采用计划成本进行日常核算。

6. 存货经济订货量的确定

经济订货量是指既能满足生产经营对存货的正常需要,又使存货总成本最低的某种存货的订货量。(条件:不考虑存货的短缺成本)

(1)当采购没有价格折扣时,需要考虑影响成本的因素是:

$$TC(Q)=K\times D/Q+Q/2\times K_c$$

变动的订货成本和变动的储存成本在每次采购数量(Q)不同时,此消彼长。

$$\text{最优经济采购量 } Q=\sqrt{\frac{2KD}{K_c}}$$

$$\text{年最佳订货批数 } N^*=D/Q^*$$

(2)存在商业折扣时经济采购批量的决策:

当订货数量达到某一水平时会给予适当的数量折扣优惠,存货的购置成本也会随着订货量的增减变化而发生相应的变化,所以在确定经济批量时,应将购置成本考虑在内。

不同的采购量,价格不同,因此 $A\times P$ 成为决策的相关成本。

$$TC=Q/2\times C+A/Q\times F+A\times P$$

决策:比较,按总成本最低时的数量采购。

7. ABC 控制法(管理中重点管理原则)

按存货在总体中的重要程度,分为 A、B、C 不同的类别,采取不同的管理方法。

分类标准:金额标准为主,数量标准为辅。项目较少,而价值较大为 A;项目较多,而价值较低为 C;中间为 B。如表 6—3 所示。

**表 6—3　　ABC 控制法**

| 类别 | 特　点 | 管理方法 |
|---|---|---|
| A | 品种数量占全部库存的 10%～15%,但价值占全部库存的 50%～70% | 重点控制、严格管理 |
| B | 品种数量占全部库存的 20%～25%,但价值占全部库存的 15%～20% | 一般管理(比 C 类管理严格) |
| C | 品种数量占全部库存的 60%～70%,但价值占全部库存的 10%～35% | 一般管理 |

8. 存货的日常管理

(1)存货采购。一律通过供应部统一采购,各部门需采购存货时,应填写一式三份的采购申请表,列明其要求和建议,经部门负责人审批后交供应部。供应部根据公司采购流程实施采购。

(2)存货的验收、入库。

①外购存货,公司仓库管理人员应根据随货同行的送货单验收货物,需要确认货物是否为公司订单所订货物,实物货物是否与送货单一致,货物是否有损伤。

②自制存货,生产部门加工完毕移交于仓库的产品,由仓库部门认真验收合格后,填具产成品入库单,并经双方签字、确认。

(3)存货的发出。

①外销。仓库管理员根据订单生成销售出库单并发货,打印销售出库单。

②内部领用。仓库管理员根据审核批准后的领料申请单发货。

(4)存货的盘点。

企业确定存货的实物数量有两种方法:一种是实地盘存制;另一种是永续盘存制。

①实地盘存制。“实地盘存制”又称“定期盘存制”,是指企业平时只在账簿中登记存货的增加数,不记减少数,期末根据清点所得的实存数,计算本期存货的减少数。使用这种方法平时的核算工作比较简便,但不能随时反映各种物资的收发结存情况,不能随时结转成本,并把物资的自然和人为短缺数隐含在发出数量之内;同时由于缺乏经常性资料,不便于对存货进行计划和控制,所以实地盘存制的实用性较差。通常仅适用于一些单位价值较低、自然损耗大、数量不稳定、进出频繁的特定货物。

(2)永续盘存制。“永续盘存制”又称“账面盘存制”,是指企业设置各种数量金额的存货明细账,根据有关凭证,逐日逐笔登记材料、产品、商品等的收发领退的数量和金额,随时结出账面结存数量和金额。采用永续盘存制,可随时掌握各种存货的收发、结存情况,有利于存货管理。

为了核对存货账面记录,永续盘存制同时要求进行存货的实物盘点。会计年度终了,应进行一次全面的盘点清查,并编制盘点表,保证账实相符,如有不符应查明原因及时处理。

小企业会计实务中,存货的数量核算一般采用永续盘存制。但不论采用何种方法,前后各期应保持一致。

存货盘点应由仓库管理人员及独立的会计记账人员和科室存货保管人员共同进行。存货盘点清查一方面要核对实物的数量,看其是否与相关记录相符、是否账实相符;另一方面也要关注实物的质量,看其是否有明显的损坏。

### 主要概念

营运资金　现金成本　现金管理制度　应收账款周转率　存货周转率　流动比率
速动比率　5C 评估法　ABC 控制法　存货订货成本　存货经济订货量　永续盘存
实际盘存　最佳货币量　存货的构成　存货日常管理流程

## 课后习题

### 一、单项选择题

1. 企业信用政策的内容不包括(　　)。

A. 信用期间　B. 信用标准　C. 现金折扣政策　D. 收账政策

2. 按照随机模式,确定现金存量的下限时,应考虑的因素有(　　)。

A. 企业现金最高余额　B. 有价证券的日利息率

C. 有价证券的每次转换成本　D. 管理人员的风险承受倾向

3. 企业置存现金的原因,主要是为了满足(　　)。

A. 交易性、预防性、收益性需要　B. 交易性、投机性、收益性需要

C. 交易性、预防性、投机性需要　D. 预防性、收益性、投机性需要

4. 现金管理的目标是(　　)。

A. 权衡流动性和收益性　　B. 权衡流动性和风险性
C. 权衡收益性和风险性　　D. 权衡收益性、流动性、风险性

5. 在存货经济批量模式中，(　　)的变化与经济批量的变化同方向。

A. 订货提前期　　B. 保险储备量
C. 每批订货成本　　D. 每件年储存成本

6. 预计赊销额将由 6 000 万元变为 9 000 万元，收账期由 60 天变为 90 天，变动成本率为 80%，资金成本率为 10%，则该企业应收账款占用资金的应计利息增加额为(　　)万元。

A. 80　　B. 180　　C. 100　　D. 50

7. 在最佳现金持有量的存货模式中，若每次证券变现的交易成本降低且预期现金需要总量也降低，则最佳现金持有量(　　)。

A. 降低　　B. 升高　　C. 不变　　D. 无法确定

8. 研究保险储备的目的，就是要找出合理的保险储备量，使(　　)最小。

A. 存货总成本　　B. 缺货成本
C. 缺货成本和保险储备成本之和　　D. 经济批量相关总成本

9. 某公司持有有价证券的平均年利率为 5%，公司的现金最低持有量为1 500元，现金余额的最优返回线为8 000元。如果公司现有现金20 000元，根据现金持有量随机模型，此时应当投资于有价证券的金额是(　　)元。

A. 0　　B. 6 500　　C. 12 000　　D. 18 500

10. 对信用期间叙述不正确的是(　　)。

A. 延长信用期会使销售额增加，产生有利影响
B. 延长信用期会增加应收账款
C. 延长信用期一定会导致利润增加
D. 延长信用期会增加坏账损失和收账费用

## 二、多项选择题

1. 所谓"5C"系统，是评估顾客信用品质的五个方面，即品质、能力、资本、抵押和条件，下列说法中正确的是(　　)。

A. 能力是指顾客的财务实力和财务状况，表明顾客可能偿还债务的背景
B. 抵押是指顾客拒付款项或无力支付款项时能被用作抵押的资产
C. 条件是指可能影响顾客付款能力的经济环境
D. 资本是指顾客流动资产的数量和质量以及与流动负债的比例
E. 品质是指顾客的信誉，即履行偿债义务的可能性

2. 对信用期限的叙述不正确的是(　　)。

A. 信用期限越长，企业坏账风险越小
B. 延长信用期限，有利于销售收入的增加
C. 延长信用期限，不利于销售收入的增加
D. 信用期限越长，应收账款的机会成本越低

3. 下列各项中，与经济批量有关的因素是(　　)。

A. 每日消耗　　B. 每日供应量
C. 储存变动成本　　D. 订货提前期

4. 某零件年需要量 16 200 件，日供应量 60 件，一次订货成本 25 元，单位储存成本 1 元/年。假设一年为 360 天。需求是均匀的，不设置保险库存并且按照经济订货量进货，则(　　)。

A. 经济订货量为 1 800 件　　B. 最高库存量为 450 件

C. 平均库存量为 225 件　　D. 与进货批量有关的总成本为 600 元

## 三、计算题

1. ABC 公司 2016 年 12 月 31 日的资产负债表摘录如下：

**ABC 公司的资产负债表**

单位：元

| 资　产 | 金　额 | 负债及所有者权益 | 金　额 |
|---|---|---|---|
| 货币资金 | 5 200 | 应付账款 | |
| 应收账款净额 | | 应交税金 | 5 000 |
| 存货 | | 长期负债 | |
| 固定资产 | 60 000 | 实收资本 | 40 000 |
| | | 未分配利润 | |
| 总　计 | 86 800 | 总　计 | |

补充资料：

(1)年末流动比率 1.6；(2)产权比率 0.6；(3)以销售额和年末存货计算的存货周转率 15 次；(4)以销售成本和年末存货计算的存货周转率 10 次；(5)本年销售毛利64 000元。

要求：

(1)计算存货余额；

(2)计算应收账款净额、应付账款余额；

(3)计算长期负债；

(4)计算未分配利润余额。

2. D 公司资料如下：

**D 公司资产负债表**

2016 年 12 月 31 日

单位：万元

| 资　产 | 年初 | 年末 | 负债及所有者权益 | 年初 | 年末 |
|---|---|---|---|---|---|
| 流动资产 | | | 流动资产负债合计 | 450 | 300 |
| 货币资金 | 100 | 90 | 长期负债合计 | 250 | 400 |
| 应收账款净额 | 120 | 180 | 负债合计 | 700 | 700 |
| 存货 | 230 | 360 | 所有者权益合计 | 700 | 700 |
| 流动资产合计 | 450 | 630 | | | |
| 固定资产合计 | 950 | 770 | | | |
| 总　计 | 1 400 | 1 400 | 总　计 | 1 400 | 1 400 |

其他资料：

D 公司 2016 年度销售利润为 15%，总资产周转率为 0.52 次，权益乘数为 2.2，净资产收益率为 17.16%。D公司 2010 年度销售收入为 841 万元，净利润总额为 122 万元。

要求：

(1)计算 2016 年年末速动比率、资产负债率和权益乘数；

(2)计算 2016 年总资产周转率、销售净利率和净资产收益率；

(3)利用差额分析法分析销售净利率、总资产周转率和权益乘数变动对净资产收益率的影响。

# 第七章　收益与分配管理

**【本章知识目标】**

- 掌握营业收入的确定。
- 掌握企业营业收入的控制。
- 掌握企业应缴纳的主要税费。
- 掌握销售预测的方法和销售定价管理。
- 掌握成本归口分级管理，成本性态分析，标准成本、责任成本及作业成本管理。
- 熟悉股利政策及其影响因素、股利支付形式、股票回购。
- 了解收益分配管理的意义、内容。

**【本章技能目标】**

能够运用所学知识，正确认识企业收益管理。

能够对营业收入进行控制。

能够进行税收管理。

熟悉股利政策及其影响因素、股利支付形式、股票回购。

## 第一节　收益与分配管理概述

收益与分配管理包括了收入管理、成本费用管理和利润分配管理三部分。

### 一、收入管理

1. 收入管理的概念

收入管理是指在不同的时期、对具有不同需求的顾客采取不同的产品或服务定价，以产生最大收入或收益的综合计划策略。

广义的企业收入是指企业因销售商品、提供劳务、转让资产使用权所取得的各种收入的总称。由于销售收入应当是企业收入的主体，故本节所指收入主要指销售收入（或营业收入），即企业在日常经营活动中，由于销售产品、提供劳务等所形成的收入。

企业销售收入是企业的主要财务指标，在资金运动过程中处于起点和终点的地位，具有重要的经济意义。它是企业简单再生产和扩大再生产的资金来源，是加速资金周转的前提。由于销售收入具有重要的经济意义，所以必须加强企业销售收入的管理。

2. 收入管理的特点

(1)产品的易逝性；

(2)产品或服务可以在消费前销售；

(3)需求变化比较大；

(4)企业生产或服务能力相对固定，短期内不易变化；

(5)市场可以根据消费者的需求偏好进行细分，这是实行差别定价的前提。

3. 收入管理的内容

销售收入大小的制约因素主要是产品的销售数量和销售价格，因此，企业在经营管理过程中一定要做好销售预测分析以及销售定价管理。

4. 收入管理的意义

收入管理是企业财务管理的一个重要方面，它关系到企业的生存和发展，加强收入管理对企业有重要的意义。

收入是企业补偿生产经营耗费的资金来源。收入的实现关系到企业再生产活动的正常进行，加强营业收入管理，可以使企业的各种耗费得到合理补偿，有利于再生产活动的顺利进行。

收入是企业的主要经营成果，是企业取得利润的重要保障。加强营业收入管理是实现企业财务目标的重要手段之一。

收入是企业现金流入量的重要组成部分。

## 二、成本费用管理

成本费用是企业生产经营过程中资金消耗的反映，可以理解为企业为取得预期收益而发生的各项支出，主要包括制造成本和期间费用等。成本费用是衡量企业内部运行效率的重要指标，在收入一定的情况下，它直接决定了公司的盈利水平。成本费用指标在促进企业提高经营管理水平、降低生产经营中的劳动耗费方面起着十分重要的作用。

成本费用管理是指企业对在生产经营过程中全部费用的发生和产品成本的形成所进行的计划、控制、核算、分析和考核等一系列科学管理工作的总称。加强成本费用管理，既是企业提高经营管理水平的重要因素，也是企业增加盈利的要求，并且为企业抵抗内外压力、求得生存发展提供了可靠保障。

### (一)成本费用管理的主要内容

1. 严格成本费用开支范围

成本费用开支范围，是国家统一规定的产品成本费用的具体内容和规范，并在《企业财务通则》和财务制度中做出了明确规定。严格成本费用开支范围，就是要在计算产品成本费用时严格执行《企业财务通则》和财务制度中的有关规定，只有这样，才能有助于正确计算成本，有利于利润的真实性，有助于成本利润资料的比较分析和生产经营决策，有助于正确处理各方面的利益分配关系，有助于正确贯彻财经纪律。

2. 严格划分成本费用的界限

(1)正确划分制造成本与期间费用的界限。

(2)正确划分成本费用与企业其他支出的界限。

(3)正确划分各个会计期间的成本费用界限。

(4)正确划分各种产品应负担的成本界限。

(5)正确划分完工产品和在产品的成本界限。

3. 正确核算制造费用和期间费用

制造成本是只计算与生产经营最直接、最密切相关的费用的成本,只包括直接费用和制造费用,销售、管理和财务费用都属于期间费用,不能计入制造费用。

4. 正确处理大修理费用

企业发生的大、中、小修理费用,全部计入企业成本费用。修理费用发生不均衡,数额较大的,可以采取分期摊销或者预提的办法。这就较好地解决了大、中、小修理不易划分清楚和大修理费用重复进成本的问题。

5. 正确摊销低值易耗品

有一次摊销和分期摊销两种方法,企业可以自己选择摊销方法。这样可以简化核算手续,规范摊销方法,扩大企业理财自主权,在一定程度上解决了已摊销但实物尚在使用的财物不实的问题。

6. 正确提取坏账准备金和处理坏账损失

坏账准备金,是针对企业存在应收账款收不回来的危险而预计按一定标准计提坏账损失,计入每期成本,待坏账损失实际发生时,再在坏账准备金中冲销。

坏账损失,是指因债务人破产或者死亡,以其破产财产或遗产清偿后仍不能收回的应收账款;或者因债务人逾期未履行偿债义务,超过三年仍不能收回的应收账款。

企业年度终了,按年末应收账款余额的一定比例(工业企业为3%～5%。)计提坏账准备金,计入管理费用,企业当年发生的坏账损失,应冲减坏账准备金;年末坏账准备金余额占应收账款的比例高于或者低于规定比例的,年终要进行调整;收回的已确认核销的坏账,则应增加坏账准备金。

(二)成本费用管理的要求

1. 实行全面成本费用管理,建立健全成本费用管理责任制

成本费用是综合性指标,涉及企业的方方面面,因此必须实行全面成本费用管理,也就是实行全过程管理和全员管理。

成本费用的全过程管理,就是从产品设计、工艺制定、材料供应、产品生产和销售,一直到产品售后服务等每一过程都要进行成本费用的核算和管理。特别是产品设计的合理先进与否,在相当大的程度上决定着成本水平的高低,产品设计合理先进,成本可能就低,反之,成本就高。对于生产工艺方案也必须进行效益评价,应当选择高产、优质、低消耗的工艺方案。对企业其他生产经营活动的各项措施,也要注意从经济效益角度进行评价和分析。总之,要求企业做到把成本费用管理同生产技术、生产经营活动结合起来,从整个生产经营过程的各个方面挖掘降低成本费用的潜力。

对成本费用实行全员管理,就是企业的各职能部门以及各级行政、生产组织(如厂部、车间、班组等),都要参与成本费用管理,从企业领导到管理人员,从技术人员到生产工人,人人都要参与成本费用管理。

实行全面成本费用管理,企业应根据生产规模和组织机构设置等情况,建立相应的成本费用管理体制,合理地明确和落实各个职能部门、厂部与车间、班组等各级组织在成本费用管理

方面的权限和责任。

2. 划清成本费用开支界限

为遵守制度规定的成本费用开支范围、保证成本正确可靠，要划清以下几个界限：

(1)划清收益性支出与资本性支出的界限。

收益性支出，是指为了取得当期的收益而发生的成本费用支出，如直接材料、直接人工、一般管理费用等。收益性支出全部构成当期成本费用。资本性支出，是指为了取得以后几个会计期间的收益而发生的投资支出。如企业购建固定资产所发生的支出，由于它能在若干个会计期间提供收益，因此它应作为资本性支出。资本性支出按受益期限分期计入成本费用(如计提折旧等)。

(2)划清生产经营费用支出与营业外支出的界限。

生产经营费用支出是指企业在生产经营过程中发生的各种耗费。营业外支出则是与生产经营活动无关的一些支出，如职工子弟学校经费支出、离退休费支出等。营业外支出只能从企业利润中列支，不得计入成本费用。

(3)划清本期成本费用与下期成本费用的界限。

为准确计算当期成本费用，应按权责发生制原则确定本期成本费用。应由本期负担而尚未支出的费用，应作为预提费用计入本期成本费用；已经支出而应由本期和以后各期负担的费用，应作为待摊费用分期摊入以后各期的成本费用。

(4)划清产品制造成本与期间费用的界限。

企业的产品制造成本和期间费用虽然都是企业发生的生产经营费用，但现行制度规定，要划分为制造成本和期间费用两部分，而这两部分对当期损益的影响是不同的，按规定内容划分清楚，才能正确计算成本和当期利润。

(5)划清各种产品的成本界限。

要按受益原则分配和归集各种产品的成本。对于能分清某种产品负担的费用，应直接计入该种产品成本，对于几种产品共同耗用的间接费用，应正确分配计入各种产品成本。

(6)划清在产品成本与产成品成本的界限。

产品成本一般是指完工产品成本，为准确计算出当期的完工产品成本，要将日常按产品对象归集的成本，采用适当的方法于月终在完工产品和在产品之间进行分配。

3. 正确处理产量、品种、质量与成本费用的关系

企业要全方位降低成本费用(含绝对节约和相对节约)提高经济效益，要处理好以下几个方面的关系：

(1)正确处理增加产量同降低成本的关系。

根据固定成本费用和变动成本费用的原理，单位变动成本不变的条件下，在一定限度内增加产量，单位产品的固定成本就减少，从而使产品的单位成本降低；如果增加产量会引起单位变动成本下降，又能减少单位固定成本，则产品的单位成本和总成本就会更大幅度地降低。因此，企业应按照“增产与节约并重”的原则，既抓增产又抓节约。

(2)正确处理增加产品品种与降低成本的关系。

企业要在广阔的市场中立于不败之地，就必须不断开发新产品、增加新品种，但在投入期和发展初期的成本费用水平较高，这就要求企业从全面(目前的和长远的)提高经济效益出发，既要在费用开支上给予一定的保证，又要积极采取措施努力节约费用开支。

(3)正确处理提高产品质量与降低成本费用的关系。

产品质量的高低，是直接关系到企业能否生存的大问题，企业应不断地提高产品质量。提高产品质量可减少废品损失，降低产品成本；但在一定时期内要花费多一些人力和物力，又会导致产品成本的上升。因此，企业要做全面综合分析，从总体的效益出发，既要防止只顾降低成本费用，不顾产品质量，又要防止为提高产品质量"不惜工本"的偏向。

4. 建立健全成本费用管理的基础工作

为管理好成本费用，企业必须建立和健全一系列成本费用管理的基础工作。

(1)建立健全定额管理制度。定额是企业制定成本费用计划、控制成本费用和分析成本费用的主要依据。企业应根据需要合理地及时制定和修订各种工时定额、产量定额、材料消耗定额、费用定额等。

(2)建立健全原始记录制度。原始记录是企业生产经营活动最初记载的凭证，是企业进行成本费用核算和管理的第一手资料。企业应建立健全生产记录、用工记录、设备运行记录、原材料收发记录、产品出入库记录，以及这些记录的传递和保管制度。

(3)建立健全计量验收制度。为准确地核算企业在生产经营过程中的投入产出，各种财产物资的收发领退都必须准确计量，因此，要建立和健全计量验收制度，配备必要的计量器具和检验人员。

(三)成本费用管理的意义

(1)加强成本费用管理是企业扩大生产规模的重要途径。加强成本费用管理，能够节约费用开支，降低产品成本，就意味着用同样多的耗费，生产出更多更好的产品来满足市场的需要。

(2)加强成本费用管理是企业增加营业利润的根本途径。企业要增加营业利润可以通过多种多样的方法来实现，但最根本的途径应当是通过降低产品成本、节约费用来实现。这是因为利润是成本与价格的差额，在一定价格下(价格是不可控的)，加强成本管理(成本是可控的)，节约费用开支，就增加盈利。

(3)加强成本费用管理是企业增强竞争能力的重要条件。要增强企业自身的竞争能力，就必须要提高产品质量和降低产品价格，做到价廉物美。而要降低产品价格，就必须降低成本节约费用。

## 三、利润分配管理

利润分配，是将企业实现的净利润，按照国家财务制度规定的分配形式和分配顺序，在企业和投资者之间进行的分配。利润分配的过程与结果，是关系到所有者的合法权益能否得到保护，企业能否长期、稳定发展的重要问题，为此，企业必须加强利润分配的管理和核算。企业利润分配的主体是投资者和企业，利润分配的对象是企业实现的净利润；利润分配的时间即确认利润分配的时间是利润分配义务发生的时间和企业做出决定向内向外分配利润的时间。

按照《公司法》的规定，公司利润分配的项目包括以下部分：

1. 法定公积金

法定公积金从净利润中提取形成，用于弥补公司亏损、扩大公司生产经营或者转为增加公司资本。公司分配当年税后利润时应当按照10%的比例提取法定公积金；当法定公积金累计额达到公司注册资本的50%时，可不再继续提取。任意公积金的提取由股东会根据需要决定。

2. 股利(向投资者分配的利润)

公司向股东(投资者)支付股利(分配利润)，要在提取公积金之后。股利(利润)的分配应以各股东(投资者)持有股份(投资额)的数额为依据,每一股东(投资者)取得的股利(分得的利润)与其持有的股份数(投资额)成正比。股份有限公司原则上应从累计盈利中分派股利,无盈利不得支付股利,即所谓"无利不分"的原则。但若公司用公积金抵补亏损以后,为维护其股票信誉,经股东大会特别决议,也可用公积金支付股利。

中国证券监督管理委员会于2008年10月9日颁布实施的《关于修改上市公司现金分红若干规定的决定》强调了股利分配中现金分红的重要性,要求上市公司应当在章程中明确现金分红政策,利润分配政策应当保持连续性和稳定性。此外,作为上市公司申请公开增发或配股的重要前提条件,还强调公司三年以现金方式累计分配的利润不少于三年实现的年均可分配利润的30%。

## 第二节 收入管理

### 一、销售预测分析

销售预测是指对未来特定时间内,全部产品或特定产品的销售数量与销售金额的估计。销售预测是在充分考虑未来各种影响因素的基础上,结合本企业的销售实绩,通过一定的分析方法提出切实可行的销售目标。

销售预测的方法有很多种,主要包括定性分析法和定量分析法。

(一)销售预测的定性分析法

一般适用于预测对象的历史资料不完备或无法进行定量分析,主要包括推销员判断法、专家判断法和产品寿命周期分析法。

1. 推销员判断法

又称意见汇集法,是由企业熟悉市场情况及相关变化信息的经营管理人员对由推销人员调查得来的结果进行综合分析,从而做出较为正确预测的方法。

2. 专家判断法

专家判断法,是由专家根据他们的经验和判断能力对特定产品的未来销售量进行判断和预测的方法,主要有以下三种不同形式:

(1)个别专家意见汇集法。即分别向每位专家征求对本企业产品未来销售情况的个人意见,然后将这些意见再加以综合分析,确定预测值。

(2)专家小组法。即将专家分成小组,运用专家们的集体智慧进行判断预测的方法。此方法的缺陷是预测小组中专家意见可能受权威专家的影响,客观性较德尔菲法差。

(3)德尔菲法。又称函询调查法,它采用函询的方式,征求各方面专家的意见,各专家在互不通气的情况下,根据自己的观点和方法进行预测,然后由企业把各个专家的意见汇集在一起,通过不记名方式反馈给各位专家,请他们参考别人的意见修正本人原来的判断,如此反复数次,最终确定预测结果。

3. 产品寿命周期分析法

产品寿命周期分析法就是利用产品销售量在不同寿命周期阶段上的变化趋势,进行销售预测的一种定性分析方法。

产品寿命周期是指产品从投入市场到退出市场所经历的时间,一般要经过萌芽期、成长期、成熟期和衰退期四个阶段。判断产品所处的寿命周期阶段，可根据销售增长率指标进行。一般地，萌芽期增长率不稳定，成长期增长率最大，成熟期增长率稳定，衰退期增长率为负数。

**[例 7—1]** 下列方法中不属于由专家根据他们的经验和判断能力对特定产品的未来销售量进行判断和预测的方法的是(　　)。

A. 推销员判断法　　B. 个别专家意见汇集法

C. 专家小组法　　D. 德尔菲法

【答案】 A

【解析】 推销员判断法不属于专家判断法。

(二)销售预测的定量分析法

定量分析法也称数量分析法，是指在预测对象有关资料完备的基础上，运用一定的数学方法，建立预测模型并做出预测。它一般包括趋势预测分析法和因果预测分析法两大类。

1. 趋势预测分析法

趋势预测分析法主要包括算术平均法、加权平均法、移动平均法、指数平滑法等。

(1)算术平均法。

预测原理：将若干历史时期的实际销售量或销售额作为样本值，求出其算术平均数，并将该平均数作为下期销售量的预测值。

计算公式为：

$$Y=\frac{\sum X_i}{n}$$

式中：$Y$——预测值；

$X_i$——第 $i$ 期的实际销售量；

$n$——期数。

适用范围：适用于每月销售量波动不大的产品的销售预测。

(2)加权平均法。

预测原理：将若干历史时期的实际销售量或销售额作为样本值，将各个样本值按照一定的权数计算得出加权平均数，并将该平均数作为下期销售量的预测值。

权数选取原则：由于市场变化较大，离预测期越近的样本值对其影响越大，而离预测期越远的则影响越小，所以权数的选取应遵循“近大远小”的原则。

计算公式为：

$$Y=\sum_{i=1}^{n} W_i X_i$$

式中：$Y$——预测值；

$W_i$——第 $i$ 期的权数($0<W_i\leqslant W_{i+1}<1, \sum W_i=1$)；

$X_i$——第 $i$ 期的实际销售量；

$n$——期数。

特点：加权平均法较算术平均法更为合理，计算也较方便，在实践中应用较多。

(3)移动平均法。

预测原理：移动平均法是从 $n$ 期的时间数列销售量中选取 $m$ 期($m$ 数值固定，且 $m<n/2$)数据作为样本值，求其 $m$ 期的算术平均数，并不断向后移动计算观测期的平均值，以最后一个 $m$ 期的平均数作为未来第 $n+1$ 期销售预测值的一种方法。

计算公式为：

$$Y_{n+1}=\frac{X_{n-(m-1)}+X_{n-(m-2)}+\cdots+X_{n-1}+X_n}{m}$$

修正移动平均法的计算公式为：

$$\overline{Y}_{n+1}=Y_{n+1}+(Y_{n+1}-Y_n)$$

特点：由于移动平均法只选用了 $n$ 期数据中的最后 $m$ 期作为计算依据，故而代表性较差。

适用范围：此法适用于销售量略有波动的产品预测。

(4)指数平滑法

预测原理：指数平滑法实质上是一种加权平均法，是以事先确定的平滑指数 $\alpha$ 及$(1-\alpha)$作为权数进行加权计算，预测销售量的一种方法。

计算公式为：

$$Y_{n+1}=\alpha X_n+(1-\alpha)Y_n$$

式中：$Y_{n+1}$——未来第 $n+1$ 期的预测值；

$Y_n$——第 $n$ 期预测值，即预测前期的预测值；

$X_n$——第 $n$ 期的实际销售量，即预测前期的实际销售量；

$\alpha$——平滑指数；

$n$——期数。

平滑指数的取值：平滑指数的取值通常在 0.3～0.7 之间。

采用较大的平滑指数，预测值可以反映样本值新近的变化均势；采用较小的平滑指数，则反映了样本值变动的长期均势。

【提示】 在销售量波动较大或进行短期预测时，可选择较大的平滑指数；在销售量波动较小或进行长期预测时，可选择较小的平滑指数。

特点：该方法运用比较灵活，适用范围较广，但在平滑指数的选择上具有一定的主观随意性。

2. 因果预测分析法

因果预测分析法是指通过影响产品销售量(因变量)的相关因素(自变量)以及它们之间的函数关系，并利用这种函数关系进行产品销售预测的方法。因果预测分析法最常用的是回归分析法。

回归分析法预测公式为：

$$Y=a+bx$$

其常数项 $a$、$b$ 的计算公式为：

$$b=\frac{n\sum xy-\sum x\sum y}{n\sum x^2-(\sum x)^2}$$

$$a=\frac{\sum y-b\sum x}{n}$$

## 二、销售定价管理

销售定价管理是指在调查分析的基础上，选用合适的产品定价方法，为销售的产品制定最为恰当的售价，并根据具体情况运用不同价格策略，以实现经济效益最大化的过程。

影响产品价格的因素主要有价值因素、成本因素、市场供求因素、竞争因素、政策法规因素等。

(一)以成本为基础的定价方法

1. 完全成本加成定价法

完全成本加成定价法就是在完全成本的基础上,加合理利润来定价。完全成本加成定价法又分为成本利润率定价法和销售利润率定价法。

(1)成本利润率定价。

因为:单位利润=单位成本×成本利润率,则有:

$$单位产品价格=\frac{单位成本\times(1+成本利润率)}{1-适用税率}$$

(2)销售利润率定价。

因为:单位利润=单位价格×销售利润率,则有:

$$单位产品价格=\frac{单位成本}{1-销售利润率-适用税率}$$

完全成本定价法可以保证全部生产耗费得到补偿,但它很难适应市场需求的变化,往往导致定价过高或过低。并且,当企业生产多种产品时,间接费用难以准确分摊,从而会导致定价不准确。

2. 保本点定价法

保本点又称盈亏平衡点,是指企业在经营活动中既不盈利也不亏损的销售水平,在此水平上利润等于零。

计算公式为:

$$单位产品价格=\frac{单位固定成本+单位变动成本}{1-适用税率}=\frac{单位完全成本}{1-适用税率}$$

推导原理:利润=0,即

$$单位产品价格\times(1-税率)-单位固定成本-单位变动成本=0$$

采用这一方法确定的价格是最低销售价格。

3. 目标利润定价法

目标利润定价法是根据预期目标利润和产品销售量、产品成本、适用税率等因素来确定产品销售价格的方法。

计算公式为:

$$单位产品价格=\frac{目标利润总额+完全成本总额}{产品销量\times(1-适用税率)}$$

或

$$单位产品价格=\frac{单位目标利润+单位完全成本}{1-适用税率}$$

4. 变动成本定价法

变动成本定价法是指企业在生产能力有剩余的情况下增加生产一定数量的产品所应分担的成本。

计算公式为:

$$单位产品价格=\frac{单位变动成本\times(1+成本利润率)}{1-适用税率}$$

确定企业有剩余生产能力时,是否接受额外订单的价格。

（二）以市场需求为基础的定价方法

1. 需求价格弹性系数定价法

在其他条件不变的情况下，某种产品的需求量随其价格的升降而变动的程度，就是需求价格弹性系数。

计算公式为：

$$E=\frac{\Delta Q/Q_0}{\Delta p/p_0}$$

式中：$E$——某种产品的需求价格弹性系数；

$\Delta P$——价格变动量；

$\Delta Q$——需求变动量；

$P_0$——基期单位产品价格；

$Q_0$——基期需求量。

【提示】 一般情况下，需求量与价格呈反方向变动，因此，弹性系数一般为负数。

确定价格的计算公式为：

$$P=\frac{P_0 Q_0^{\alpha}}{Q^{\alpha}}$$

式中：$P_0$——基期单位产品价格；

$Q_0$——基期销售数量；

$\alpha$——需求价格弹性系数绝对值的倒数；

$P$——单位产品价格；

$Q$——预计销售数量。

【提示】 这种方法确定的价格，是使产品能够销售出去的价格。如果高出该价格，产品就不能完全销售出去。

2. 边际分析定价法

边际分析定价法是指基于极值原理，通过分析不同价格与销售量组合下的产品边际收入、边际成本和边际利润之间的关系，进行定价决策的一种定量分析方法。当边际利润等于零，边际收入等于边际成本，那么，利润将达到最大值。此时的价格就是最优销售价格。

【提示】 当收入函数或成本函数为离散型函数时，可以通过列表法，分别计算各种价格与销售量组合下的边际利润，那么，在边际利润大于或等于零的组合中，边际利润最小时的价格就是最优售价。

［例 7—2］ 按照边际分析定价法，当收入函数和成本函数均可微时，（　　）。

A. 边际利润为 0 时的价格就是最优售价

B. 边际利润大于 0 时的价格就是最优售价

C. 边际利润最大时的价格就是最优售价

D. 边际利润为 1 时的价格就是最优售价

【答案】 A

【解析】 按照微分极值原理，如果利润函数的一阶导数等于零，即边际利润等于零，边际收入等于边际成本，那么，利润将达到最大值。此时的价格就是最优销售价格。

（三）价格运用策略

1. 折让定价策略

折让定价策略是指在一定条件下，以降低产品的销售价格来刺激购买者，从而达到扩大产品销售量的目的。价格的折让主要表现是折扣，一般表现为单价折扣、数量折扣、推广折扣和季节折扣等形式。

2. 心理定价策略

心理定价策略是指针对购买者的心理特点而采取的一种定价策略，主要有声望定价、尾数定价、双位定价和高位定价等。

声望定价，是指企业按照其产品在市场上的知名度和消费者中的信任程度来制定产品价格的一种方法。一般地，声望越高，价格越高，这就是产品的“名牌效应”。

尾数定价，即在制定产品价格时，价格的尾数取接近整数的小数（如 199.9 元）或带有一定谐音的数(158 元)等。一般只适用于价值较小的中低档日用消费品定价。

双位定价，是指在向市场以挂牌价格销售时，采用两种不同的标价来促销的一种定价方法。这种策略适用于市场接受程度较低或销路不太好的产品。

高位定价，即根据消费者“价高质优”的心理特点实行高标价促销的方法。但高位定价必须是优质产品，不能弄虚作假。

3. 组合定价策略

组合定价策略是针对相关产品组合所采取的一种方法。它根据相关产品在市场竞争中的不同情况，使互补产品价格有高有低，或使用组合售价优惠。

4. 寿命周期定价策略

寿命周期定价策略是根据产品从进入市场到退出市场的生命周期，分阶段确定不同价格的定价策略。

## 第三节　成本费用管理

主要的成本费用管理模式有成本归口分级管理、成本性态分析、标准成本管理、作业成本管理和责任成本管理等。

### 一、成本归口分级管理

成本归口分级管理又称成本管理责任制，它是在企业总部(如厂部)的集中领导下，按照费用发生的情况，将成本计划指标进行分解，并分别下达到有关部门、车间(或分部)和班组，以便明确责任，把成本管理纳入岗位责任制。

成本归口分级管理需正确处理好以下关系：一是要正确处理财务部门同其他有关部门在成本管理中的关系，以财务部门为中心，把财务部门同生产、销售、人事等部门的成本管理结合起来；二是要正确处理厂部、车间、班组在成本管理中的关系，以厂部为主导，把厂部、车间、班组各级组织的成本管理结合起来。

### 二、成本性态分析

成本性态又称成本习性，是指成本的变动与业务量(产量或销售量)之间的依存关系。

(一)成本按性态的分类

成本按其性态通常可以分为固定成本、变动成本和混合成本。

1. 固定成本

固定成本是指其总额在一定时期及一定业务量范围内，不直接受业务量变动的影响而保持固定不变的成本。固定成本与业务量的关系如图 7—1 所示。

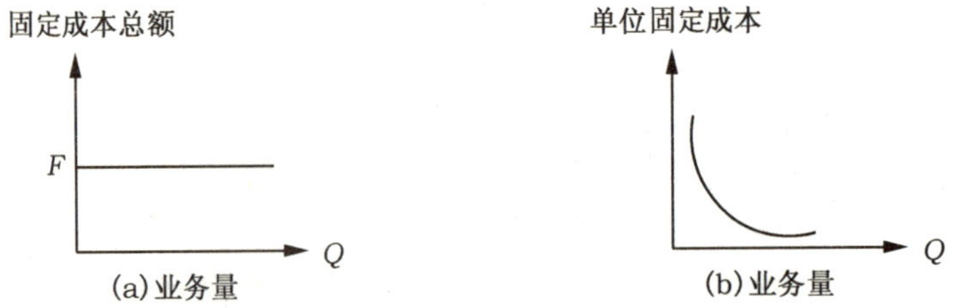


**图 7—1　固定成本与业务量的关系**

固定成本又分为约束性固定成本和酌量性固定成本。

约束性固定成本是指管理当局的短期(经营)决策行动不能改变其具体数额的固定成本。它是维护企业正常生产经营必不可少的成本，也称为经营能力成本。

酌量性固定成本是指管理当局的短期经营决策行动能改变其数额的固定成本。酌量性固定成本并非可有可无，它关系到企业的竞争能力。

【提示】 降低约束性固定成本的基本途径，只能是合理利用企业现有的生产能力，提高生产效率，取得更大的经济效益；要想降低酌量性固定成本，只有厉行节约、精打细算，编制出积极可行的费用预算并严格执行，防止浪费和过度投资等。

2. 变动成本

在特定的业务量范围内，其总额会随业务量的变动而成正比例变动的成本。变动成本与业务量的关系如图 7—2 所示。

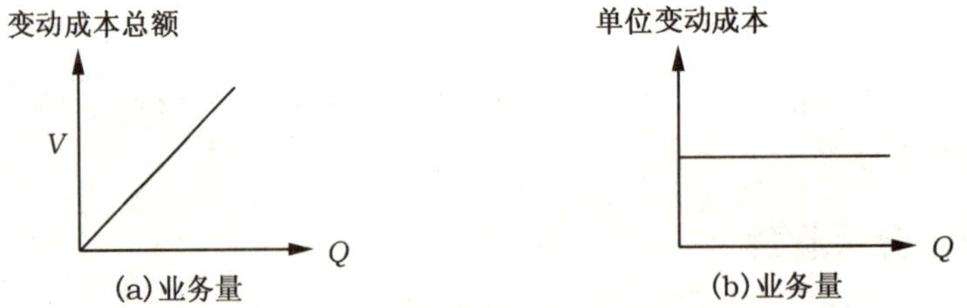


**图 7—2　变动成本与业务量的关系**

变动成本又分为技术性变动成本和酌量性变动成本。

技术变动成本是指与产量有明确的技术或实物关系的变动成本。这种成本只要生产就必然会发生，若不生产，其技术变动成本便为零。

酌量性变动成本是通过管理当局的决策行动可以改变的变动成本。其单位变动成本的发生额可由企业最高管理层决定。

3. 混合成本

混合成本是指成本总额随产量变动而变动，但不成正比例关系的成本。混合成本可分为半变动成本、半固定成本、延期变动成本和曲线变动成本，最终可以分解为固定成本与变动成本两部分。混合成本与业务量的关系如图 7—3 所示。

半变动成本是指在有一定初始量基础上，随着产量的变化而呈正比例变动的成本。它通

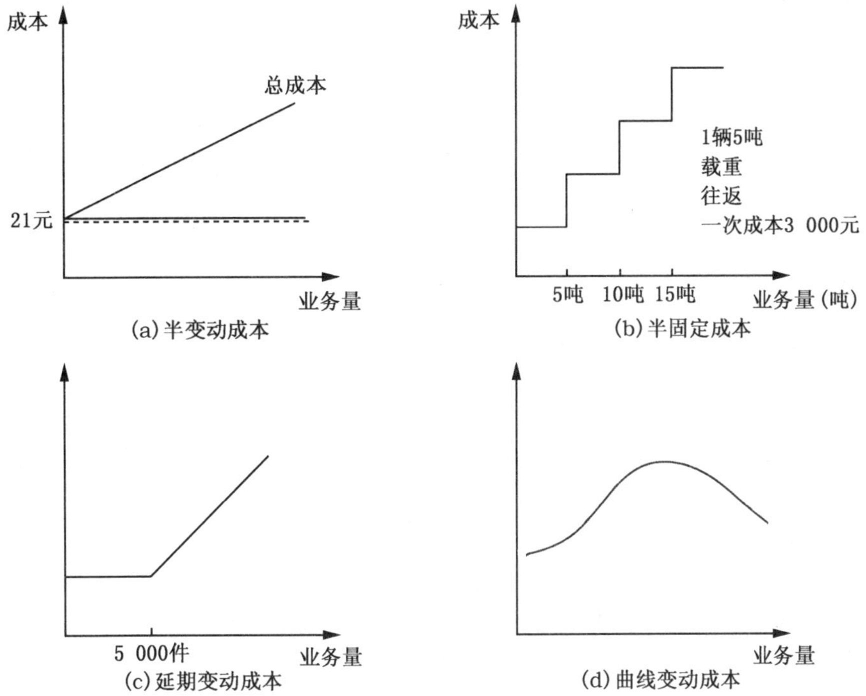


**图 7—3　混合成本和业务量的关系**

常有一个初始的固定基数，基数与业务量的变化无关，这部分成本类似于固定成本；在此基数之上的其余部分，则随着业务量的增加而成正比例增加。

半固定成本也称阶梯式变动成本，这类成本在一定业务量范围内的发生额是固定的，但当业务量增长到一定限度，其发生额就突然跳跃到一个新的水平，然后在业务量增长的一定限度内，发生额又保持不变，直到另一个新的跳跃。

延期变动成本在一定的业务量范围内有一个固定不变的基数，当业务量增长超出了这个范围，它就与业务量的增长成正比例变动。

曲线变动成本通常有一个不变的初始量，相当于固定成本，在这个初始量的基础上，随着业务量的增加，成本也逐步变化，但它与业务量的关系是非线性的。包括以下两种类型：递增曲线成本，如累进计件工资、违约金等，随着业务量的增加，成本逐步增加，并且增加幅度是递增的；递减曲线成本，如有价格折扣或优惠条件下的水、电消费成本，“费用封顶”的通信服务费等，其曲线达到高峰后就会下降或持平。

**[例 7—3]**　企业为维持一定经营能力所必须负担的最低成本是(　　)。

A. 变动成本　　　　B. 混合成本

C. 约束性固定成本　　　　D. 酌量性固定成本

【答案】 C

【解析】 约束性固定成本是维护企业正常生产经营必不可少的成本，也称经营能力成本。

(二)混合成本的分解方法

混合成本的分解方法有高低点法、回归分析法、账户分析法、技术测定法、合同确认法等。

1. 高低点法

它是以过去某一会计期间的总成本和业务量资料为依据，从中选取业务量最高点和业务量最低点，将总成本进行分解，得出成本性态的模型。

计算公式为：

$$单位变动成本=\frac{最高点业务量成本-最低点业务量成本}{最高点业务量-最低点业务量}$$

$$固定成本总额=最高点业务量成本-单位变动成本\times最高点业务量$$
$$=最低点业务量成本-单位变动成本\times最低点业务量$$

【提示】 公式中高低点选择的标准不是业务量所对应的成本，而是业务量。

特点：计算简单，但它只采用了历史成本资料中的高点和低点两组数据，故代表性较差。

2. 回归分析法

它根据过去一定期间的业务量和混合成本的历史资料，应用最小二乘法原理，算出最能代表业务量与混合成本关系的回归直线，借以确定混合成本中固定成本和变动成本的方法。

特点：是一种较为精确的方法。

3. 账户分析法

账户分析法又称会计分析法，它是根据有关成本账户及其明细账的内容，结合其与产量的依存关系，判断其比较接近哪一类成本，就视其为哪一类成本。

特点：简便易行，但比较粗糙且带有主观判断。

4. 技术测定法

技术测定法又称工业工程法，它是根据生产过程中各种材料和人工成本消耗量的技术测定来划分固定成本和变动成本的方法。该方法通常只适用于投入成本与产出数量之间有规律性联系的成本分解。

5. 合同确认法

它是根据企业订立的经济合同或协议中关于支付费用的规定，来确认并估算哪些项目属于变动成本，哪些项目属于固定成本的方法。

特点：合同确认法要配合账户分析法使用。

(三)根据成本性态建立总成本公式

总成本=固定成本总额+变动成本总额=固定成本总额+单位变动成本×业务量

应用：目标利润确定、弹性预算编制、杠杆系数计算、信用政策决策、产品定价等。

**[例 7—4]** 根据生产过程中各种材料和人工成本消耗量的技术测定来划分固定成本和变动成本的方法是(　　)。

A. 回归分析法　　B. 账户分析法

C. 工业工程法　　D. 合同确认法

【答案】 C

【解析】 技术测定法又称工业工程法，它是根据生产过程中各种材料和人工成本消耗量的技术测定来划分固定成本和变动成本的方法。

## 三、标准成本管理

(一)标准成本的含义及种类

标准成本是指通过调查分析、运用技术测定等方法制定的，在有效经营条件下所能达到的目标成本。标准成本主要用来控制成本开支，衡量实际工作效率。标准成本又分为理想标准成本和正常标准成本。

理想标准成本是一种理论标准，是指在现有条件下所能达到的最优成本水平，即在生产过程无浪费、机器无故障、人员无闲置、产品无废品的假设条件下制定的成本标准。

正常标准成本是指在正常情况下，企业经过努力可以达到的成本标准。这一标准考虑了生产过程中不可避免的损失、故障和偏差等。

【提示】 正常标准成本具有客观性、现实性、激励性等特点，所以，正常标准成本在实践中得到广泛应用。

[例7—5] 正常标准成本通常应大于理想标准成本。(　　)

【答案】 √

【解析】 正常标准成本考虑了生产过程中不可避免的损失、故障和偏差等。通常来说，正常标准成本大于理想标准成本。

(二)标准成本的确定

标准成本是一种成本计算方法。这种方法不像间接费用是预计的，而是直接材料和直接人工等也是按预计的数字来计算的，这种成本的计算方法称为标准成本制度或责任分解制度。正常标准成本是在效率良好的条件下，根据下期一般应发生的生产要素消耗量、预计价格和预计生产经营能力利用程度制定出的标准成本。其确定如表7—1所示。

表7—1　　标准成本的确定

| 成本项目 | 用量标准 | 价格标准 |
|---|---|---|
| 直接材料 | 单位产品材料用量标准 | 材料价格标准 |
| 直接人工 | 工时用量标准 | 工资率标准 |
| 制造费用 | 工时用量标准 | 制造费用分配率标准 |

(三)成本差异的计算和分析

1. 变动成本差异分析

变动成本差异计算的通用公式：

总差异＝实际价格×实际用量－标准价格×标准用量

＝(实际价格×实际用量－标准价格×实际用量)＋(标准价格×实际用量－标准价格×标准用量)

＝(实际价格－标准价格)×实际用量＋标准价格×(实际用量－标准用量)

＝价格差异＋用量差异

其中：

价格差异＝(实际价格－标准价格)×实际用量

用量差异＝标准价格×(实际用量－标准用量)

(1)直接材料成本差异的计算：

直接材料价格差异＝(实际价格－标准价格)×实际用量

直接材料数量差异＝(实际用量－实际产量下标准用量)×标准价格

(2)直接人工成本差异的计算：

直接人工工资率差异＝(实际工资率－标准工资率)×实际人工工时

直接人工效率差异＝(实际人工工时－实际产量下标准人工工时)×标准工资率

(3)变动制造费用成本差异的计算：

变动制造费用耗费差异＝实际工时×(变动制造费用实际分配率－变动制造费用标准分配率)

变动制造费用效率差异＝(实际工时－实际产量下标准工时)×变动制造费用标准分配率

变动成本差异责任归属如表7－2所示。

**表7－2　　变动成本差异责任归属**

| | 价格差异 | | | 用量差异 | | |
|---|---|---|---|---|---|---|
| | 直接材料价格差异 | 直接人工工资率差异 | 变动制造费用耗费差异 | 直接材料用量差异 | 直接人工效率差异 | 变动制造费用效率差异 |
| 主要责任部门 | 采购部门 | 劳动人事部门 | — | 生产部门 | | |
| 注意 | 通常不是生产部门的责任 | | | 但也不是绝对的，如采购材料质量差导致的材料数量差异是采购部门的责任 | | |

2. 固定制造费用成本差异的计算分析

$$标准固定制造费用小时费用分配率=\frac{预算数}{预算产量下的标准工时}$$

$$固定制造费用总差异=实际固定制造费用-实际产量下的标准固定制造费用$$

(1)二差异分析法。二差异分析法是将固定制造费用总差异分为耗费差异和能量差异两部分。

耗费差异＝实际固定制造费用－预算产量下标准固定制造费用

能量差异＝预算产量下标准固定制造费用－实际产量下固定制造费用

＝(预算产量下标准工时－实际产量下标准工时)×标准分配率

(2)三差异分析法。三差异分析法下耗费差异的计算与二差异分析法相同。不同的是将二差异分析法中的"能量差异"进一步分解为两部分：产量差异和效率差异。有关计算公式如下：

耗费差异＝实际固定制造费用－预算产量下标准固定制造费用

＝实际固定制造费用－预算产量下标准工时×标准分配率

产量差异＝预算产量下标准固定制造费用－实际产量下实际工时×标准分配率

＝(预算产量下标准工时－实际产量下实际工时)×标准分配率

效率差异＝(实际产量下实际工时－实际产量下标准工时)×标准分配率

三差异法与二差异法的比较如图7－4所示。

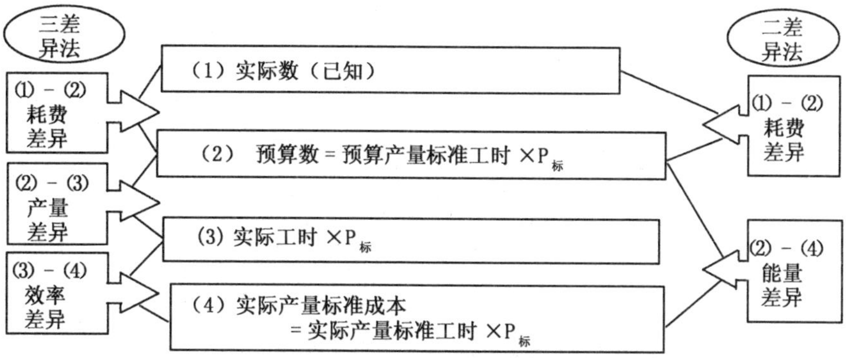


**图 7—4 三差异法与二差异法的比较**

**[例 7—6]** 在二差异法下，固定制造费用的差异可以分解为（ ）。

A. 价格差异和产量差异 B. 耗费差异和效率差异

C. 能量差异和效率差异 D. 耗费差异和能量差异

【答案】 D

【解析】 在固定制造费用的二差异法分析下，把固定制造费用差异分为耗费差异和能量差异两个部分。

**[例 7—7]** 某企业甲产品单位工时标准为 2 小时/件，标准变动费用分配率为 5 元/小时，标准固定制造费用分配率为 8 元/小时。本月预算产量为10 000件，实际产量为12 000件，实际工时为21 600小时，实际变动制造费用与固定制造费用分别为110 160元和250 000元。要求计算下列指标：

(1)单位产品的变动制造费用标准成本。

(2)单位产品的固定制造费用标准成本。

(3)变动制造费用效率差异。

(4)变动制造费用耗费差异。

(5)二差异法下的固定制造费用耗费差异。

(6)二差异法下的固定制造费用能量差异。

【答案】

(1)单位产品的变动制造费用标准成本＝2×5＝10(元/件)

(2)单位产品的固定制造费用标准成本＝2×8＝16(元/件)

(3)变动制造费用效率差异＝(21 600－12 000×2)×5＝－12 000(元)

(4)变动制造费用耗费差异＝(110 160/21 600－5)×21 600＝2 160(元)

(5)固定制造费用耗费差异＝250 000－10 000×2×8＝90 000(元)

(6)固定制造费用能量差异＝(10 000×2－12 000×2)×8＝－32 000(元)

补充：三差异法下的固定制造费用耗费差异、产量差异和效率差异。

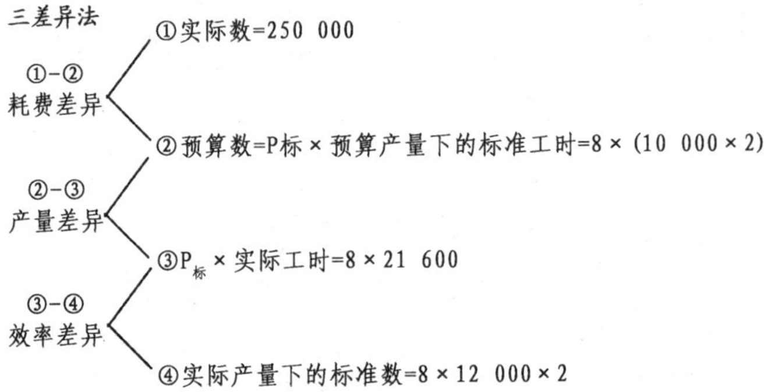


## 四、作业成本管理

(一)作业成本计算方法

1. 作业的含义

作业，是指在一个组织内为了达到某一目的而进行的耗费资源的工作，它是作业成本计算系统中最小的成本归集单元。作业成本计算是西方20世纪90年代以来在先进制造企业首先应用起来的一种全新的企业管理理论和方法。它是以作业为核心，确认和计量耗用企业资源的所有作业，将耗用的资源成本准确地计入作业，然后选择成本动因，将所有作业成本分配给成本计算对象(产品或服务)的一种成本计算方法。作业是成本计算的核心和基本对象，产品成本或服务成本是全部作业的成本总和，是实际耗用企业资源成本的终结。

2. 成本动因的含义及种类

成本动因也称成本驱动因素，是指导致成本发生的因素，即成本的诱因。成本动因分为资源动因和作业动因。资源动因反映作业量与耗费之间的因果关系。作业动因反映产品产量与作业成本之间的因果关系。它们之间的关系如图7—5所示。

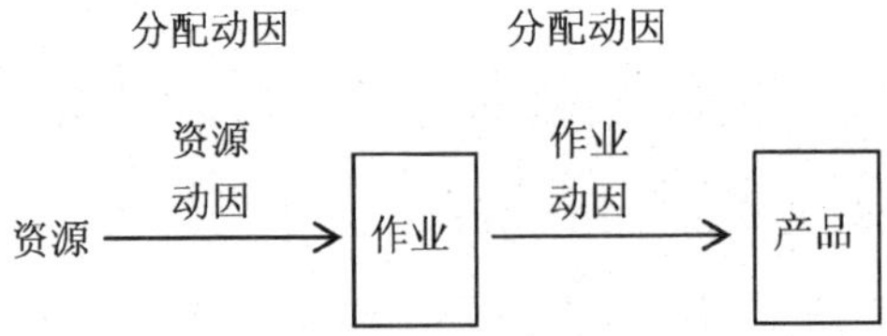


**图7—5 成本动因间的关系**

[例7—8] 反映作业量与耗费之间的因果关系的成本动因是(　　)。

A. 资源动因　　B. 作业动因　　C. 变动成本动因　　D. 固定成本动因

【答案】 A

【解析】 成本动因分为作业动因和资源动因，资源动因反映作业量与耗费之间的因果关系，作业动因反映产品产量与作业成本之间的因果关系。

3. 作业成本计算的特点

在作业成本法下，对于直接费用的确认和分配与传统的成本计算方法一样，而间接费用的分配对象不再是产品，而是作业。如图7—6所示。

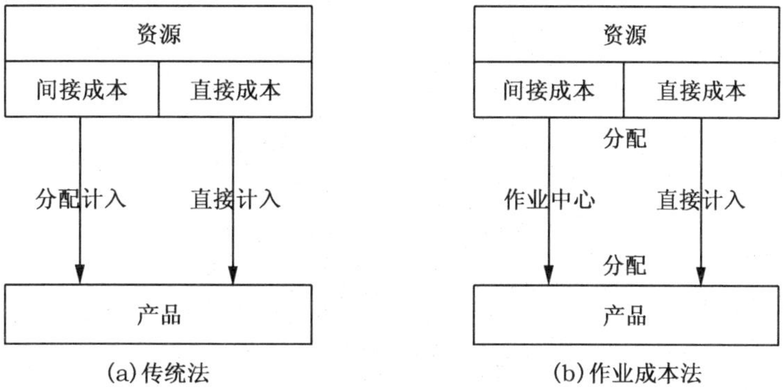


**图7—6　传统法与作业成本法对比**

(二)作业成本管理的内容

作业成本管理包含两个维度的含义:成本分配观和流程观,如图7—7所示。

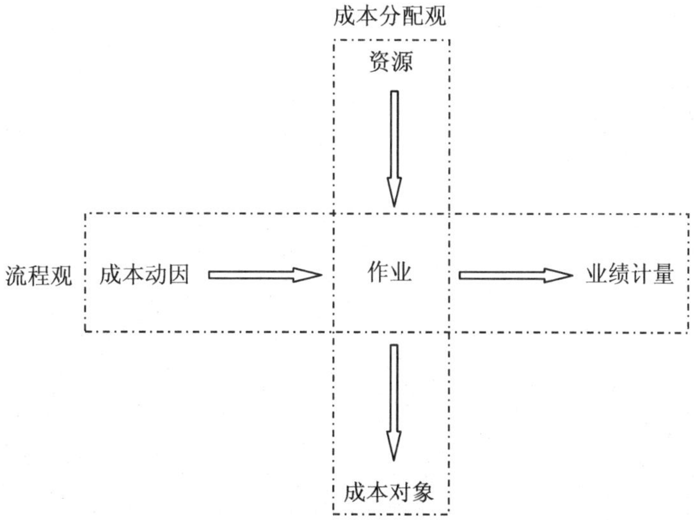


**图7—7　作业成本管理结构图**

成本分配是从资源到作业,再从作业到成本对象,如图7—8所示,而这一流程正是作业成本计算的核心。

流程观为企业提供引起作业的原因(成本动因)以及作业完成情况(业绩计量)的信息。

(三)流程价值分析

流程价值分析关心的是作业的责任,包括成本动因分析、作业分析和业绩考核三个部分。

1. 成本动因分析

要进行作业成本管理,必须找出导致作业成本的原因。

2. 作业分析

作业分析就是要分析哪些作业是增值作业,哪些作业是非增值作业。

增值作业是那些顾客认为可以增加其购买的产品或服务的有用性,有必要保留在企业中的作业。一项作业必须同时满足下列三个条件才可断定为增值作业:

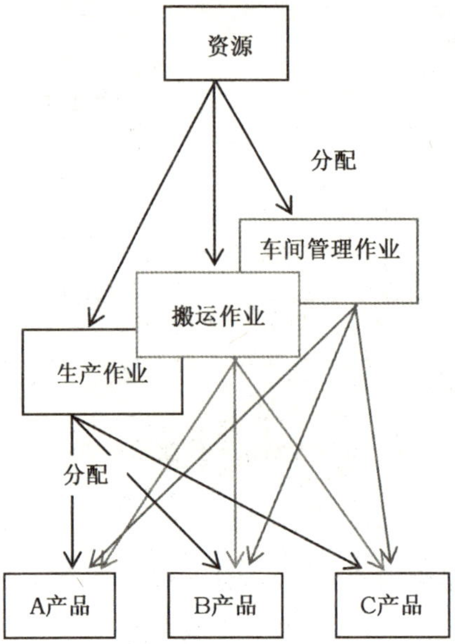


图 7—8　成本分配

(1)该作业导致了状态的改变;

(2)该状态的变化不能由其他作业来完成;

(3)该作业使其他作业得以进行。

非增值作业是指即便消除也不会影响产品对顾客服务的潜能,不必要的或可消除的作业。如果一项作业不能同时满足增值作业的三个条件,就可断定其为非增值作业。

【提示】 增值作业又可分为高效作业和低效作业。增值成本即是那些以完美效率执行增值作业所发生的成本,或者说,是高效增值作业产生的成本。而那些增值作业中因为低效率所发生的成本则属于非增值成本;执行非增值作业发生的成本全部是非增值成本。如图 7—9 所示。

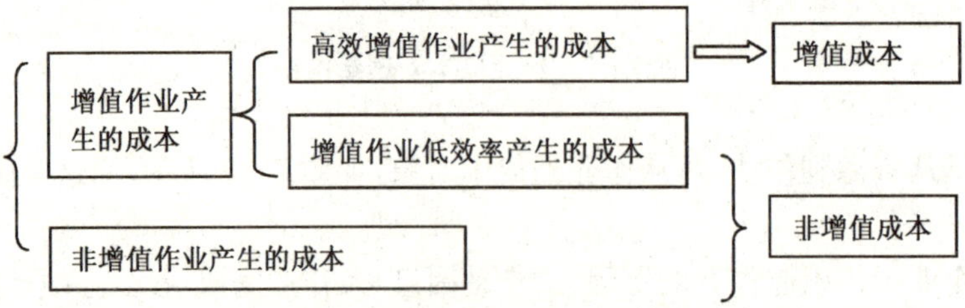


图 7—9　增值成本与非增值成本

[例 7—9]　下列表述中正确的是(　　)。

A. 对一项增值作业来讲,它所发生的成本都是增值成本

B. 对一项非增值作业来讲,它所发生的成本都是非增值成本

C. 增值成本是一种理想的目标成本

D. 增值成本是企业执行增值作业时发生的成本

【答案】 BC

【解析】 增值成本是企业完美效率执行增值作业时发生的成本，其是一种理想的目标成本，并非实际发生；非增值成本是由非增值作业和增值作业的低效率而发生的作业成本。

3. 作业成本管理中进行成本节约的途径

作业成本管理中进行成本节约的途径包括作业消除、作业选择、作业减少和作业共享。

作业消除是指消除非增值作业或不必要的作业，降低非增值成本。

作业选择是指对所有能够达到同样的目的的不同作业，选取其中最佳的方案。

作业减少是指以不断改进的方式降低作业消耗的资源或时间。

作业共享是指利用规模经济来提高增值作业的效率。

[**例 7—10**] 作业成本管理中以不断改进的方式降低作业消耗的资源或时间的途径属于(　　)。

A. 作业消除　　B. 作业选择　　C. 作业减少　　D. 作业分享

【答案】 C

【解析】 本题考点是作业成本管理中各种成本节约途径的含义。作业减少是指以不断改进的方式降低作业消耗的资源或时间。因此本题应选 C。

[**例 7—11**] 从作业成本管理的角度看，降低成本的途径中作业消除和作业减少是针对非增值作业而言的。(　　)

【答案】 ×

【解析】 作业消除主要是针对非增值作业而言的，但作业减少是指降低作业的需求，包括对增值作业和非增值作业的需求。

4. 作业业绩考核

作业业绩考核指标包括财务指标和非财务指标。

财务指标主要集中在增值成本和非增值成本上，可以提供增值与非增值报告，以及作业成本趋势报告。

非财务指标主要体现在效率、质量和时间三个方面，如投入产出比、次品率和生产周期等。

## 五、责任成本管理

### (一)责任成本管理的含义

责任成本管理是指将企业内部划分成不同的责任中心，明确责任成本，并根据各责任中心的权、责、利关系，来考核其工作业绩的一种成本管理模式。

### (二)责任中心及其考核

按照企业内部责任中心的权责范围以及业务活动的不同特点，责任中心一般可以划分为成本中心、利润中心和投资中心三类。每一类责任中心均对应着不同的决策权力及不同的业绩评价指标。

1. 成本中心

成本中心是指有权发生并控制成本的单位。

成本中心一般不会产生收入，通常只计量考核发生的成本。成本中心是责任中心应用最为广泛的一种形式，只要是对成本的发生负有责任的单位或个人都可以成为成本中心。

成本中心具有以下特点：①成本中心不考核收益，只考核成本；②成本中心只对可控成本负责，不负责不可控成本；③责任成本是成本中心考核和控制的主要内容。

【提示】 责任成本是指成本中心当期发生的所有可控成本之和。

可控成本是指成本中心可以控制的各种耗费。

可控成本应具备的条件：第一，该成本的发生是成本中心可以预见的；第二，该成本是成本中心可以计量的；第三，该成本是成本中心可以调节和控制的。凡不符合上述三个条件的成本都是不可控成本。

可控成本和不可控成本的划分是相对的。它们与成本中心所处的管理层级别、管理权限与控制范围大小有关。对于一个独立企业而言，几乎所有的成本都是可控的。

**[例 7—12]** 对成本中心而言，下列各项中，不属于该类中心特点的是(　　)。

A. 只考核本中心的责任成本　　B. 只对本中心的可控成本负责

C. 只对责任成本进行控制　　D. 只对直接成本进行控制

**【答案】** D

**【解析】** 成本中心只对可控成本承担责任。所谓责任成本，是指特定责任中心的全部可控成本。一般情况下，直接成本大多是可控成本，间接成本大多是不可控成本，但也不是绝对的。某些情况下间接成本也可能是可控成本，所以 D 不对。

**[例 7—13]** 企业职工个人不能构成责任实体，因而不能成为责任控制体系中的责任中心。(　　)

**【答案】** ×

**【解析】** 成本中心的应用范围非常广，只要是对成本的发生负有责任的单位或个人都可以成为成本中心。

**[例 7—14]** 在下列各项中，不属于可控成本基本特征的是(　　)。

A. 可以预计　　B. 可以计量　　C. 可以控制　　D. 可以对外报告

**【答案】** D

**【解析】** 可控成本应具备的条件包括：第一，该成本的发生是成本中心可以预见的；第二，该成本是成本中心可以计量的；第三，该成本是成本中心可以调节和控制的。

成本中心考核和控制主要使用的指标：

预算成本节约额＝预算责任成本－实际责任成本

预算成本节约率＝预算成本节约额/预算成本×100％

**【提示】** 预算责任成本(费用)是指实际产量下的预算责任成本(费用)，即：

预算责任成本(费用)＝实际产量×预算单位成本(费用)

**[例 7—15]** 某车间 2010 年 1 月份的成本预算资料如下：可控成本总额为 20 万元，其中固定成本为 10 万元；不可控成本为 15 万元，全部为固定成本，预算产量为10 000件。

1 月份的实际成本资料如下：可控成本为 20.5 万元，其中固定成本为 10.5 万元；不可控成本为 18 万元，实际产量为11 000件。

要求：

(1)计算预算单位变动成本。

(2)计算其预算责任成本节约额和预算责任成本节约率。

**【答案】**

(1)预算单位变动成本＝(200 000－100 000)/10 000＝10(元/件)

(2)实际产量的预算成本＝100 000＋10×11 000＝210 000(元)

责任成本变动额＝21－20.5＝0.5(万元)

责任成本变动率＝0.5/21＝2.38％

2. 利润中心

利润中心是指既能控制成本，又能控制收入和利润的责任单位。它不但有成本发生，而且还有收入发生。

利润中心分为自然利润中心和人为利润中心。

自然利润中心是自然形成的，直接对外提供劳务或销售产品以取得收入的责任中心。

人为利润中心是人为设定的，通过企业内部各责任中心之间使用内部结算价格结算半成品内部销售收入的责任中心。

利润中心与成本中心相比，其权利和责任都相对较大，它不仅要降低绝对成本，还要寻求收入的增长使之超过成本，即更要强调相对成本的降低。

利润中心的考核指标如表 7—3 所示。

**表 7—3　　利润中心的考核指标**

| 考核指标 | 公　式 | 特　点 |
| --- | --- | --- |
| 边际贡献 | 边际贡献＝销售收入总额－变动成本总额 | 反映了该利润中心的盈利能力，但它对业务评价没有太大的作用 |
| 可控边际贡献 | 可控边际贡献＝边际贡献－该中心负责人可控固定成本 | 也称部门经理边际贡献，是评价利润中心管理者业绩的理想指标 |
| 部门边际贡献 | 部门边际贡献＝可控边际贡献－该中心负责人不可控固定成本 | 也称部门毛利，反映了部门为企业利润和弥补与生产能力有关的成本所做的贡献，它更多的用于评价部门业绩而不是利润中心管理者的业绩 |

［例 7—16］　最适合作为企业内部利润中心对整个公司所做的经济贡献的评价指标是(　　)。

A. 利润中心边际贡献　　B. 利润中心可控边际贡献

C. 利润中心部门边际贡献　　D. 利润中心净利润

【答案】 C

【解析】 部门边际贡献反映了部门为企业利润和弥补与生产能力有关的成本所做的贡献，它更多的用于评价部门业绩而不是利润中心管理者的业绩。

3. 投资中心

投资中心是指既对成本、收入和利润负责，又对投资及其投资收益负责的责任单位，其经理所拥有的自主权不仅包括制定价格、确定产品和生产方法等短期经营决策权，而且还包括投资规模和投资类型等投资决策权。投资中心是最高层次的责任中心。

投资中心的考核指标主要有投资报酬率、剩余收益等。

(1)投资报酬率。

$$投资报酬率＝营业利润/平均营业资产$$

其中：

①营业利润是指息税前利润；

②平均营业资产＝(期初营业资产＋期末营业资产)/2

投资报酬率指标的优点是：

①能够反映投资中心的综合获利能力；

②相对数指标，可用于部门之间以及不同行业之间的比较；

③不仅可以促使经理人员关注营业资产运用效率，并有利于资产存量的调整，优化资源配置。

投资报酬率指标的缺点是：会引起短期行为的产生，追求局部利润最大化而损害整体利益最大化目标，导致经理人员为眼前利益而牺牲长远利益。

(2)剩余收益。

剩余收益=经营利润-(经营资产×最低投资报酬率)

剩余收益指标弥补了投资报酬率指标会使局部利益与整体利益相冲突的不足。但由于其是一个绝对指标，故而难以在不同规模的投资中心之间进行业绩比较；剩余收益同样只反映当期业绩，单纯使用这一指标也会导致投资中心管理者的短视行为。

**[例7-17]** 既能反映投资中心的投入产出关系，又可使个别投资中心的利益与企业整体利益保持一致的考核指标是(　　)。

A. 可控成本　　B. 利润总额　　C. 剩余收益　　D. 投资报酬率

**【答案】** C

**【解析】** 剩余收益指标弥补了投资报酬率指标会使局部利益与整体利益相冲突的不足。

**[例7-18]** D公司为投资中心，下设甲、乙两个利润中心，相关财务资料如下：

资料一：甲利润中心营业收入为38 000元，变动成本总额为14 000元，利润中心负责人可控的固定成本为4 000元，利润中心负责人不可控但应由该中心负担的固定成本为7 000元。

资料二：乙利润中心负责人可控利润总额为30 000元，利润中心部门边际贡献总额为22 000元。

资料三：D公司利润为33 000元，投资额为200 000元，该公司预期的最低投资报酬率为12%。

要求：

(1)根据资料一计算甲利润中心的下列指标：

①利润中心边际贡献总额；

②利润中心可控边际贡献；

③利润中心部门边际贡献总额。

(2)根据资料二计算乙利润中心负责人不可控但应由该利润中心负担的固定成本。

(3)根据资料三计算D公司的剩余收益。

**【答案】**

(1)①利润中心边际贡献总额=38 000-14 000=24 000(元)

②利润中心可控边际贡献=24 000-4 000=20 000(元)

③利润中心部门边际贡献总额=20 000-7 000=13 000(元)

(2)乙利润中心负责人不可控但应由该利润中心负担的固定成本=30 000-22 000=8 000(元)

(3)D公司的剩余收益=33 000-200 000×12%=9 000(元)

**[例7-19]** 已知ABC公司加权平均的最低投资报酬率为20%，其下设的甲投资中心投资额为200万元，剩余收益为20万元，则该中心的投资报酬率为(　　)。

A. 40%　　B. 30%　　C. 20%　　0

**【答案】** B

**【解析】** 剩余收益=经营利润-投资额×公司加权平均的最低投资报酬率=投资额×

（投资报酬率－最低投资报酬率）；所以，20＝200×（投资报酬率－20％），投资报酬率＝30％。

4. 三种责任中心的对比

三种责任中心的对比如表 7－4 所示。

**表 7－4　　三种责任中心的对比**

<table>
<tr><th></th><th>层次</th><th>应用范围</th><th>考核范围</th><th>组织形式</th></tr>
<tr><td>成本中心</td><td>最低</td><td>最广<br>（个人）</td><td>可控成本</td><td rowspan="2">不具有<br>法人地位</td></tr>
<tr><td>利润中心</td><td>居中</td><td>较窄<br>（经营决策权）</td><td>成本、收入、利润<br>（相对成本降低）</td></tr>
<tr><td>投资中心</td><td>最高</td><td>最窄<br>（投资决策权）</td><td>成本、收入、利润<br>投资效果</td><td>一般为法人</td></tr>
</table>

（三）内部转移价格的制定

内部转移价格直接关系到不同责任中心的获利水平，其制定可以有效地防止成本转移引起的责任中心之间的责任转嫁，使每个责任中心都能够作为单独的组织单位进行业绩评价，并且可以作为一种价格信号引导下级采取正确决策，保证局部利益和整体利益的一致。

内部转移价格根据制定依据的不同，可分为市场价格、协商价格、双重价格和以成本为基础的转移价格，如表 7－5 所示。

**表 7－5　　内部转移价格的类型**

| 类型 | 制定依据 | 特　点 | 应用的前提条件 |
|---|---|---|---|
| 市场价格 | 根据产品或劳务的市场现行价格作为计价基础 | 市场价格具有客观真实的特点，能够同时满足分部和公司的整体利益 | 要求产品或劳务有完全竞争的外部市场，以取得市价依据 |
| 协商价格 | 以正常的市场价格为基础，通过定期共同协商确定价格 | 协商价格的上限是市场价格，下限则是单位变动成本。当双方协商僵持时，会导致公司高层的行政干预 | 该中间产品存在非完全竞争的外部市场，在该市场内双方有权决定是否买卖这种产品 |
| 双重价格 | 是由内部责任中心的交易双方采用不同的内部转移价格作为计价基础 | 买卖双方可以选择不同的市场价格或协商价格，能够较好地满足企业内部交易双方在不同方面的管理需要 | |
| 以成本为基础的转移定价 | 以产品或劳务某种形式的成本价格为基础而制定价格 | 可以选用的成本形式包括：完全成本、完全成本加成、变动成本以及变动成本加固定制造费用。以成本为基础的转移定价方法具有简便、客观的特点，但存在信息和激励方面的问题 | 适用于内部转移的产品或劳务没有市价的情况 |

# 第四节　利润分配管理

## 一、股利政策与企业价值

股利政策是指在法律允许的范围内，企业是否发放股利、发放多少股利以及何时发放股利的方针及对策。股利政策的最终目标是使公司价值最大化。

（一）股利分配理论

股利分配理论是指人们对股利分配的客观规律的科学认识与总结，其核心问题是股利政策与公司价值的关系问题。见表7—6。

表7—6　　股利分配理论

| 种　类 | | 观　点 |
|---|---|---|
| 股利无关理论 | | 在一定的假设条件限制下，股利政策不会对公司的价值或股票的价格产生任何影响，投资者不关心公司股利的分配。公司市场价值的高低，是由公司所选择的投资决策的获利能力和风险组合所决定，而与公司的利润分配政策无关 |
| 股利相关理论 | “手中鸟”理论 | 公司的股利政策与公司的股票价格是密切相关的，即当公司支付较高的股利时，公司的股票价格会随之上升，公司的价值将得到提高 |
| | 信号传递理论 | 在信息不对称的情况下，公司可以通过股利政策向市场传递有关公司未来获利能力的信息，从而会影响公司的股价。一般来讲，预期未来获利能力强的公司，往往愿意通过相对较高的股利支付水平吸引更多的投资者 |
| | 所得税差异理论 | 由于普遍存在的税率以及纳税时间的差异，资本利得收入比股利收入更有助于实现收益最大化目标，公司应当采用低股利政策 |
| | 代理理论 | 股利的支付能够有效地降低代理成本。高水平的股利政策降低了企业的代理成本，但同时增加了外部融资成本，理想的股利政策应当使两种成本之和最小 |

［例7—20］　某企业在选择股利政策时，以代理成本和外部融资成本之和最小化为标准。该企业所依据的股利理论是（　　）。

A.“手中鸟”理论　　B. 信号传递理论

C. MM理论　　D. 代理理论

【答案】 D

【解析】 代理理论认为最优的股利政策应使代理成本和外部融资成本之和最小。

（二）股利政策

1. 剩余股利政策

剩余股利政策是指公司在有良好的投资机会时，根据目标资本结构，测算出投资所需的权益资本额，先从盈余中留用，然后将剩余的盈余作为股利来分配。即净利润首先满足公司的资金需求，如果还有剩余，就派发股利；如果没有，则不派发股利。

其理论依据是MM股利无关理论。

留存收益优先保证再投资的需要，有助于降低再投资的资金成本，保持最佳的资本结构，实现企业价值的长期最大化。但股利发放额每年随投资机会和盈利水平的波动而波动，不利于投资者安排收入与支出，也不利于公司树立良好的形象。一般适用于公司初创阶段。

2. 固定或稳定增长的股利政策

固定或稳定增长的股利政策是指公司将每年派发的股利额固定在某一特定水平或是在此基础上维持某一固定比率逐年稳定增长。公司只有在确信未来盈余不会发生逆转时才会宣布实施固定或稳定增长的股利政策。

其理论依据是股利相关理论。

优点：

(1)有利于树立公司的良好形象，增强投资者对公司的信心，稳定公司股票价格；

(2)有助于投资者安排收入与支出，有利于吸引那些打算进行长期投资并对股利有很高依赖性的股东；

(3)为了将股利维持在稳定的水平上，即使推迟某些投资方案或暂时偏离目标资本结构，也可能比降低股利或股利增长率更为有利。

缺点：

(1)股利的支付与企业的盈利相脱节，可能导致企业资金紧缺，财务状况恶化；

(2)在企业无利可分的情况下，若依然实施固定或稳定增长的股利政策，也是违反《公司法》的行为。

固定或稳定增长的股利政策通常适用于经营比较稳定或正处于成长期的企业，且很难被长期采用。

**[例 7—21]**　在下列公司中，通常适合采用固定股利政策的是(　　)。

A. 收益显著增长的公司　　B. 收益相对稳定的公司

C. 财务风险较高的公司　　D. 投资机会较多的公司

【答案】 B

【解析】 在固定股利政策下，公司在较长时期内都将分期支付固定的股利额，股利不随经营状况的变化而变动，除非公司预期未来收益将会有显著的、不可逆转的增长而提高股利发放额。采用这种政策的，大多数属于收益比较稳定或正处于成长期的公司。

3. 固定股利支付率政策

固定股利支付率政策是指公司将每年净利润的某一固定百分比作为股利分派给股东。这一百分比通常称为股利支付率。

其理论依据是股利相关理论。

优点：

(1)股利的支付与公司盈余紧密地配合；

(2)公司每年按固定的比例从税后利润中支付现金股利，从企业支付能力的角度看，这是一种稳定的股利政策。

缺点：

(1)收益不稳导致股利的波动所传递的信息，容易成为公司的不利因素；

(2)容易使公司面临较大的财务压力；

(3)合适的固定股利支付率的确定难度大。

固定股利支付率政策适用于那些处于稳定发展并且财务状况也比较稳定的公司。

**[例 7—22]**　某公司近年来经营业务不断拓展，目前处于成长阶段，预计现有的生产经营能力能够满足未来 10 年稳定增长的需要，公司希望其股利与公司盈余紧密配合。基于以上条件，最为适宜该公司的股利政策是(　　)。

A. 剩余股利政策　　　　B. 固定股利政策
C. 固定股利支付率政策　　　　D. 低正常股利加额外股利政策

【答案】 C

【解析】 固定股利支付率政策的优点之一是股利与公司盈余紧密地配合，体现了多盈多分、少盈少分、无盈不分的股利分配原则，且该股利政策适用于那些处于稳定发展阶段的公司。

4. 低正常股利加额外股利政策

低正常股利加额外股利政策是指公司事先设定一个较低的正常股利额，每年除了按正常股利额向股东发放股利外，还在公司盈余较多、资金较为充裕的年度向股东发放额外股利。

其理论依据是股利相关理论。

优点：

(1)赋予公司较大的灵活性，使公司在股利发放上留有余地，并具有较大的财务弹性。公司可根据每年的具体情况，选择不同的股利发放水平，以稳定和提高股价，进而实现公司价值的最大化。

(2)使那些依靠股利度日的股东每年至少可以得到虽然较低但比较稳定的股利收入，从而吸引住这部分股东。

缺点：

(1)由于年份之间公司盈利的波动使得额外股利不断变化，造成分派的股利不同，容易给投资者收益不稳定的感觉。

(2)当公司在较长时间持续发放额外股利后，可能会被股东误认为“正常股利”，一旦取消，传递出的信号就可能会使股东认为这是公司财务状态恶化的表现，进而导致股价下跌。

对那些盈利随着经济周期而波动较大的公司或者盈利与现金流量很不稳定时，低正常股利加额外股利政策也许是一种不错的选择。

## 二、利润分配制约因素

企业的利润分配涉及企业相关各方的切身利益，受众多不确定因素的影响，在确定分配政策时，应当考虑各种相关因素的影响，主要包括法律、公司、股东及其他因素。

(一)法律因素

法律因素如表7—7所示。

**表7—7　　法律因素**

| 限制因素 | 说　明 |
|---|---|
| 资本保全约束 | 不能用资本(包括实收资本或股本和资本公积)发放股利 |
| 企业积累约束 | 规定公司必须按照一定的比例和基数提取各种公积金，股利只能从企业的可供分配利润中支付 |
| 超额累积利润约束 | 如果公司为了避税而使得盈余的保留大大超过了公司目前及未来的投资需要时，将被加征额外的税款 |
| 偿债能力约束 | 要求公司考虑现金股利分配对偿债能力的影响，确定在分配后仍能保持较强的偿债能力，以维持公司的信誉和借贷能力，从而保证公司的正常资金周转 |

**[例7—23]** 在确定企业的收益分配政策时，应当考虑相关因素的影响，其中“资本保全约束”属于(　　)。

A. 股东因素　B. 公司因素　C. 法律因素　D. 债务契约因素

【答案】 C

【解析】 法律因素包括资本保全约束、偿债能力约束、资本积累约束和超额累积利润约束。

[例 7—24] 按照资本保全约束的要求，企业发放股利所需资金的来源包括(　　)。

A. 当期利润　B. 留存收益　C. 资本公积　D. 股本

【答案】 AB

【解析】 资本保全约束要求企业发放的股利或投资分红不得来源于原始投资(或股本)，而只能来源于企业当期利润或留存收益。

(二)公司因素

公司因素如表 7—8 所示。

表 7—8　公司因素

| 限制因素 | 说　明 |
|---|---|
| 现金流量 | 公司在进行利润分配时，要保证正常的经营活动对现金的需求，以维持资金的正常周转，使生产经营得以有序进行 |
| 资产的流动性 | 资产流动性较低的公司往往支付较低的股利 |
| 盈余的稳定性 | 一般来讲，公司的盈余越稳定，其股利支付水平也就越高 |
| 投资机会 | 有良好投资机会的公司往往少发股利，缺乏良好投资机会的公司倾向于支付较高的股利。此外，如果公司将留存收益用于再投资所得报酬低于股东个人单独将股利收入投资于其他投资机会所得的报酬时，公司就不应多留存收益，而应多发股利 |
| 筹资因素 | 如果公司具有较强的筹资能力，随时能筹集到所需资金，那么它会具有较强的股利支付能力 |
| 举债能力 | 具有较强的举债能力的公司往往采取较宽松的股利政策，而举债能力弱的公司往往采取较紧的股利政策 |
| 其他因素 | 不同发展阶段、不同行业的公司股利支付比例会有差异 |

[例 7—25] 下列各项中，会导致企业采取低股利政策的事项有(　　)。

A. 物价持续上升　B. 陷于经营收缩的公司

C. 企业资产的流动性较弱　D. 企业盈余不稳定

【答案】 ACD

【解析】 陷于经营收缩的公司多采取多分少留政策。

(三)股东因素

股东因素如表 7—9 所示。

表 7—9　股东因素

| 限制因素 | 说　明 |
|---|---|
| 控制权 | 为防止控制权的稀释，持有控股权的股东希望少募集权益资金、少分股利 |
| 稳定的收入 | 依靠股利维持生活的股东要求支付稳定的股利 |
| 避税 | 高股利收入的股东出于避税考虑，往往反对发放较多的股利 |

(四)其他因素

其他因素如表7—10所示。

表7—10 其他因素

| 限制因素 | 说　明 |
|---|---|
| 债务契约 | 如果债务合同限制现金股利支付,公司只能采取低股利政策 |
| 通货膨胀 | 在通货膨胀时期,企业一般会采取偏紧的利润分配政策 |

[例7—26] 从理论上说,债权人不得干预企业的资金投向和股利分配方案。(　　)

【答案】 ×

【解析】 债权人可以通过债务合同条款,来限制股利分配,从而保护债权人的权益。

## 三、股利支付形式与程序

(一)股利支付形式

股利支付形式有现金股利、财产股利、负债股利、股票股利等。

现金股利是以现金支付的股利,它是股利支付的最常见的方式。

财产股利是以现金以外的其他资产支付的股利,主要是以公司所拥有的其他公司的有价证券,如债券、股票等,作为股利支付给股东。

负债股利是以负债方式支付的股利,通常以公司的应付票据支付给股东,有时也以发放公司债券的方式支付股利。

股票股利是公司以增发股票的方式所支付的股利。

[例7—27] 如果上市公司以其应付票据作为股利支付给股东,则这种股利支付方式称为(　　)。

A. 现金股利　　B. 股票股利　　C. 财产股利　　D. 负债股利

【答案】 D

【解析】 负债股利是以负债方式支付的股利,通常以公司的应付票据支付给股东,有时也以发行公司债券的方式支付股利。

股票股利的影响如表7—11所示。

表7—11 股票股利的影响

| 有影响的项目 | 无影响的项目 |
|---|---|
| (1)所有者权益的内部结构<br>(2)股票数量(增加)<br>(3)每股收益(下降)<br>(4)每股市价(下降) | (1)每股面值<br>(2)资本结构(资产总额、负债总额、股东权益总额均不变)<br>(3)股东持股比例<br>(4)若盈利总额和市盈率不变,股票股利发放不会改变股东持股的市场价值总额 |

【提示】 发放股票股利对所有者权益的内部结构的影响有两种做法:

一种是股票股利按市价确定:未分配利润按市价减少(增加的股数×每股市价),股本按面值增加(增加的股数×每股面值),差额作为资本公积。

二是股票股利按面值确定:未分配利润按面值减少(增加的股数×每股面值),股本按面值增加(增加的股数×每股面值),资本公积不变。

[例7—28] 上市公司发放股票股利可能导致的结果有( )。

A. 公司股东权益内部结构发生变化　　B. 公司股东权益总额发生变化

C. 公司每股收益下降　　D. 公司股份总额发生变化

【答案】 ACD

【解析】 发放股票股利是所有者权益内部的此增彼减,不会影响所有者权益总额。

从股东角度看,发放股票股利优点有:

(1)有时股价并不成比例下降,可使股票价值相对上升;

(2)由于股利收入和资本利得税率的差异,如果股东把股票股利出售,还会给他带来资本利得纳税上的好处。

从公司角度看,发放股票股利的优点有:

(1)不需要向股东支付现金,在再投资机会较多的情况下,公司就可以为再投资提供成本较低的资金,从而有利于公司的发展;

(2)可以降低公司股票的市场价格,既有利于促进股票的交易和流通,又有利于吸引更多的投资者成为公司股东,进而使股权更为分散,有效地防止公司被恶意控制;

(3)可以传递公司未来发展良好的信息,从而增强投资者的信心,在一定程度上稳定股票价格。

[例7—29] 企业发放股票股利会引起每股利润的下降,从而导致每股市价有可能下跌,因而每位股东所持股票的市场价值总额也将随之下降。( )

【答案】 ×

【解析】 若盈利总额和市盈率不变,股票股利发放不会改变股东持股的市场价值总额。有时股价并不成比例下降,反而可使股票价值相对上升。

(二)股利支付程序

股利宣告日是股东大会决议通过并由董事会将股利支付情况予以公告的日期。

股权登记日即有权领取本期股利的股东资格登记截止日期。在这一天之后取得股票的股东则无权领取本次分派的股利。

除息日即领取股利的权利与股票分离的日期。在除息日之前购买的股票才能领取本次股利,而在除息日当天或是以后购买的股票,则不能领取本次股利。由于失去了"付息"的权利,除息日的股票价格会下跌。

股利发放日是公司按照公布的分红方案向股权登记日在册的股东实际支付股利的日期。

[例7—30] 在除息日之前,股利权利从属于股票;从除息日开始,新购入股票的投资者不能分享本次已宣告发放的股利。( )

【答案】 √

【解析】 在除息日,股票的所有权和领取股息的权利分离,股利权利不再从属于股票,所以在这一天及以后购入公司股票的投资者不能享有已宣布发放的股利。

## 四、股票分割与股票回购

(一)股票分割

股票分割又称拆股,即将一股股票拆分成多股股票的行为。股票分割的作用有:

(1)降低股票价格;

(2)向市场和投资者传递“公司发展前景良好”的信号,有助于提高投资者对公司股票的信心。

【提示】 反分割又称股票合并或逆向分割,是指将多股股票合并为一股股票的行为。反分割显然会降低股票的流通性,提高公司股票投资的门槛,它向市场传递的信息通常都是不利的。

[例7—31] 在其他条件不变的情况下,股票分割会使发行在外的股票总数增加,进而降低公司资产负债率。 ( )

【答案】 ×

【解析】 股票分割会使发行在外的股票总数增加,但并没有改变公司的权益总额,没有改变公司的资本结构,公司的资产负债率不变。

股票分割与股票股利的比较如表7—12所示。

表7—12 股票分割与股票股利的比较

| 内容 | 股票股利 | 股票分割 |
|---|---|---|
| 不同点 | (1)面值不变<br>(2)股东权益结构变化(股本增加、未分配利润减少)<br>(3)属于股利支付方式 | (1)面值变小<br>(2)股东权益结构不变<br>(3)不属于股利支付方式 |
| 相同点 | (1)普通股股数增加<br>(2)每股收益和每股市价下降<br>(3)资产总额、负债总额、股东权益总额不变 | |

[例7—32] 某公司本年实现的净利润为500万元,资产合计5 600万元,当前每股市价10元,年终利润分配前的股东权益项目资料如下:股本——普通股(每股面值4元,200万股),800万元;资本公积金,320万元;未分配利润,1 680万元;所有者权益合计,2 800万元。

要求:计算回答下述互不相关的问题:

(1)计划按每10股送1股的方案发放股票股利,股票股利的金额按市价计算,计算完成这一分配方案后的股东权益各项目数额,以及每股收益和每股净资产。

(2)计划按每10股送1股的方案发放股票股利,股票股利的金额按市价计算,并按发放股票股利前的股数派发每股现金股利0.2元。计算完成这一分配方案后的股东权益各项目数额,以及每股收益和每股净资产。

(3)若计划每1股分割为4股,计算完成这一分配方案后的股东权益各项目数额,以及每股收益和每股净资产。

【答案】

(1)发放股票股利后的普通股数=200×(1+10%)=220(万股)

发放股票股利后的普通股本=4×220=880(万元)

发放股票股利后的未分配利润=1 680−20×10=1 480(万元)

发放股票股利后的资本公积金=320+20×(10−4)=440(万元)

发放股票股利后的所有者权益总额=2 800(万元)

每股收益=500/220=2.27(元)

每股净资产=2 800/220=12.73(元)

(2)发放股票股利前的普通股数=200(万股)

发放股票股利后的普通股数＝200×(1＋10％)＝220(万股)

发放股票股利后的普通股股本＝4×220＝880(万元)

发放股票股利后的资本公积金＝320＋20×(10－4)＝440(万元)

现金股利＝0.2×200＝40(万元)

利润分配后的未分配利润＝1 680－10×20－40＝1 440(万元)

利润分配后的所有者权益总额＝880＋440＋1 440＝2 760(万元)

每股收益＝500/220＝2.27(元)

每股净资产＝2 760/220＝12.55(元)

(3)分割后的股数为 800 万股,股东权益项目金额不变

每股收益＝500/800＝0.625(元)

每股净资产＝2 800/800＝3.5(元)

(二)股票回购

股票回购是指上市公司出资将其发行在外的普通股以一定价格购买回来予以注销或作为库存股的一种资本运作方式。公司不得随意收购本公司的股份,只有满足相关法律规定的情形才允许股票回购。

1. 股票回购的方式

(1)公开市场回购,是指公司在公开交易市场上以当前市价回购股票。

(2)要约回购,是指公司在特定期间向股东发出的以高出当前市价的某一价格回购既定数量股票的要约。

(3)协议回购,指公司以协议价格直接向一个或几个主要股东回购股票。

**[例 7—33]** 在特定期间向股东发出的以高出当前市价的某一价格回购既定数量股票的回购方式属于(　　)。

A. 公开市场回购　B. 要约回购　C. 协议回购　D. 私募回购

【答案】 B

【解析】 要约回购是指公司在特定期间向股东发出的以高出当前市价的某一价格回购既定数量股票的要约。

2. 股票回购的动机

(1)现金股利的替代。当公司有富余资金时,通过购回股东所持股票将现金分配给股东,这样,股东就可以根据自己的需要选择继续持有股票或出售获得现金。

(2)改变公司的资本结构。无论是现金回购还是举债回购股份,都会提高公司的财务杠杆水平,改变公司的资本结构。

(3)传递公司信息。一般情况下,投资者会认为股票回购意味着公司认为其股票价值被低估而采取的应对措施。

(4)基于控制权的考虑。控股股东为了保证其控制权不被改变,往往采取直接或间接的方式回购股票,从而巩固既有控制权。另外,股票回购使流通在外的股份数变少,股份上升,从而可以有效地防止敌意收购。

**[例 7—34]** 下列各项中,属于上市公司股票回购动机的有(　　)。

A. 替代现金股利　B. 提高每股收益

C. 规避经营风险　D. 稳定公司股价

【答案】 ABD

【解析】 经营风险是企业在经营活动中面临的风险，和股票回购无关。股票回购动机包括：现金股利的替代、改变公司的资本结构、传递公司信息和基于控制权的考虑。由于股票回购会减少发行在外的股数所以有利于提高每股收益，稳定或提高股价。

3. 股票回购的影响

(1)股票回购需要大量资金支付回购成本，容易造成资金紧张，降低资产流动性，影响公司的后续发展。

(2)股票回购无异于股东退股和公司资本的减少，也可能会使公司的发起人股东更注重创业利润的实现，从而不仅在一定程度上削弱了对债权人利益的保护，而且忽视了公司的长远发展，损害了公司的根本利益。

(3)股票回购容易导致公司操纵股价。公司回购自己的股票容易导致其利用内幕消息进行炒作，加剧公司行为的非规范化，损害投资者的利益。

**[例 7—35]** 下列属于股票回购缺点的是(　　)。

A. 股票回购易造成公司资金紧缺，资产流动性变差

B. 股票回购可能使公司的发起人忽视公司长远的发展

C. 股票回购容易导致公司操纵股价

D. 股票回购不利于公司实施反收购策略

【答案】 ABC

【解析】 股票回购使流通在外的股份数变少，股价上升，从而可以有效地防止恶意收购。

4. 股票回购与股票分割(或股票股利)的比较

股票回购与股票分割或股票股利的比较见表 7—13。

**表 7—13　股票回购与股票分割或股票股利的比较**

| 内容 | 股票回购 | 股票分割及股票股利 |
|---|---|---|
| 股票数量 | 减少 | 增加 |
| 每股市价 | 提高 | 降低 |
| 每股收益 | 提高 | 降低 |
| 资本结构 | 改变公司的资本结构，提高财务杠杆水平 | 不影响 |
| 控制权 | 巩固既定控制权或转移公司控制权 | 不影响 |

**[例 7—36]** 在下列各项中，能够增加普通股股票发行在外股数，但不改变公司资本结构的行为是(　　)。

A. 支付现金股利　B. 增发普通股　C. 股票分割　D. 股票回购

【答案】 C

【解析】 股票分割会增加发行在外的普通股股数，而且不会改变公司资本结构；单纯支付现金股利不会影响普通股股数；增发普通股会增加普通股股数，但也会改变资本结构；股票回购会减少普通股股数。所以只有 C 正确。

## 主要概念

销售预测　收入管理　利润分配　成本费用管理　成本形态分析　标准成本
固定成本　变动成本　销售预测　移动平均销售预测　指数平滑法销售预测

因果分析法销售预测　保本点定价法　需求价格弹性系数定价法　价格运用策略
高低点法　回归分析法　责任成本管理　剩余股利政策　固定或稳定增长的股利政策
四种现金股利政策的特点　股票股利、股票分割、股票回购的特点

# 课后习题

## 一、单项选择题

1. 法律对利润分配进行超额累积利润限制的主要原因是(　　)。

A. 避免损害少数股东权益　　B. 避免资本结构失调
C. 避免股东避税　　D. 避免经营者出现短期行为

2. 相对于其他股利政策而言，既可以维持股利的稳定性，又有利于优化结构的股利政策是(　　)。

A. 剩余股利政策　　B. 固定股利政策
C. 固定股利支付率政策　　D. 低正常股利加额外股利政策

3. 在下列股利政策中，股利与利润之间保持固定比例关系，体现风险投资与风险收益对等关系的是(　　)。

A. 剩余股利政策　　B. 固定股利政策
C. 固定股利支付率政策　　D. 低正常股利加额外股利政策

4. 某公司2015年年初的未分配利润为100万元，当年的税后利润为400万元，2016年年初公司讨论决定股利分配的数额。预计2016年追加投资资本500万元。公司的目标资本结构为权益资本占60%，债务资本占40%，2016年继续保持目前的资本结构不变。按有关法规规定该公司应该至少提取10%的法定公积金。该公司采用剩余股利分配政策，则该公司最多用于派发的现金股利为(　　)万元。

A. 100　　B. 60　　C. 200　　D. 160

5. 造成股利波动较大，给投资者公司不稳定的感觉，对于稳定股票价格不利的股利分配政策是(　　)。

A. 剩余股利政策　　B. 固定或持续增长的股利政策
C. 固定股利支付率政策　　D. 低正常股利加额外股利政策

6. 在以下股利政策中，有利于稳定股票价格，从而树立公司良好形象，但股利的支付与公司盈余相脱节的股利政策是(　　)。

A. 剩余股利政策　　B. 固定或持续增长的股利政策
C. 固定股利支付率政策　　D. 低正常股利加额外股利政策

7. 我国上市公司不得用于支付股利的权益资本是(　　)。

A. 资本公积　　B. 任意盈余公积
C. 法定盈余公积　　D. 上年未分配利润

8. 上市公司按照剩余股利政策发放股利的好处是(　　)。

A. 有利于公司合理安排资本结构　　B. 有利于投资者安排收入与支出
C. 有利于公司稳定股票的市场价格　　D. 有利于公司树立良好的形象

9. 主要依靠股利维持生活的股东和养老基金管理人最不赞成的公司股利政策是（　　）。

A. 剩余股利政策　　B. 固定或持续增长的股利政策

C. 固定股利支付率政策　　D. 低正常股利加额外股利政策

## 二、多项选择题

1. 企业选择股利政策通常需要考虑以下几个因素中的（　　）。

A. 企业所处的成长与发展阶段　　B. 企业支付能力的稳定情况

C. 企业获利能力的稳定情况　　D. 目前的投资机会

2. 下列说法中正确的有（　　）。

A. 为了应付通货膨胀，公司多采用低股利政策

B. 为了更好地约束经营者的背离行为，公司多采用高股利政策

C. 为了更好地为股东合理避税，公司多采用高股利政策

D. 依据股利相关论，高股利政策有助于增加股东财富

3. 公司实施剩余股利政策，意味着（　　）。

A. 公司接受了股利无关理论

B. 公司可以保持理想的资本结构

C. 公司统筹考虑了资本预算、资本结构和股利政策等财务基本问题

D. 兼顾了各类股东、债权人的利益

4. 股利政策的制定受多种因素的影响，包括（　　）。

A. 税法对股利和出售股票收益的不同处理

B. 未来公司的投资机会

C. 各种资本来源及其成本

D. 股东对当期收入的相对偏好

5. 上市公司发放现金股利主要出于以下原因中的（　　）。

A. 投资者偏好　　B. 减少代理成本

C. 传递公司的未来信息　　D. 降低财务杠杆

6. 股东在决定公司收益分配政策时，通常考虑的主要因素有（　　）。

A. 规避风险　　B. 稳定股利收入

C. 防止公司控制权旁落　　D. 避税

7. 若上市公司采用了合理的收益分配政策，则可获得的效果有（　　）。

A. 能为企业筹资创造良好条件　　B. 能处理好与投资者的关系

C. 改善企业经营管理　　D. 能增强投资者的信心

8. 企业在确定股利支付率水平时，应当考虑的因素有（　　）。

A. 投资机会　　B. 筹资成本　　C. 资本结构　　D. 股东偏好

## 三、判断题

1. 采用剩余股利分配政策的优点是有利于保持理想的资本结构，降低企业的加权平均资本成本。（　　）

2. 固定股利政策的一个主要缺点是当企业盈余较少甚至亏损时，仍须支付固定数额的股利，可能导致企业财务状况恶化。（　　）

3. 根据“无利不分”原则，当企业出现年度亏损时，不得分配利润。（　　）

4. 固定股利支付率政策的主要缺点，在于公司股利支付与其盈利能力相脱节，当盈利较低时仍要支付较高的股利，容易引起公司资金短缺、财务状况恶化。（　　）

5. 采用固定股利支付率政策分配利润时，股利不受经营状况的影响，有利于公司股票价格的稳定。（　　）

## 四、计算分析题

某公司成立于20×3年1月1日，20×3年度实现的净利润为1 000万元，分配现金股利550万元，提取公积金450万元（所提公积金均已指定用途）。20×4年实现的净利润为900万元（不考虑计提公积金的因素）。20×5年计划增加投资，所需资本为700万元。假定公司目标资本结构为权益资本占60%，长期借入资本占40%。

要求：

(1)在保持目标资本结构的前提下，计算20×5年投资方案所需的权益资本和需要从外部借入的长期债务资本。

(2)在保持目标资本结构的前提下，如果公司执行剩余股利政策。计算20×4年度应分配的现金股利。

(3)在不考虑目标资本结构的前提下，如果公司执行固定股利政策，计算20×4年度应分配的现金股利、可用于20×5年投资的留存收益和需要额外筹集的资本。

(4)不考虑目标资本结构的前提下，如果公司执行固定股利支付率政策，计算该公司的股利支付率和20×4年度应分配的现金股利。

(5)假定公司20×5年面临着从外部筹资的困难，只能从内部筹资，不考虑目标资本结构，计算在此情况下20×4年度应分配的现金股利。

# 第八章　财务分析管理

【本章知识目标】

- 掌握企业财务报告的含义。
- 财务分析的基本方法。
- 掌握各项分析的重要财务指标及其内涵。

【本章技能目标】

能够正确认识企业的财务报表及其基本内涵。

能够运用所学知识，结合企业实际，科学评价企业的各项财务指标，为企业科学决策服务。

## 第一节　财务分析概述

财务分析师以会计报表和其他资料为依据和起点，采用专门方法，系统介绍和评价企业过去和现在的经营成果、财务状况及其变动，目的是了解过去、评价现在、预测未来，帮助利益关系集团改善决策。尽管财务分析主要依据财务报表，并辅之以其他资料，但由于财务分析主体不同，其分析评价所选取的指标有所差异，采用的分析方法和分析标准各不相同，得出的分析结果和据此做出的分析决策也各有千秋。

### 一、企业财务报表介绍

(一)资产负债表

资产负债表是反映企业在某一特定日期财务状况的报表。例如，公历每年 12 月 31 日的财务状况，由于它反映的是某一时点的情况，所以，又称静态报表。

1. 资产负债表的作用

资产负债表主要提供有关企业财务状况方面的信息。通过资产负债表，可以提供某一日期资产的总额及其结构，表明企业拥有或控制的资源及其分布情况，即有多少资源是流动资产、有多少资源是长期投资、有多少资源是固定资产等；可以提供某一日期的负债总额及其结构，表明企业未来需要用多少资产或劳务清偿债务以及清偿时间，即流动负债有多少、长期负债有多少、长期负债中有多少需要用当期流动资金进行偿还等；可以反映所有者所拥有的权益，据以判断资本保值、增值的情况以及对负债的保障程度。资产负债表还可以提供进行财务分析的基本资料，如将流动资产与流动负债进行比较，计算出流动比率；将速动资产与流动负债进行比较，计算出速动比率等，可以表明企业的变现能力、偿债能力和资金周转能力，从而有助于会计报表使用者做出经济决策。

根据股权有密切联系的几个独立企业的资产负债表汇总编制的资产负债表，称为“合并资产负债表”。它可以综合反映本企业以及与其股权上有联系的企业的全部财务状况。

2. 资产负债表的组成

(1)资产。

按资产的流动性大小不同，分为流动资产和非流动资产。

流动资产类由货币资金、交易性金融资产、应收账款、预付账款、其他应收款、存货和待摊费用等项目组成。

非流动资产类由持有至到期投资、可供出售金融资产、长期股权投资、固定资产、无形资产和长期待摊费用等项目组成。

(2)负债。

按负债的流动性不同，分为流动负债和非流动负债。

流动负债类由短期借款、应付账款、预收账款、应付职工薪酬、应交税费、应付股利、其他应付款、预提费用等项目组成。

非流动负债类由长期借款和应付债券组成。

(3)所有者权益。

按所有者权益的来源不同，由实收资本、资本公积、盈余公积和未分配利润等项目组成。

表 8－1 例示了资产负债表的基本结构和组成。

**表 8－1　　　　资产负债表**

会企 01 表

编制单位：　　　　年　月　日　　　　单位：元

| 资　产 | 期末余额 | 年初余额 | 负债和所有者权益（或股东权益） | 期末余额 | 年初余额 |
|---|---|---|---|---|---|
| 流动资产： | | | 流动负债： | | |
| 货币资金 | | | 短期借款 | | |
| 交易性金融资产 | | | 交易性金融负债 | | |
| 应收票据 | | | 应付票据 | | |
| 应收账款 | | | 应付账款 | | |
| 预付款项 | | | 预收款项 | | |
| 应收利息 | | | 应付职工薪酬 | | |
| 应收股利 | | | 应交税费 | | |
| 其他应收款 | | | 应付利息 | | |
| 存货 | | | 应付股利 | | |
| 一年内到期的非流动资产 | | | 其他应付款 | | |

续表

| 资　产 | 期末余额 | 年初余额 | 负债和所有者权益（或股东权益） | 期末余额 | 年初余额 |
|---|---|---|---|---|---|
| 其他流动资产 | | | 一年内到期的非流动负债 | | |
| 流动资产合计 | | | 其他流动负债 | | |
| 非流动资产： | | | 流动负债合计 | | |
| 可供出售金融资产 | | | 非流动负债： | | |
| 持有至到期投资 | | | 长期借款 | | |
| 长期应收款 | | | 应付债券 | | |
| 长期股权投资 | | | 长期应付款 | | |
| 投资性房地产 | | | 专项应付款 | | |
| 固定资产 | | | 预计负债 | | |
| 在建工程 | | | 递延所得税负债 | | |
| 工程物资 | | | 其他非流动负债 | | |
| 固定资产清理 | | | 非流动负债合计 | | |
| 生产性生物资产 | | | 负债合计 | | |
| 油气资产 | | | 所有者权益（或股东权益）： | | |
| 无形资产 | | | 实收资本（或股本） | | |
| 开发支出 | | | 资本公积 | | |
| 商誉 | | | 减：库存股 | | |
| 长期待摊费用 | | | 盈余公积 | | |
| 递延所得税资产 | | | 未分配利润 | | |
| 其他非流动资产 | | | 所有者权益（或股东）合计 | | |
| 非流动资产合计 | | | | | |
| 资产总计 | | | 负债和所有者权益（或股东权益）总计 | | |

（二）利润表

利润表主要提供有关企业经营成果方面的信息。利润表是反映企业在一定会计期间经营成果的报表。例如，反映1月1日至12月31日经营成果的利润表，由于它反映的是某一期间的情况，所以又称为动态报表。有时，利润表也称为损益表、收益表。

1. 利润表的作用

通过利润表，可以反映企业一定会计期间的收入实现情况，即实现的主营业务收入有多少，实现的其他业务收入有多少，实现的投资收益有多少，实现的营业外收入有多少等；可以反映一定会计期间的费用耗费情况，即耗费的主营业务成本有多少，主营业务税金有多少，营业费用、管理费用、财务费用各有多少，营业外支出有多少等；可以反映企业生产经营活动的成果，即净利润的实现情况，据以判断资本保值、增值情况。将利润表中的信息与资产负债表中的信息相结合，还可以提供进行财务分析的基本资料，如将赊销收入净额与应收账款平均余额进行比较，计算出应收账款周转率；将销货成本与存货平均余额进行比较，计算出存货周转率；将净利润与资产总额进行比较，计算出资产收益率等，可以表现企业资金周转情况以及企业的盈利能力和水平，便于会计报表使用者判断企业未来的发展趋势，做出经济决策。

2. 利润表的特征

利润表分项列示了企业在一定会计期间因销售商品、提供劳务、对外投资等所取得的各种收入以及与各种收入相对应的费用、损失，并将收入与费用、损失加以对比结出当期的净利润。这一将收入与相关的费用、损失进行对比，结出净利润的过程，会计上称为配比。其目的是为了衡量企业在特定时期或特定业务中所取得的成果，以及为取得这些成果所付出的代价，为考核经营效益和效果提供数据。比如分别列示主营业务收入和主营业务成本、主营业务税金及附加并加以对比，得出主营业务利润，从而掌握一个企业主营业务活动的成果。配比是一项重要的会计原则，在利润表中得到了充分体现。

3. 利润表包含的内容

通常，利润表主要反映以下几方面的内容：

(1)构成主营业务利润的各项要素。从主营业务收入出发，减去为取得主营业务收入而发生的相关费用、税金后得出主营业务利润。

(2)构成营业利润的各项要素。营业利润在主营业务利润的基础上，加其他业务利润，减营业费用、管理费用、财务费用后得出。

(3)构成利润总额(或亏损总额)的各项要素。利润总额(或亏损总额)在营业利润的基础上加(减)投资收益(损失)、补贴收入、营业外收支后得出。

(4)构成净利润(或净亏损)的各项要素。净利润(或净亏损)在利润总额(或亏损总额)的基础上，减去本期计入损益的所得税费用后得出。

在利润表中，企业通常按各项收入、费用以及构成利润的各个项目分类分项列示。也就是说收入按其重要性进行列示，主要包括主营业务收入、其他业务收入、投资收益、补贴收入、营业外收入；费用按其性质进行列示，主要包括主营业务成本、主营业务税金及附加、营业费用、管理费用、财务费用、其他业务支出、营业外支出、所得税等；利润按营业利润、利润总额和净利润等利润的构成分类分项列示。

原理之一：利润表是以本期"收入－费用＝利润"为基本依据编制的动态报表。

原理之二：以某项收入与其相关费用配比计算为依据排列报表项目的次序，从主营到其他、从营业利润到非营业利润。

4. 利润表结构

利润表一般有表首、正表两部分。其中表首说明报表名称、编制单位、编制日期、报表编号、货币名称、计量单位等；正表是利润表的主体，反映形成经营成果的各个项目和计算过程，所以，曾经将这张表称为损益计算书。

利润表正表的格式一般有两种：单步式利润表和多步式利润表。

单步式利润表是将当期所有的收入列在一起然后将所有的费用列在一起两者相减得出当期净损益。多步式利润表是通过对当期的收入、费用、支出项目按性质加以归类，按利润形成的主要环节列示一些中间性利润指标，如主营业务利润、营业利润、利润总额、净利润，分步计算当期净损益。

在我国，利润表采用多步式，每个项目通常又分为"本月数"和"本年累计数"栏分别列示。"本月数"栏反映各项目的本月实际发生数；在编报中期财务会计报告时，填列上年同期累计实际发生数；在编报年度财务会计报告时，填列上年全年累计实际发生数。如果上年度利润表与本年度利润表的项目名称和内容不相一致，则按编报当年的口径对上年度利润表项目的名称和数字进行调整，填入本表"上年数"栏。在编报中期和年度财务会计报告时，将"本月数"栏改成"上年数"栏。本表"本年累计数"栏反映各项目自年初起至报告期末止的累计实际发生数。

（三）现金流量表

现金流量表可以反映当期企业经营活动、投资活动、筹资活动所引起的现金流入和现金流出的增减变化情况，说明当前企业现金支付能力的形成过程，反映企业通过经营筹资活动真正形成的可用来支付的货币资金数额，揭示企业在核算年度现金支付能力增减变化的原因、内容和结果及企业现金净流入或净流出的绝对水平。现金流量表通过企业经营活动、投资活动、筹资活动的新近流入和流出情况，说明企业经营业务获取资金、偿还债务、分配股利、支付利息的能力；通过表中各项目增减变化的分析，我们还可以说明企业各环节的经营成果，因此是开展现金经营与管理的有效工具。

现金流量表模板如表 8－2 所示。

**表 8－2** **现金流量表**

编制单位： 会企 03 表

2014 年度 单位：元

| 项　目 | 行次 | 金　额 | 补充资料 | 行次 | 金　额 |
|---|---|---|---|---|---|
| 经营活动产生的现金流量： | | | 1. 将净利润调节为经营活动现金流量： | | |
| 出售商品、提供劳务收到的现金 | 1 | | 净利润 | 57 | |
| 收到的税费返还 | 3 | | 加：计提的资产减值准备 | 58 | |
| 收到的其他与经营活动有关的现金 | 8 | | 固定资产折旧 | 59 | |
| 现金流入小计 | 9 | | 无形资产摊销 | 60 | |
| 购买商品、接受劳务支付的现金 | 10 | | 长期待摊费用摊销 | 61 | |
| 支付给职工以及为职工支付的现金 | 12 | | 待摊费用减少（减：增加） | 64 | |
| 支付的各项税费 | 13 | | 预提费用增加（减：减少） | 65 | |
| 支付的其他与经营活动有关的现金 | 18 | | 处置固定资产、无形资产和其他长期资产的损失（减：收益） | 66 | |
| 现金流出小计 | 20 | | 固定资产报废损失 | 67 | |
| 经营活动产生的现金流量净额 | 21 | | 财务费用 | 68 | |
| 投资活动产生的现金流量： | | | 投资损失（减：收益） | 69 | |
| 收回投资所收到的现金 | 22 | | 递延税款贷项（减：借项） | 70 | |
| 取得投资收益所收到的现金 | 23 | | 存货的减少（减：增加） | 71 | |
| 处置固定资产、无形资产和其他长期资产所收回的现金净额 | 25 | | 经营性应收项目的减少（减：增加） | 72 | |
| 收到的其他与投资活动有关的现金 | 28 | | 经营性应付项目的增加（减：减少） | 73 | |
| 现金流入小计 | 29 | | 其他 | 74 | |
| 购建固定资产、无形资产和其他长期资产所支付的现金 | 30 | | 经营活动产生的现金流量净额 | 75 | |
| 投资所支付的现金 | 31 | | | | |
| 支付的其他与投资活动有关的现金 | 35 | | | | |
| 现金流出小计 | 36 | | | | |
| 投资活动产生的现金流量净额 | 37 | | 2. 不涉及现金收支的投资和筹资活动： | | |
| 筹资活动产生的现金流量： | | | 债务转为资本 | 76 | |

续表

| 项　目 | 行次 | 金　额 | 补充资料 | 行次 | 金　额 |
|---|---|---|---|---|---|
| 吸收投资所收到的现金 | 38 | | 一年内到期的可转换公司债券 | 77 | |
| 借款所收到的现金 | 40 | | 融资租入固定资产 | 78 | |
| 收到的其他与筹资活动有关的现金 | 43 | | | | |
| 现金流入小计 | 44 | | | | |
| 归还债务所支付的现金 | 45 | | | | |
| 分配股利、利润或偿付利息所支付的现金 | 46 | | 3. 现金及现金等价物净增加情况： | | |
| 支付的其他与筹资活动有关的现金 | 52 | | 现金的期末余额 | 79 | |
| 现金流出小计 | 53 | | 减：现金的期初余额 | 80 | |
| 筹资活动产生的现金流量净额 | 54 | | 加：现金等价物的期末余额 | 81 | |
| 汇率变动对现金的影响 | 55 | | 减：现金等价物的期初余额 | 82 | |
| 现金及现金等价物净增加额 | 56 | | 现金及现金等价物净增加额 | 83 | |

企业负责人：　　　　　　　会计：　　　　　　　　　　　　制表：

## 二、财务分析概念、作用、目的

（一）概念

财务分析，是指以企业的财务报告等会计资料为基础，对企业的财务状况和经营成果进行分析和评价的一种方法，是对企业一定期间的财务活动的总结，为企业进行下一步的财务预测和财务决策提供依据。

（二）财务分析的作用

是将财务报表数据转换成有用的信息，帮助报表使用者改善决策。即为企业的投资者、债权人、经营者及其他关心企业的组织或个人了解企业的过去、评价企业的现状、预测企业的未来，做出正确决策提供准确的信息或依据。具体作用如下：

（1）可以评价企业一定时期的财务状况，揭示问题，总结教训；

（2）可以为投资者、债权人等相关利益者提供分析资料；

（3）可以检查财务指标完成情况，考核业绩，提高管理水平。

（三）财务分析的目的

财务信息的需求者，公司财务报表的主要使用人有以下几种：

（1）股权投资人：为决定是否投资，主要需要分析公司的盈利能力、股价变动和发展前景等方面。

（2）债权人：为决定是否给公司贷款，需要分析贷款的报酬和风险；为了解债务人的短期偿债能力，要分析其流动性状况；为了解债务人的长期偿债能力，需要分析其盈利能力和资本结构。

（3）经理人员：为改善财务决策，需要进行内容广泛的财务分析，几乎包括外部信息使用人关心的全部问题。

（4）供应商：为决定建立长期合作关系，需要分析公司的长期盈利能力和短期偿债能力。

（5）政府：为履行政府职能，需要了解公司纳税情况、遵守政府法规和市场秩序的情况以及职工的收入和就业情况。

（6）注册会计师：为减少审计风险，需要评估公司的盈利性和破产风险；为确定审计的重点，需要分析财务数据的异常变动。

各利益团体希望能够更好地实现其在公司中应享有的利益，但各利益团体之间往往存在着潜在的利益矛盾。每一个团体对财务报表揭示的方式及各种揭示项目的重要性的判断往往是不一致的。不同的分析主体站在各自的立场上，分析的重点不同，本章主要站在企业的角度。

企业财务分析的一般目的：评价过去的经营业绩；衡量现在的财务状况；预测未来的发展趋势。具体目的：评价企业的偿债能力；评价企业的资产管理水平；评价企业的获利能力；评价企业的发展趋势。

(四)财务报表分析的步骤(程序)

财务分析不是一种有固定程序的工作，不存在唯一的通用分析程序，而是一个研究和探索过程。一般步骤：

(1)明确分析目的；

(2)收集有关信息；

(3)根据分析目的把整体的各个部分分割开来，予以适当组织，使之符合要求；

(4)深入研究各部分的特殊本质；

(5)进一步研究各个部分的联系；

(6)解释结果，提供对决策有帮助的信息。

(五)财务分析的原则

(1)要从实际出发，坚持实事求是，反对主观臆断、结论先行、搞数字游戏。

(2)要全面看问题，坚持一分为二，反对片面地看问题。要兼顾有利因素与不利因素、主观因素与客观因素、外部问题与内部问题。

(3)要注重事物之间的联系，坚持相互联系地看问题，反对孤立地看问题。要注意局部与全局的关系、偿债能力和盈利能力的关系、报酬与风险的关系。

(4)要发展地看问题，反对静止地看问题。要注意过去、现在和将来之间的联系。

(5)要定量分析与定性分析相结合。定性分析是基础和前提，有助于弄清本质、趋势和与其他事物的联系；定量分析是工具和手段，有助于弄清数量界限、阶段性和特殊性。财务报表要透过数字看本质，要定量分析与定性分析结合。

(六)财务分析的局限性和可靠性

1. 财务报表本身的局限性

财务报表是公司会计系统的产物。每个公司的会计系统，受到会计环境和公司会计战略的影响，使得财务报表会扭曲公司的实际情况。

会计的环境因素包括会计规范和会计的管理、税务与会计的关系、外部审计、会计争端处理的法律系统、资本市场结构、公司治理结构等。

会计战略是公司根据环境和经营目标做出的主观选择，它包括决定会计政策的选择、会计估计的选择、补充披露的选择以及报告具体格式的选择。例如，对同一会计事务的账务处理，会计准则允许使用几种不同的规则和程序，公司可以自行选择，包括对发出存货的计价方法、计提折旧的方法、对外投资收益的确认方法等。

由于这两方面的原因，使得财务报表存在以下三方面的局限性：(1)财务报告没有披露公司的全部信息，管理层拥有更多的信息，得到披露的只是其中的一部分；(2)已经披露的财务信息存在会计估计误差，不一定是真实情况的准确计量；(3)管理层的各项会计政策选择，使财务报告会扭曲公司的实际情况。

2. 财务报表的可靠性问题

只有根据符合规范的、可靠的财务报表，才能得出正确的分析结论。外部分析人员很难认定是否存在虚假陈述，财务报表的可靠性问题主要依靠注册会计师鉴定、把关。但是，注册会计师不能保证财务报告没有任何错误和漏报，而且并非所有注册会计师都是尽职尽责的。因此，分析人员可以发现一些"危险信号"来对可能存在的问题及报表的可靠性做出判断。常见的危险信号包括：(1)财务报告的形式不规范；(2)要注意分析数据的反常现象；(3)要注意大额的关联交易；(4)要注意大额资本利得；(5)要注意异常的审计报告。

3. 比较基础问题

在比较分析时必然要选择比较的参照标准，包括本公司的历史数据、同业数据和计划预算数据。不能简单比较和绝对化，应注意比较基础的合理性。

所以，财务分析是个研究过程，分析得越具体、越深入，则水平越高。财务分析的核心问题就是不断追溯产生差异的原因。因素分析法提供了定量解释差异成因的工具。与其他分析相比，财务分析更强调分析的系统性和有效性，并强调运用财务数据发现公司的问题。

## 三、财务分析的种类和方法

(一)财务分析的种类

(1)按财务分析的主体不同分为内部分析和外部分析。

(2)按财务分析的对象分为资产负债表分析、利润表分析和现金流量表分析。

(3)按财务分析的方法分为比较分析法和因素分析法。

(4)按财务分析的目的不同分为偿债能力分析、营运能力分析、获利能力分析和发展趋势分析。

本章的结构是用财务分析的方法和财务分析的目的相结合的方式安排的。见图 8—1。

(二)财务分析的方法

1. 比较分析法

报表分析的比较法是对两个或几个有关的可比数据进行对比，揭示差异和矛盾的一种分析方法。

(1)比较分析按比较对象(和谁比)分为：

①与本公司历史比：即不同时期的指标相比，也称"趋势分析"(纵向比较)。

②与同类公司比：即与行业平均数或竞争对手比较，也称"横向比较"。

③与计划预算比：即实际执行结果与计划指标比较，也称"预算差异分析"。

(2)比较分析按比较内容(比什么)分为：

①比较会计要素的总量：如总资产、净利润等，总量比较主要用于时间序列分析，如研究利润的逐年变化趋势，看其增长潜力；有时也用于同业比较，看公司的相对规模和竞争地位。

②比较结构百分比：把资产负债表、利润表、现金流量表转换成结构百分比报表。此报表用于发现有显著问题的项目，揭示进一步分析的方向。

(3)比较财务比率：财务比率是各会计要素之间的数量关系，反映它们内在的联系。财务比率是相对数，排除了规模的影响，具有较好的可比性，是最重要的比较内容。

财务比率的计算相对简单，而对它加以说明和解释却相当复杂和困难。

- 财务分析
  - 偿债能力
    - 短期
      - 流动比率＝流动资产/流动负债　表明企业每一元流动负债有多少流动资产作为偿还保证
      - 速动比率＝速动资产/流动负债　衡量企业流动资产中可以立即用于偿付流动负债的能力
      - 现金比率＝现金类资产/流动负债　反映企业直接支付流动负债的能力
    - 长期
      - 资产负债率$=\frac{负债总额}{资产总额}\times100\%$　表示企业资产总额中债权人提供资金所占的比重
      - 利息保障倍数$=\frac{税前利润+利息支出}{利息支出}\times100\%$
      - 权益乘数$=\frac{资产}{所有者权益}=\frac{1}{1-资产负债率}$　用来衡量企业的财务风险
  - 营运能力
    - 应收账款周转次数＝赊销收入/应收账款平均余额
    - 应收账款周转天数＝360/应收账款周转次数
      - 反映企业应收账款变现速度的快慢及管理效率的高低
    - 存货周转次数＝销售成本/存货平均余额
    - 存货周转天数＝360/存货周转次数
      - 衡量企业存货运营效率
    - 流动资产周转次数＝销售收入/流动资产平均余额　反映企业流动资产周转速度
    - 总资产周转次数＝销售收入/总资产平均余额　反映企业全部资产的利用效率
  - 盈利能力
    - 销售毛利率$=\frac{毛利}{销售收入}\times100\%=\frac{销售收入-销售成本}{销售收入}\times100\%$　表示每一元销售收入扣除销售成本后，有多少可以用于支付其他费用和形成盈利
    - 销售净利率$=\frac{净利润}{销售收入}\times100\%$　说明企业净利润占销售收入的比率
    - 净资产收益率$=\frac{净利润}{净资产平均余额}\times100\%$
    - 总资产收益率$=\frac{净利润}{总资产平均余额}\times100\%$
      - 反映企业资产的获利水平
    - 每股收益＝净利润/股数　反映公司获利能力的大小
    - 每股净资产＝净资产/股数　反映每股股票所拥有的资产现值
    - 市盈率＝每股市价/每股收益　反映投资者对上市公司每股收益愿意支付的价格，可以用来估计股票的投资报酬和风险

**图 8—1　各项财务分析指标**

2. 因素分析法

因素分析法是依据财务指标与其驱动因素之间的关系，从数量上确定各因素对指标影响程度的一种方法。

公司是一个有机整体，每个财务指标的高低都受到其他因素的驱动。从数量上测定各因素的影响程度，可以帮助人们抓住主要矛盾，或更有说服力地评价经营状况。

财务分析是个研究过程，分析得越具体、越深入，则水平越高。财务分析的核心问题就是不断追溯产生差异的原因。因素分析法提供了定量解释差异成因的工具。

与其他分析相比，财务分析更强调分析的系统性和有效性，并强调运用财务数据发现公司的问题。

## 第二节　企业偿债能力分析

偿债能力是企业偿还各种到期负债的能力。分为短期偿债能力和长期偿债能力。

## 一、短期偿债能力分析

1. 流动比率＝流动资产/流动负债

评价：越高短期偿债能力越强，但获利能力低。

评价标准：经验数据为 2 最佳。

缺陷：包含流动性（偿债能力）不强的存货。

2. 速动比率＝速动资产/流动负债

速动资产＝流动资产－存货

评价：越高短期偿债能力越强，但获利能力低。

评价标准：经验数据为 1 最佳。

缺陷：包含应收账款，依然不具有良好的偿债能力。

3. 现金比率＝（现金＋现金等价物）/流动负债

评价：越高短期偿债能力越强，但获利能力低。

评价标准：行业基准、历史指标。

4. 现金流量比率＝经营活动现金净流量/流动负债

评价标准：越高越好（行业基准、历史指标）。

5. 到期债务本息偿付比率＝$\dfrac{\text{经营活动现金净流量}}{\text{本期到期债务本金＋现金利息支出}}$

评价标准：越高越好（行业基准、历史指标）。

## 二、长期偿债能力分析

1. 资产负债率＝负债总额/资产总额

评价标准：越低，企业长期偿债能力越强。与企业所处行业基准、历史指标比较。

2. 股东权益比率＝股东权益总额/资产总额

权益乘数＝资产总额/股东权益总额

权益乘数＝1 ÷（1－资产负债率）

它与资产负债率属同一个问题，都表明企业举债经营的程度。

评价：股东权益比率越高，企业长期偿债能力越强。权益乘数越低，企业长期偿债能力越强。

3. 负债股权比率＝负债总额/股东权益总额

又称产权比率，它是资产负债率的另一种表现形式。

评价：越低，企业长期偿债能力越强。

有形净值债务率＝负债总额/（股东权益－无形资产）

4. 偿债保障比率＝负债总额/经营活动现金净流量。

评价：表明债务偿还期越短越好。

5. 债务现金流量比＝经营活动现金净流量/负债总额

表明可以承担的最高利息支付率，可以支付利息意味着可以维持债务规模。

6. 利息保障倍数＝（税前利润＋利息费用）/利息费用＝息税前利润/利息费用

注意：利息费用包含资本化和费用化的利息。

评价标准：越高越好，至少大于 1。

7. 现金利息保障倍数$=\frac{\text{经营活动现金净流量}+\text{现金利息支出}+\text{付现所得税}}{\text{现金利息支出}}$

评价标准:越高越好,但获利能力下降。

## 第三节 企业营运能力分析

### 一、企业营运能力的指标体系

营运能力是指企业充分利用现有资产创造价值的能力,它可以用来评价资产的利用效率和营运活动能力,反映企业资金的周转状况。

企业营运资产的效率主要是指资产的周转率或周转速度。企业营运资产的效益通常是指企业的产出额与资产占用额之间的比率。企业营运能力分析就是要通过对反映企业资产营运效率与效益的指标进行计算与分析,评价企业的营运能力,为企业提高经济效益指明方向。

企业营运能力指标大体包括六个,即货币资金周转天数、应收账款周转天数、存货周转天数、流动资产周转率、固定资产周转率和总资产周转率。

### 二、营运能力指标的计算

(一)流动资产周转率

流动资产周转率计算公式为:

流动资产周转率=销售收入/平均流动资产

流动资产周转率越高,资产周转速度就越快,能够相对节约流动资金投入,增强企业的盈利能力,提高企业的短期偿债能力。如果周转速度过低,会形成资产的浪费,使企业的现金过多地占用在存货、应收账款等非现金资产上,变现速度慢,影响企业资产的流动性及偿债能力。

流动资产周转率比较高,说明企业在以下四个方面全部或某几项做得比较好:(1)快速增长的销售收入;(2)合理的货币资金存量;(3)应收账款管理比较好,货款回收速度快;(4)存货周转速度快。

(二)货币资金周转率、应收账款周转率、存货周转率

这三项指标是对流动资产周转率分析的重要补充;反映了企业最重要的三项流动资产的使用效率;该三项指标的变化会导致流动资产周转率发生相应的变化;该三项指标管理水平的高低直接影响企业的盈利能力及偿债能力。

1. 货币资金周转率

资金周转率可以用资金在一定时期内的周转次数表示,也可以用资金周转一次所需天数表示。

$$\text{资金周转率}=\frac{\text{本期主营业务收入}}{(\text{期初占用资金}+\text{期末占用资金})/2}$$

例如,企业一年的销售收入总额为4 000万元,按月平均占用的固定资产(原值)和流动资金总额为2 000万元,即每年周转 2 次,每次周转需要 180 天。加快资金周转,可以节约资金。在一定的生产规模和销售收入的情况下,把资金周转率提高 1 倍,就可以节约一半的资金。

资金周转率也可用固定资金周转率和流动资金周转率分别反映。其周转次数或天数仍用

上列公式计算，但要将资金平均占用额分别改为固定资产（原值）或流动资金的平均占用额。固定资金周转率反映固定资金的周转速度。从固定资金的周转形态而言，则有它自己的特点，即比较长期地保持它的实物形态，其价值只是随耗损程度逐渐转入产品价值，同时以计提折旧的形式收回相应的货币资金，直至其价值均已转入产品的价值，收回的货币资金用于固定资产更新，才完成了它的周转循环。因此，从个别固定资产来看，它的资金周转率则是其使用周期。流动资金周转率，反映流动资金周转速度。在保证生产经营正常进行的情况下，资金周转速度越快，说明资金利用效果越好。

2. 存货周转率

在流动资产中，存货所占比重较大，存货的流动性将直接影响企业的流动比率。因此，必须特别重视对存货的分析。存货流动性的分析一般通过存货周转率来进行。

存货周转率（次数）是指一定时期内企业销售成本与存货平均资金占用额的比率，是衡量和评价企业购入存货、投入生产、销售收回等各环节管理效率的综合性指标，其意义可以理解为一个财务周期内，存货周转的次数。

$$\text{存货周转率(次)}=\text{销售成本}\div\text{平均存货}$$

$$\text{平均存货}=(\text{期初存货}+\text{期末存货})\div 2$$

$$\text{周转期}=360\div\text{周转次数}$$

评价标准：行业基准、历史指标。

如某制造公司在20×9年一季度的销售物料成本为200万元，其季度初的库存价值为30万元，该季度底的库存价值为50万元，那么其库存周转率为：

200/[(30＋50)/2]＝5(次)

相当于该企业用平均40万元的现金在一个季度里面周转了5次，赚了5次利润。照此计算，如果每季度平均销售物料成本不变，每季度底的库存平均值也不变，那么该企业的年库存周转率就变为200×4/40＝20(次)。就相当于该企业一年用40万元的现金赚了20次利润！

3. 应收账款周转率

应收账款周转率是指在一定时期内（通常为一年）应收账款转换为现金的平均次数。

应收账款周转率又称收账比率，是用于衡量企业应收账款流动程度的指标，它是企业在一定时期内（通常为一年）赊销净额与应收账款平均余额的比率。

应收账款周转率是销售收入除以平均应收账款的比值，也就是年度内应收账款转为现金的平均次数，它说明应收账款流动的速度。用时间表示的周转速度是应收账款周转天数，也称平均应收账款回收期或平均收现期，表示企业从取得应收账款的权利到收回款项、转换为现金所需要的时间，等于360除以应收账款周转率。

$$\text{应收账款周转率(次)}=\frac{\text{赊销收入净额}}{\text{应收账款平均余额}}$$

$$=(\text{每日赊销}\times 360)\div(\text{每日赊销}\times\text{收账期})$$

在实际工作中，应收账款平均余额用简化的办法计算：

$$\text{应收账款平均余额}=\frac{\text{期初应收账款}+\text{期末应收账款}}{2}$$

$$\text{周转期(平均收账期)}=360\div\text{次数}$$

评价标准：行业基准、历史指标。周转率越高越好。

**[例8—1]**　某企业2010年平均流动资产总额为200万元，平均应收账款余额为40万

元。如果流动资产周转次数为4次，则应收账款周转次数为(　　)次。

A. 30　　B. 50　　C. 20　　D. 25

【答案】 C

【解析】 本题考核应收账款周转率。营业收入=4×200=800(万元)；应收账款周转次数=800/40=20(次)。

一般来说，应收账款周转率越高，平均收账期越短，说明应收账款的收回越快；否则，企业的营运资金会过多地呆滞在应收账款上，影响正常的资金周转。存在一些影响该指标正确计算的因素：季节性经营；大量使用分期付款结算方式；大量地使用现金结算的销售；年末大量销售或年末销售大幅度下降。这些因素都会对计算结果产生较大的影响。财务报表的外部使用人可以将计算出的指标与该企业前期指标、与行业平均水平或其他类似企业的指标相比较，判断该指标的高低。但仅根据指标的高低分析不出上述各种原因。

营运周期=存货周转期+应收账款周转期

(三)固定资产周转率

固定资产周转率计算公式为：

固定资产周转率=销售收入/平均固定资产

固定资产周转率高，表明企业固定资产投资得当，固定资产结构合理，能够充分发挥效率。反之，则表明固定资产使用效率不高，提供的生产成果不多，企业的运营能力不强。

那如何提高固定资产周转率呢？首先要规模得当。规模太大造成设备闲置，形成资产浪费；规模过小则生产能力小，形不成规模效益。其次是结构合理。即生产性和非生产性的固定资产结构合理有效。

(四)总资产周转率

总资产周转率计算公式为：

总资产周转率=销售收入/平均总资产

总资产周转率是综合评价企业全部资产经营质量和利用效率的重要指标，反映出企业单位资产创造的销售收入，体现企业在一定期间全部资产从投入到产出周而复始的流转速度。

那如何提高企业的总资产周转率呢？

(1)在企业盈利能力较高的前提下，通过适当降低产品售价，提高销售量，加快资金的周转速度，从而提高企业总资产周转率，提高企业盈利能力。

(2)在企业资产规模不变、生产效率不变的情况下，通过提高产品销售价格，增加销售收入，可以提高企业总资产周转率。

(3)企业通过处置闲置的固定资产，减小资产规模，也会提高企业的总资产周转率。

(4)在企业资产规模不变时，通过提高生产效率，提高产能利用率，从而达到提高企业总资产周转率。

## 第四节　企业盈利能力分析

盈利能力就是企业获取利润、实现资金增值的能力。因此，盈利能力的指标主要通过收入与利润之间的关系、资产与利润之间的关系反映。企业盈利能力的分析对于一个企业来说是非常重要的，盈利能力分析可以为企业的未来做出很好的规划等。

## 一、盈利能力指标分类

企业盈利能力分析的方法主要有三种。

1. 盈利稳定性的分析

盈利的稳定性主要应从各种业务利润结构角度分析，即通过分析各种业务利润在利润总额中的比重判别盈利的稳定性。我国损益表中的利润按业务的性质划分为商品(产品)销售利润、其他业务利润、营业利润、营业外收支等。各利润项目又是按获利的稳定性顺序排列的，凡是靠前的项目在利润总额中所占比重越高，说明获利的稳定性越强。由于主营业务是企业的主要经营业务，一个持续经营的企业总是力求保证主营业务的稳定，从而使得盈利水平保持稳定，所以在盈利稳定性的分析中应侧重主营业务利润比重的分析，重点分析主营业务利润对企业总盈利水平的影响方向和影响程度。

2. 盈利持久性的分析

盈利的持久性，即企业盈利长期变动的趋势。分析盈利的持久性通常采用将两期或数期的损益进行比较的方式。各期的对比既可以是绝对额的比较，也可以是相对数的比较。绝对额的比较方式就是将企业经常发生的收支、经营业务或商品的利润的绝对额进行对比，看其盈利是否能维持或增长。相对数的比较方式，是选定某一会计年度为基年，用各年损益表中各收支项目余额去除以基年相同项目的余额，然后乘以100%，求得各有关项目变动的百分率，从中判断企业盈利水平是否具有持续保持和增长的可能性，如企业经常性的商品销售或经营业务利润稳步增长，则说明企业盈利的持久性就越强。

3. 盈利水平分析的几个指标

分析企业的盈利水平，通过计算相对财务指标评价企业盈利水平。这些指标一般根据资源投入及经营特点分为四大类：资本经营盈利能力分析、资产经营盈利能力分析、商品经营盈利能力分析和上市公司盈利能力分析。

## 二、盈利能力指标的计算

1. 销售利润率

销售利润率(Rate of Return on Sale)是企业利润总额与企业销售收入净额的比率。它反映企业销售收入中，职工为社会劳动新创价值所占的份额。其计算公式为：

销售利润率＝利润总额/销售收入净额×100%

该项比率越高，表明企业为社会新创价值越多，贡献越大，也反映企业在增产的同时，为企业多创造了利润，实现了增产增收。

2. 成本费用利润率

成本费用利润率是指企业利润总额与成本费用总额的比率。它是反映企业生产经营过程中发生的耗费与获得的收益之间关系的指标。计算公式为。

成本费用利润率＝利润总额/成本费用总额×100%

该比率越高，表明企业耗费所取得的收益越高。这是一个能直接反映增收节支、增产节约效益的指标。企业生产销售的增加和费用开支的节约，都能使这一比率提高。

3. 总资产利润率

总资产利润率(Rate of Return on Total Assets)是企业利润总额与企业资产平均总额的比率，即过去所说的资金利润率。它是反映企业资产综合利用效果的指标，也是衡量企业利用债权人和所有者权益总额所取得盈利的重要指标。其计算公式为：

总资产利润率＝利润总量/资产平均总额×100％

资产平均总额为年初资产总额与年末资产总额的平均数。此项比率越高，表明资产利用的效益越好，整个企业获利能力越强，经营管理水平越高。

4. 资本金利润率和权益利润率

资本金利润率是企业的利润总额与资本金总额的比率，是反映投资者投入企业资本金的获利能力的指标。计算公式为：

资本金利润率＝利润总额/资本金总额×100％

这一比率越高，说明企业资本金的利用效果越好，反之，则说明资本金的利用效果不佳。

企业资本金是所有者投入的主权资金，资本金利润率的高低直接关系到投资者的权益，是投资者最关心的问题。当企业以资本金为基础，吸收一部分负债资金进行生产经营时，资本金利润率就会因财务杠杆原理的利用而得到提高，提高的利润部分，虽然不是资本金直接带来的，但也可视为资本金有效利用的结果。它还表明企业经营者精明能干，善于利用他人资金，为本企业增加盈利。反之，如果负债资金利息太高，使资本金利润率降低，则应视为财务杠杆原理利用不善的表现。

这里需要指出，资本金利润率指标中的资本金是指资产负债表中的实收资本，但是用来作为实现利润的垫支资本中还包括资本公积、盈余公积、未分配利润等留用利润(保留盈余)，这些也都属于所有者权益。为了反映全部垫支资本的使用效益并满足投资者对盈利信息的关心，更有必要计算权益利润率。

权益利润率(Rate of Return on Equity)是企业利润总额与平均股东权益的比率。它是反映股东投资收益水平的指标。计算公式为：

权益利润率＝利润总额/平均股东权益×100％

股东权益是股东对企业净资产所拥有的权益，净资产是企业全部资产减去全部负债后的余额。股东权益包括实收资本、资本公积、盈余公积和未分配利润。平均股东权益为年初股东权益额与年末股东权益额的平均数。该项比率越高，表明股东投资的收益水平越高，获利能力越强；反之，则收益水平不高，获利能力不强。

权益利润率指标具有很强的综合性，它包含了总资产和净权益比率、总资产周转率和(按利润总额计算的)销售收入利润率这三个指标所反映的内容。各指标的关系可用公式表示如下：

股东权益利润率＝利润总额/平均股东权益

＝(总资产/平均股东权益)×(销售收入/总资产)×(利润总额/销售收入)

为了反映投资者可以获得的利润，上述资本金利润率和股东权益利润率指标中的利润额，也可按税后利润计算。

**[例8—2]** 在下列财务业绩评价指标中，属于企业盈利能力状况基本指标的是(　　)。

A. 已获利息倍数　　B. 总资产报酬率

C. 总资产周转率　　D. 资本保值增值率

【答案】 B

【解析】 已获利息倍数是债务风险状况的基本指标，选项A排除；总资产报酬率是盈利能力状况基本指标，选项B是答案；总资产周转率是资产质量状况的基本指标，选项C排除；资本保值增值率是经营增长状况的基本指标，选项D排除。

# 第五节　财务状况的趋势分析

趋势分析法又叫比较分析法、水平分析法，它是通过对财务报表中各类相关数字资料，将两期或多期连续的相同指标或比率进行定基对比和环比对比，得出它们的增减变动方向、数额和幅度，以揭示企业财务状况、经营情况和现金流量变化趋势的一种分析方法。

趋势分析法可用于同一企业不同时期财务状况的纵向比较，又可用于不同企业之间的横向比较。趋势分析法适用比较广泛，如确定公司财务状况和经营成果的发展趋势对投资者是否有利；预测公司未来发展的趋势；编制比较会计报表，对会计科目中的项目进行比较分析，反映企业的耗费和盈利水平；对企业销售进行预测；对人力资源进行趋势分析，根据劳动生产率预测劳动人员需求量；等等，可以按企业需求来应用。

## 一、比较损益表

分析几年的公司资产负债表，例如：

(1)从20×2年到20×6年，××公司的销售收入增长越来越(慢)，与此同时，销售成本的增长速度(高于)销售收入，导致毛利率(迅速下降)。

(2)就期间费用的情况来看，××公司的期间费用在前两年呈现急剧增长趋势，不过在20×6年得到控制。

(3)××公司的营业外净损益在这一时期，百分率变动较大，但是由于绝对金额不大，对公司的净利影响不显著。

(4)××公司的税前利润、税后利润均呈现(下降)趋势。

因此，××公司的盈利能力在逐年下降，其中一个重要原因是：销售成本持续上升。

## 二、比较资产负债表

从比较资产负债表可以做出如下分析：

首先，从资产项目来看：

(1)××公司的总资产有所(增长)，涨幅为(%)。

(2)固定资产增长迅速，高达(%)，这是导致资产总额增长的主要原因。

(3)速动资产减少了(%)，说明现金等流动资产减少，被投入到固定资产中，这可能对企业下一年度的经营产生不利影响。

(4)存货基本没有变动，说明新增固定资产尚未发挥生产效率。不过，对这一点还需要结合损益表中的"销售收入"与"销售成本"项目来分析。

(5)该公司资产构成不够合理，固定资产比重过大。

其次，从负债与所有者权益项目来看：

(1)实收资本没有变化。

(2)盈余公积和未分配利润迅速增长，涨幅高达(%)，说明它们是公司筹措资金的主要来源。

(3)长期负债涨幅较大，说明其也是公司筹措资金的重要来源，但是绝对数不及内部筹资数额。

(4)流动负债增幅达(%),考虑到速动资产的下降,需要进一步计算速动比率,以分析其对公司财务状况的影响。

(5)从负债与所有者权益的结构来看,资产负债率仅为(%),说明公司资金主要靠内部积累,财务风险较小。

# 第六节　企业财务状况的综合分析

## 一、财务比率综合评分

财务比率综合评分的缺点是指标以及评分值的主观性。

一般认为,盈利能力、偿债能力和成长能力(销售增长、利润增长等)的比重为5∶3∶2。

卡普兰的平衡计分卡考虑了非财务指标,四大因素包括:(1)财务方面;(2)顾客方面;(3)内部经营管理方面;(4)学习和成长方面。

平衡计分卡由于考虑了非财务因素的影响,克服了传统绩效评价体系只注重财务指标,不注重其他业务指标;只注重短期和过去的绩效,不注重长期和未来绩效的缺点。

## 二、杜邦财务分析系统

杜邦分析法是一个多层次的财务比率分解体系。它的目标是对影响股东权益报酬率的主要因素分析。它从股东权益报酬率开始,通过指标的层层分解,得到影响股东权益报酬率的主要因素。

$$\begin{aligned}\text{权益报酬率} &= \text{净利润}/\text{股东权益} \\ &= \frac{\text{净利润}}{\text{平均总资产}} \times \frac{\text{平均总资产}}{\text{平均股东权益}} \\ &= \frac{\text{净利润}}{\text{销售收入}} \times \frac{\text{销售收入}}{\text{平均总资产}} \times \text{平均权益乘数} \\ &= \text{销售利润率} \times \text{总资产周转率} \times \text{权益乘数}\end{aligned}$$

分解出来的销售利润率和总资产周转率,可以反映企业的经营战略。一些企业销售利润率较高,而总资产周转率较低(厚利少销);另一些企业与之相反,资产周转率较高而销售利润率较低(薄利多销)。两者经常呈反方向变化。更重要的,是两者共同作用而得到的资产利润率。它可以反映管理者运用受托资产赚取盈利的业绩,是最重要的盈利能力。

分解出来的财务杠杆可以反映企业的财务政策。在资产利润率不变的情况下,提高财务杠杆可以提高权益净利率,但同时也会增加财务风险。

一般来说,资产利润率较高的企业,财务杠杆较低,反之亦然。这种现象不是偶然的。企业为了提高权益净利率,倾向于尽可能提高财务杠杆,但是贷款提供者不一定会同意这种做法。

因此,我们实际看到的是,经营风险低的企业可以得到较多的贷款,其财务杠杆较高;经营风险高的企业,只能得到较少的贷款,其财务杠杆较低。

资产利润率与财务杠杆呈现负相关,共同决定了企业的权益净利率。企业必须使其经营战略和财务政策相匹配。

资产利润率是企业盈利能力的关键。虽然股东报酬率由资产利润率和财务杠杆共同决定,但提高财务杠杆会同时增加企业风险,往往并不增加企业价值。此外,财务杠杆的提高有很多限制,企业经常处于财务杠杆不可能再提高的临界状态。因此,驱动权益净利率的基本动力是资产利润率。

## 主要概念

资产负债表基本概念　利润表基本概念　现金流量表基本概念　财务分析方法
财务分析标准　流动比率　速动比率　应收账款周转率　获利能力分析
市盈率　资本扩张指标　杜邦分析指标　应收账款收账天数　存货周转率
销售毛利率　销售营业利润率　销售净利率　总资产周转率　固定资产周转率
资产负债率　已获利息倍数

# 课后习题

## 一、判断题

1. 财务报表分析不能准确评估企业的整体价值,还需要外部分析师进行基本分析和预测分析。　(　　)

2. 通过偿债能力分析能够判断企业履行合同的程度,偿债能力强,则履行合同能力强,反之则弱。　(　　)

3. 财务报表分析不仅能评价企业的资产安全性和质量性,同时能够评价企业的盈利能力和偿债能力及资产效率等。　(　　)

4. 财务报表分析不仅适用于上市公司也同样适用于非上市公司,只是每类企业所使用的财务分析指标有差异而已。　(　　)

5. 企业财务分析不仅要关注获利能力还需要关注获现能力,并且还得关注资产效率等。　(　　)

## 二、单项选择题

1. 企业管理层应改善收益能力和(　　),以取得投资人和债权人的支持。

A. 投资能力　　B. 偿债能力　　C. 管理能力　　D. 生产能力

2. 财务分析中最重要、最基本的方法是(　　)。

A. 对比分析　　B. 趋势分析　　C. 比率分析　　D. 构成分析

3. 在企业陷入财务危机或面临清算等特别情况下,运用(　　)指标更能反映债权人利益的保障程度。

A. 资本负债比率　　B. 产权比率　　C. 有形净值债务比率　D. 权益乘数

4. 资产负债表定比分析与环比分析,属于资产负债表的(　　)。

A. 质量分析　　B. 比率分析　　C. 因素分析　　D. 趋势分析

5. 在财务分析中,企业所有者最可能关注(　　)。

A. 偿债能力指标　　B. 获利能力指标

C. 成本费用指标　　D. 以上都不是

6. 通过对企业的偿债能力分析，可以让报表分析者进一步了解企业的(　　)，掌握企业所承担的财务风险程度。

A. 资产状况　　B. 负债状况　　C. 财务状况　　D. 以上都不是

7. 企业短期偿债能力的强弱意味着企业(　　)的能力强弱。

A. 承担债务　　B. 履行合同　　C. 支付工资　　D. 购建资产

8. 关于权益乘数指标的正确计算方法是(　　)。

A. 资产总额/负债总额　　B. 1+股权比率

C. 1+产权比率　　D. (1/股权比率)−1

9. 流动比率是一个(　　)，其强弱程度只能代表运用现金流量的一定能力。

A. 动态指标　　B. 静态指标　　C. 内部指标　　D. 外部指标

## 三、多项选择题

1. 财务分析包括(　　)。

A. 财务报表分析　　B. 预计分析　　C. 基本分析　　D. 投资分析

E. 盈利分析

2. 财务报表分析的评价标准主要包括(　　)。

A. 经验标准　　B. 历史标准　　C. 行业标准　　D. 预算标准

E. 国家标准

3. 决定企业货币资金持有量的因素有(　　)。

A. 企业规模　　B. 所在行业特性

C. 企业负债结构　　D. 企业资产结构

E. 企业融资能力

4. 企业财务分析中基本的财务比率主要包括(　　)。

A. 偿债能力比率　　B. 生存能力比率

C. 资产管理比率　　D. 融资能力比率

E. 盈利能力比率

5. 资产运用效率是指资产利用的(　　)。

A. 有效性　　B. 充分性　　C. 快速性　　D. 完整性

E. 盈利性

6. 属于与现金流量相关，且评价偿债能力的比率有(　　)。

A. 现金比率　　B. 偿还到期债务比率

C. 每股收益　　D. 流动比率

E. 速动比率

7. 在分析长期偿债能力时，要考虑的项目包括(　　)。

A. 负债与所有者权益之间的比例关系　　B. 长期资产的保值程度

C. 经常发生的经营租赁业务　　D. 资产的周转情况

E. 汇率的较大幅度变动

8. 经营风险包括(　　)。

A. 产品风险　　B. 市场风险　　C. 投资风险　　D. 管理风险

E. 政策风险

9. 股东权益报酬率的决定因素有(　　)。

A. 流动比率　　B. 现金比率　　C. 销售净利率　　D. 资产周转率

E. 权益乘数

10. 关联方企业之间若发生借款、担保和抵押业务，在进行财务分析时，应重点分析的内容有(　　)。

A. 被担保企业的偿债能力　　B. 被担保企业的资产负债比

C. 担保企业的流动比率　　D. 担保企业的速动比率

E. 被担保企业的营运能力

## 四、简答题

1. 简述财务报表分析的局限性。

2. 简述长期偿债能力分析的定义。

## 五、计算分析题

1. 某制造企业 20×6 年 6 月 30 日资产负债表(简表)如下：

**资产负债表**　　单位:元

| 资　产 | | 负债与所有者权益 | |
|---|---|---|---|
| 项　目 | 金　额 | 项　目 | 金　额 |
| 流动资产 | 201 970 | 流动负债 | 97 925 |
| 其中:速动资产 | 68 700 | 长期负债 | 80 000 |
| 固定资产净值 | 237 000 | 负债合计 | 177 925 |
| 无形资产 | 138 955 | 所有者权益 | 400 000 |
| 总　计 | 577 925 | 总　计 | 577 925 |

假定行业流动资产结构的平均值为 30%。

要求:对该企业的资产负债表进行垂直分析，并对其资产结构及负债结构做出评价。

2. 甲公司年初存货为 15 000 元，年初应收账款为 12 700 元，年末流动比率为 3.0，速动比率为 1.3，存货周转率为 4 次，流动资产合计为27 000元。

要求：

(1)计算公司的本年销售成本；

(2)如果本年收入为 96 000 元，除应收账款外的速动资产是微不足道的，其应收账款周转天数为多少天?

3. 某公司对 20×6 年的财务预测部分结果如下：

销售收入 200 万元，流动比率 2.2，速动比率 1.2，销售利润率 5%，自有资金利润率 25%，产权比率为 80%，流动负债与股东权益之比为 1∶2，应收账款与销售额之比为 1∶10。

要求:利用财务比率分析、计算并填表。

| 资　产 | 金　额 | 负债及所有者权益 | 金　额 |
|---|---|---|---|
| 现金 | | 流动负债 | |
| 应收账款 | | 长期负债 | |
| 存货 | | 股东权益 | |
| 固定资产 | | | |
| 合　计 | | 合　计 | |

4. 某公司 20×6 年的销售收入为 62 500 万元，比上年提高 28%，有关的财务比率见下表：

| 财务比率 | 20×5 年同行业平均 | 20×5 年本公司 | 20×6 年本公司 |
|---|---|---|---|
| 应收账款收账天数 | 35 | 36 | 36 |
| 存货周转率 | 2.50 | 2.59 | 2.11 |
| 销售毛利率 | 38% | 40% | 40% |
| 销售营业利润率 | 10% | 9.6% | 10.63% |
| 销售净利率 | 6.27% | 7.2% | 6.81% |
| 总资产周转率 | 1.14 | 1.11 | 1.07 |
| 固定资产周转率 | 1.4 | 2.02 | 1.82 |
| 资产负债率 | 58% | 50% | 61.3% |
| 已获利息倍数 | 2.68 | 4 | 2.78 |

要求：

(1)运用杜邦财务分析原理，比较 20×5 年该公司与同行业平均的净资产收益率，定性分析其差异的原因。

(2)运用杜邦财务分析原理，比较该公司 20×6 年与 20×5 年的净资产收益率，定性分析其变化的原因。

# 参考文献


[1]崔淑芬,孙立恒. 战略成本管理在互联网金融模式下的应用——以余额宝为例[J]. 财会通讯,2015,(25).

[2]韩东峰. 关于中小企业财务管理问题的思考[J]. 商业经济,2008,(10).

[3]郭敏,张凤莲. 基于价值创造的财务管理体系建构[J]. 管理世界,2005,(5).

[4]王帅. 企业融资难的调查与思考[J]. 财会通讯,2008,(5).

[5]琳娜. 论中小企业财务管理[J]. 边疆经济与文化. 2008,(9) .

[6]李敏,郭利君. 小企业财务管理的创新[J]. 中华合作时报,2008,(7).

[7]李燕华. 财税协同——掀起中小企业财务管理软件变革风 [J]. 大众科技报,2008,(1).

[8]邹靓. 小企业融资急需建立多层次信用担保体系[J]. 上海证券报,2007,(9).

[9]黄飞. 小企业风险管理研究[J]. 合作经济与科技,2007(6) .

[10]尹昌淮. 中小企业财务管理不足及对策[J]. 经理日报,2007,(11).

[11]王泽. 对中小企业财务管理问题的探讨[J]. 会计之友,2007,(8).

[12]陶振民. 中小企业生存问题研究[J]. 中南财经政法大学学报,2006,(1).

[13]李永宁. 现代中小企业财务管理行为的规范与优化研究 [J]. 会计之友,2006,(8).

[14]郭银华. 小企业财务管理存在的问题及对策[J]. 财会研究,2006,(3)

[15]胡颖红. 企业财务管理人员的素质结构分析[J]. 当代经济,2006.

[16]余兴无. 小企业财务管理的目标、任务和方法[J]. 中国乡镇企业,2005,(6).

[17]宋巧玲. 浅议中小企业财务管理的目标选择[J]. 现代会计,2006,(6).

[18]Harry I. Wolk, Michael Gtearney. *Accounting Theory:A Conceptual and Institutional Approach*(four edition)[M].

[19]Robert N. Anthony,James Reece,Julie H Hertenstein. *Accounting:Text and Cases*[M].

[20]Katherine Schipper. 1989 ,Commentary on Earnings Management[J]. *Accounting Horizons,Dec*.

[21]王政. 中小企业税收筹划[M]. 北京:中国商务出版社,2007.

[22]宋校中. 税收筹划[M]. 北京:机械工业出版社,2007.

[23]王韬. 企业税收筹划[M]. 北京:科学出版社,2009.

[24]徐泓. 企业税收筹划[M]. 北京:中国人民大学出版社,2009.

[25]何鸣昊,何旻燕,杨少鸿. 企业税收筹划[M]. 北京:企业管理出版社,2004.

[26]安德鲁·坎贝尔,凯瑟琳·萨默斯·卢斯. 核心能力战略[M]. 严勇,祝方译.大连:东北财经大学出版社,1999.

[27] 陆杉. 供应链协同:基于核心能力理论的分析[J]. 企业经济,2008.

[28]卫妲. 基于核心能力的企业战略研究[D]. 武汉理工大学,2009－05－01.

[29]吴建南,李怀祖. 论企业核心竞争能力[J]. 经济理论与经济管理,1999,(1).

[30]李东红. 企业核心能力理论评述[J]. 经济学动态,1999,(1).

[31]付玲. 中小企业财务管理存在的问题及对策[J]. 时代经贸,2008,(8).

[32]陈珉. 从价值发现到价值创造 ——理念、方法和工具[Z].

[33]殷起宏,胡懿. VBM 框架下价值型财务管理模式中业财融合的分析体系研究[J]. 商业会计,2015,(2).

[34]崔淑芬. 新编管理会计[M]. 南京:南京大学出版社,2011.

[35]盛志刚. 中小企业投资管理问题研究[J]. 商场现代化,2013,(5).

[36]徐琴,王姗姗. 中小企业成本费用控制存在的问题与对策[J]. 滁州学院学报,2014(7).

[37]隋敏,王竹泉. 利益相关者与企业价值增值创造和分享[M]. 见:中国会计研究与教育(第1卷第1辑).青岛:中国海洋大学出版社,2006.